普遍の再生

リベラリズムの現代世界論

井上達夫

岩波書店

岩波現代文庫版へのまえがき

世界の箍(たが)が外れつつある。冷戦終焉直後の「平和の配当」への期待を嘲笑するかのように、それから現在までの約三〇年間、諸国家・諸勢力の抗争が再び先鋭化し、さらに、この抗争を曲がりなりにも制御してきた最小限の政治の礼節すら、いまや踏みにじられている。単にテロリスト集団のことを言っているのではない。それよりはるかに危険な、暴走する狂気の象徴がある。アメリカ合衆国大統領、ドナルド・トランプである。

米国は、中国の台頭で、軍事力・経済力における圧倒的優位の地位が脅かされつつあるとはいえ、依然、世界最強国家である。この国家を率いる政治的指導者が、「アメリカ・ファースト」という、実にシンプルなスローガンの下で、自国中心主義を公然と喧伝し、実行している。中国の台頭は米国の自国中心主義を抑制するどころか、トランプ政権をして、世界最強国家の地位から米国が転落するかもしれないという国民の危機感を煽って、なりふりかまわず自国中心主義に走らせる要因の一つになっている。

これまでも、米国の大統領は本音では、みな「米国第一主義」だったろう。しかし、建前としては、正義・平和・人権などの普遍的原理を掲げ、それによって自国益追求を合理化しようとしてきた。しかし、トランプ大統領は、この建前すらかなぐり捨て、自己の政治的行動の根拠として、剝き出しの自国中心主義の旗を、国内的にだけでなく対外的にも恥じらいなく振り回している。多少とも良識ある人々をさらに震撼させるのは、彼のかかる言動と政治実践が、米国内で多くの「岩盤支持者(bedrock supporters)」により熱狂的に支持され続けているだけでなく、世界各国で、その真似をした「ミニ・トランプ」的政治家が多く出現し、政治的影響力を強めていることである。

本書の初版が刊行された二〇〇三年は、イラク戦争勃発の年であった。初版の序で述べたように、米国は、国連・安保理の承認を得られなかったばかりか、同盟国のドイツやフランスでさえ反対したこの一方的な軍事侵略を合理化するために、まずはイラクによる「大量破壊兵器の開発保有」というデマを流し、それがばれると、「フセインの圧政からイラク人民やクルド人などの少数民族を解放し、人権と民主主義を擁護する」という別の「大義名分」を持ち出した。ブッシュ(ジュニア)政権時代の米国のこの専横は、普遍的価値を欺瞞的に濫用することにより、普遍を謀殺する権力の犯罪であった。

トランプ政権下の米国は「世界の警察官」をやめると言っているから、他国への軍事介入に慎重になったという見方が流布しているが、これはまったく根拠なき楽観である。そもそも、米国は「世界の警察官」だったというよりむしろ、自国益追求のためには国際法を無視して他国を平然と侵略する「世界の暴力団」だった。トランプ政権も、安保理の承認がなく、個別的・集団的自衛権によっても正当化できないシリア空爆を既に二度もやっている(二〇一九年五月現在)。これは公然たる国際法蹂躙である。中国・ロシアとの軍拡競争も再開している。しかし、さらに深刻な問題がある。ブッシュの米国は普遍を裏切りながらも、普遍を騙り、普遍の名で自己を偽装する必要性は自覚していた。トランプの米国は普遍の偽装の必要性すらもはや認めず、普遍的原理を公然と蹂躙する自国益最優先主義を振り回している。普遍は騙られさえせず、破り捨てられている。

価値の次元だけでなく、事実認識の次元でも、トランプ政権の自己中心的横暴は目に余る。ブッシュ政権は、イラクによる「大量破壊兵器の開発保有」の立証が破綻すると、イラク侵略を正当化する口実を変える程度には、政治における「事実検証」の意義を認めていた。しかし、トランプ政権は、自らに不都合な事実をメディアに突きつけられると、反証も示さずに、これを「フェイク・ニュース」と一蹴し、さらに自らの事実主張が反証されても、「代替的事実(alternative fact)」だと平然と開き直っている。

このような「トランプ現象」は、既述のように、世界中に浸潤しつつある。「ブラジルのトランプ」と呼ばれる軍人出身の極右政治家で、女性差別・人種差別・同性愛者差別の発言を公然とするジャイール・ボルソナーロがブラジル大統領になっただけではない。移民・難民をテロリストや犯罪者と同視して排斥しようとするトランプに共鳴的な排他的ナショナリズムの勢力が、自由・平等・寛容などリベラルな普遍的価値にコミットしてきた西欧や北欧の先進民主国家においても、政治的影響力を強めてきている。世界のこのような現状が示すように、普遍が「死の床」にあるとした本書初版刊行時の状況認識は、現在、妥当性を失うどころか、ますます切迫した現実性を帯びるに至っている。本書が「普遍の再生」を目指して考察している諸問題は、これまで以上に、深刻な重みをもって我々に突きつけられている。

欧米における排外的ナショナリズムの台頭は、本書第4章「国民国家の生成と変容」と、第5章「多文化主義の政治哲学」で論じた問題、すなわち、人権・正義のような普遍主義的価値と「国民」的な紐帯・アイデンティティの追求との相克に対して、国家はいかに対処すべきかという根本問題の再考を迫っており、本書の考察はそのための一つの手がかりになるだろう。

トランプ政権の米国第一主義の背景に中国の台頭があると言ったが、いまや、米国だけでなく、中国も、普遍を扼殺（やくさつ）する覇道を跋扈（ばっこ）させている。鄧小平による改革開放経済への路線転向以降、中国は共産党一党支配の開発独裁体制の下で米国に次ぐ経済大国になり、それをバネに軍事力も飛躍的に増強させてきた。国内の政府批判者や少数民族に対して苛烈な人権弾圧が続けられているだけでなく、国際法や国際仲裁裁判所の裁定も無視して、南シナ海を独占する領土要求を振りかざし、南沙諸島に人工島を建設して自国の排他的経済水域拡大を図りさえしている。

本書第2章「アジア的価値論とリベラル・デモクラシー」は、中国を筆頭とする権威主義的開発国家が、人権・民主主義の蹂躙に対する国際社会の批判を欧米の文化的帝国主義として一蹴し、自体制を合理化するために唱道したアジア的価値論の欺瞞性・自壊性を剔抉(てっけつ)している。この考察は、経済的軍事的大国化により傲慢の度を強めてきた中国が人権・民主主義・国際協調を無視して自国中心の「新世界秩序」を樹立しようとしている現在、その自己合理化イデオロギーを批判的に検討する指針を提供している。

かつて、グローバル化の波に乗り超国家的・脱国家的組織による世界秩序形成を求める動向が強まったが、いまやそれへの反動として、欧米先進諸国も含めて自国中心主義が世界に広まりつつあり、その暴発を抑制する世界秩序の再構築が必要である。本書第3章「グローバル化の両価性」は、価値のグローバル化を権力のグローバル化に短絡させる立場と、主権を無制約化する立場の双方を批判し、主権概念と人権概念との内在的結合関係を踏まえて脱覇権的に主権国家秩序を再構築する構想を提示している。これは論争的な見解だが、世界統治構造再考のための踏み台になるだろう(私の世界統治構造論は別著『世界正義論』(筑摩書房、二〇一二年)第六章でさらに敷衍されている)。

現代世界における「普遍の死」をもたらしているのは、現実政治の諸力の横暴化だけでなく、普遍的原理を支えた思想の衰退である。この思想とは、異なる人々が相互の異なりを承認しつつ自由かつ対等に共生するための共通の原理を探究するリベラリズムである。リベラルな普遍主義は、対抗思想からその「欺瞞性」を批判されてきただけでなく、欧米世界の自閉的な自己防衛イデオロギーに頽落したリベラリズム内部の諸潮流によって放棄されている。これは、リベラリズムがアジア的価値論や排外的ナショナリズムに対する批判的対抗力を失うだけでなく、その思想的共犯者になることを意味する。政治的リベラリズムへの転向後、「節度ある階層国家」の正統性を承認した後期ロールズや、国家の移民規制権力強化を図るリベラル・ナショナリズムはその例証である。本書第6章「フェミニズムとリベラリズム」は、リベラリズムの「欺瞞性」に対する第二波フェミニズムの批判への応答を通じて、リベラルな普遍主義の真価を示す。続く最終章「普遍の再生」では、歴史的文脈主義への退却による自己崩壊からリベラリズムを救済する「内発的普遍主義」の視座を提示する。

最後に、戦争責任を論じた第1章「戦争責任という問題」の意義に触れて、このまえがきを締め括ろう。「天皇の戦争責任」発言をした長崎市長、本島等への社会的バッシング(後に銃撃事件に発展)が象徴する「昭和末の狂躁」の記述からこの章は始まる。「平成末」が平穏に過ぎた現在、戦争責任問題は過去のものとなったと見るのは、大きな誤りである。韓国では民主化の進展とともに従軍慰安婦問題や徴用工問題で、アジアに対する日本の侵略・植民地化への歴史的責任の追及がさらに強まっている。日本が反論すべき点はあるとしても、問題に蓋をして済ますことはできない。自虐的な自己否定と自己中心的な自己肯定との不毛な二項対立を超え、自己と他者双方を批判的に統制する普遍的原理に立脚して、戦争責任の問題を解明するという本章の試みは、日本が自己の歴史的責任問題に本当に決着をつけ、アジアと世界の中で名誉と信頼を得るための指針になると信じる。

序　状況から――「普遍の死」に抗して

普遍が壊死しつつある。「普遍」を僭称する権力が垂れ流す鉱毒によって。この劇毒の目下最大の政治的汚染源は、いまや米国において絶滅危惧種となった「批判的知識人」の一人ノウム・チョムスキーが「主導的なテロリスト国家(a leading terrorist state)」と呼んだ国家である。[1] すなわち、米国である。

アフガニスタン侵略によりタリバン体制を転覆させた米国は、余勢を駆って、今度はイラクを侵略しフセイン体制を打倒した。「ブッシュ政権の家庭教師」から、いまやその「小間使い」に転落したブレア政権下の英国を従えて。(小間使いなるがゆえに、以下、英国は主語から省く。)アフガニスタン侵略は国連・安保理の事前の承認なく、タリバン政権のテロ関与を立証する法的手続を踏むこともなく、国連憲章をはじめ自衛権行使や戦争犯罪を規律する諸々の国際条約を蹂躙して遂行された。「主導的テロリスト国家」の面目躍如たるものがあった。それでも、この侵略は「9月11日への報復」として一定の心理的訴求力をもち、ヨーロッパとアジアの諸政府からある程度の支持を得た。しかし、今般のイラク侵略はより露骨に国際法を蹂躙しているだけでなく、心理的訴求力をもった「テロへの報復」の「大義名分」さえ欠き、アフガニスタン侵略を支持したフランス、ドイツ、ロシア等の「大国クラブの盟友」からさえも反発を招きながら、臆面もなく決行された。京都議定書離脱、国際刑事裁判所設立反対等で、米国の「単独主義」的専横は既に十分世界を辟易させていたが、今般のイラク侵略で、それはさらに放縦化した。

米国のこの専横の基底にあるのは、「国際社会を律する普遍的原理としての正義を規定しうるのは国際社会ではない、それは米国である」という確信である。普遍が米国を規律するのではなく、米国が普遍を規律するのである。自己を普遍として措定することにより、自己の他者に対する恣意と暴力を批判的に統制する規範的な力を普遍から奪い、自己の他者支配を融通無碍に合理化するイデオロギー装置に普遍を転落させている米国の驕慢は、普遍の名において普遍を裏切り、謀殺するものである。以下、この裏切りの手法の一端に照明を当ててみよう。

今般のイラク侵略を「第二次湾岸戦争(the Gulf War II)」などと呼ぶ驚くべき歴史健忘症が蔓延しているが、この侵略はイラクと米国の関係に即して言えば、実は「第三次湾岸戦争」である。「第一次湾岸戦争」と呼ぶべきものは、イランのイスラーム原理主義革命の混乱に乗じたイラクのイラン侵攻に起因するイラン・イラク戦争である。一九八〇年から八年にわたって闘われたこの戦争においては、ホメイニが指導するイランの反米革命政権を打倒するためにイラクを利用すべく、米国はイスラーム圏内部の紛争への不介入の原則を掲げて放置し、さらには、中東におけるイランの影響力増大を恐れる欧州諸国やソ連とともに背後からイラク支援に回り、イラク優位のうちにイランが停戦協定を呑まざるをえない状況を作った。

しかし、一九九〇年に、フセインが図に乗って、中東における米国の勢力圏にあるクウェートを侵略するや、正当な戦争原因を自衛に限定し国策遂行手段としての戦争を禁じた不戦条約の原理を振りかざして、多国籍軍を動員しこれに制裁を加え、語の正しき意味における「第二次湾岸戦争」を惹き起こした。イラク・クウェート戦争はイラン・イラク戦争と同様イスラーム圏内の紛争であり、かつ先制攻撃をしたのがイラクである点でも同じであるにもかかわらず、自国の権益擁護のために、この歴然たる二重基準の詭弁を弄して恥じない米国に、国連も、安保理も、西欧諸国のみならずゴルバチョフ政権下のソ連など旧共産圏の大国、そして日本やその他一部のアジア諸国も追従した。(ここで言う「二重基準」は原理的一貫性をもった基準の重層化のことではなく、まさに文字通り「二枚舌」という意味におけるそれである。)イラク制裁に関与した日本を含む諸国の知識人の中にも、これを冷戦終焉によってはじめて実現可能になった「国連による平和」への第一歩として歓迎することにより、パックス・アメリカーナの克服を目指しながら、皮肉にも米国のエゴを隠蔽美化する言説装置に結果的に組み込まれてしまう者が少なくなかった。これは意味付与機制や認知枠組の支配という知的意味での覇権を米国が享受していることの見事な例証となった。

今般の「第三次湾岸戦争」は、イラクによる侵略行為がないにもかかわらず、イラクによる「大量破壊兵器開発保有の疑い」を口実にかかげ、しかも、確たる立証もなく、米国が自己の法伝統として誇る「適正な手続(due process)」の原理も無視して「疑わしきは罰する」式にこの口実を濫用しながら、フセイン体制の「最終処分」を本音の狙いにして遂行された。反米勢力への対抗手段として自ら成長を助け利用した怪物を、邪魔になったら殺そうとする米国のこの手口は、アフガニスタン侵略で標的にしたテロ組織アル・カーイダ(「主導的テロリスト国家」のもう一人の認知されざる私生児)に対する手口と同じである。この濫用された口実も、本音の狙いも、ともに「第二次湾岸戦争」の正統性調達に利用された原理、すなわち、正当な戦争原因を侵略への制裁に限定する不戦条約以来の原理——「消極的正戦論」と呼ぼう——によっては正当化することの不可能なものであり、侵略の有無に関わらず、大量破壊兵器を開発保有したり、「人権と民主主義」を蹂躙したりする「邪悪な体制」を武力介入により転覆させることを許容する現代版「聖戦」論——「積極的正戦論」と呼ぶことにする——によってしか合理化しえないものである。

ここでも、露骨な二重基準が跋扈している。しかも、この積極的正戦論の御都合主義的な恣意性は、無差別戦争観的放任主義(第一次湾岸戦争)や消極的正戦論(第二次湾岸戦争)など、イラクに対する過去の対応の合理化言説との齟齬によってだけでなく、米国の世界戦略全般によって露わにされている。「大量破壊兵器開発保有の抑止」のレトリックの欺瞞性を示すには、アフガニスタン侵略で米国に協力した軍事専制国家パキスタンのインドとの核開発競争の放置などにふれるまでもなく、次の問いを問えば足りる。「最も危険な大量破壊兵器を最も大量に開発保有し、しかも、広島・長崎への原爆投下や、ベトナム戦争での枯葉剤散布等による人間生命と生態系の大量破壊など、かかる兵器を現実に使用した数々の実績を誇るのはどの国家か。非戦闘員を無差別に巻き込み、戦後も長く悲惨な後遺症を多くの人々に残す形で、国際法などおかまいなしに、外国の領土を新型大量破壊兵器の実験場にし、そこに暮らす人間を実験動物として使用してきたのはどの国家か」。

「人権と民主主義のための介入」のレトリックの欺瞞性を示すには、民主化を人民の内発的改革実践にゆだねず、武力によって外から押し付けるのは民主的自己統治の理念に反する自壊的企てであるという、まっとうな原理的批判に立ち入らなくても、例えば、次の反問をすれば足りる。「民主的選挙によって成立した社会主義政権であるチリのアジェンデ人民政府をピノチェトがクーデタで倒すのを助け、その後の彼の軍事独裁体制を支持し、その恐怖政治的弾圧を放置したのはどの国家か。国民から宗教的自由も政治的自由も剝奪し、あからさまな性差別を温存させている極度に不寛容なイスラーム原理主義独裁体制たるサウジアラビア、人権と民主主義の原理をフセイン体制下のイラクに勝るとも劣らぬほどに蹂躙しているこのサウード家の専制的神権政体を、中東における自己の権益の牙城として支援し保護しているのはどの国家か」。

以上に見たような二重基準の恣意と欺瞞は、普遍の名を騙りながら、普遍の根幹的規律を侵犯するもの、すなわち「等しきは等しく扱うべし」という最も基本的な正義の普遍主義的要請を蹂躙するものである。この正義理念は本書最終章でも示すように、単なる類型化・定型化の要請に還元されるものではなく、「自国の国益」など普遍化不可能な根拠による差別的扱いの排除を要請しているからである。この悪徳は米国だけではなく、あらゆる国家に見られるものである。しかし、自己の世界戦略の追求のために、放縦かつ厚顔無恥に二重基準的合理化を濫用し、かつそれを国際社会に押し付けうる軍事経済的実力と覇権的な情報支配力・イデオロギー操作能力を備えている点で、米国に勝る国家は現代世界にはない。米国の恣意に能動的に便乗あるいは受動的に追従してきた諸勢力の中にも、今般のイラク侵略に関しては、さすがに抵抗の姿勢が見られたが、フセイン体制瓦解後は、イラク侵略に反対した大国クラブの盟友たちや国連・安保理も、この侵略の不正を糾弾することを棚上げし、イラクの戦後復旧と秩序回復への関与と協力を申し出て、米国を牽制するスタンスをとりつつもその蛮行の尻拭いに奔走している。

国際社会の大勢は、そして国内世論の大勢も、「勝てば官軍」とばかりに、米国の行動に事実上、事後的追認を与えているかの感がある。

たしかに、この「勝てば官軍」の心性には、強者ないし優者の支配を自然法とみなすカリクレス流の実力説の屈託なき明朗さはない。むしろ、陰鬱な諦観がそこに漂っている。「力こそ正義」と実力を倫理的に礼賛するよりも、むしろ「正義は力にすぎない」と正義を脱倫理化するシニシズムを抱きながら、力の論理に黙従する者たちの諦観である。この諦観は、力の論理の恣意を規範的に合理化する米国の覇権に対して一定の「イデオロギー批判」的な距離をとっている限りにおいて、この覇権を相対化する潜勢力を秘めているかに見えるかもしれない。しかし、この「イデオロギー批判」は力の論理を批判的に統制しうる正義原理の復権に向かうものではなく、逆に、正義を力の論理のイデオロギー的偽装に還元して相対化することにより、普遍的原理から批判的な牙を抜き去る覇権のプロジェクトに結果的に加担しているのである。普遍の名を騙るものによる普遍の蹂躙の横行が人々をして普遍に絶望させ、この絶望が普遍の無力化を促進し、覇権を批判的に超克する規範的な生命力を普遍から奪っている。悪の自己聖化がそれに反発するものによって後押しされるという皮肉な循環構造がここにある。

普遍は覇権に蹂躙され、それを諦観する人々に遺棄され、いま死の床に就いている。覇権への反動として昂揚している自己中心的なナショナリズムも、自己を裁く超国家的道徳原理を否認する口実として「主権」概念や「国民的自尊」の意識を歪曲濫用し、自己を超えた普遍を死に追いやろうとしている。現代の哲学思想の大勢もまた、普遍を「脱構築」し、普遍に死亡宣告を下すことで、自己の知的先端性を示そうと競っている。このような知的傾向は覇権による普遍の私物化を諦観する人々の「イデオロギー批判」的シニシズムと通底しており、覇権の自己合理化機制を克服するどころか、それを再生産する既述のような循環構造に組み込まれる思想的脆弱性を抱えている。

ポストモダンとも呼ばれるこの思想傾向の仕掛け人の一人であるジャック・デリダは、さすがにこの点に不安を覚えたのか、「法は脱構築可能だが、正義は脱構築不能である」とするテーゼを唐突に唱道した。[2] しかし、何故、脱構築は正義の手前でとどまりうるのか、とどまらねばならないのかについて説得力ある説明を提示しえておらず、また正義を他者受容と結びつけるまっとうな視点にせっかく接近しながら、[3] 正義に関する価値判断を反省や熟慮と対置された切迫状況における「決断」や「一つの狂気(a madness, une folie)」とみなして、二〇世紀前半に流行した非認識説的メタ倫理学の立場を驚くほど単純かつ頑迷に焼き直し、妥当要求をもった価値判断の対立を理由の交換と相互的吟味によって解決する規範的議論の可能性・必要性を否認する相対主義的決断主義の姿勢を崩していない。[4] これは反普遍主義の流れを変えるどころか、それに棹さすものである。

さらに、反普遍主義の流れは現代の政治理論・法理論も呑みこんでいる。本書で示すように、共同体論・多文化主義・フェミニズムなど、リベラリズムを批判する諸潮流が、後者がコミットしてきた普遍主義を標的にしているだけでなく、批判を受けたリベラリズムの陣営の中でも、ジョン・ロールズの政治的リベラリズムへの転向に象徴されるように、哲学的普遍主義からの退却の傾向が顕著になってきている。

現実政治においても知的世界においてもいまや死に追いやられている普遍に、私は生命の息を吹き返させたいと思う。本書はこの反時代的な企てを敢行するものである。大方の目にはこの企ては「道化的」とさえ映るだろう。普遍の名を騙る権力の恣意と欺瞞があまりに横行しているがゆえに、普遍を語る言説を「権力の慰み者」として笑殺したいという欲動が世に充満しているのを感じる。しかし、そのような時代だからこそ、「普遍の名を騙ること」と「普遍を語ること」との違いを明確にすることが必要だと思う。それは思想が現実の合理化や、現実の合理化を茶化しながらそれに呑みこまれてゆく知的遊戯以上のものでありうること、現実を批判的に変革する人間の構想力を生み出すものであることを信じる者の責任である。

第Ⅰ部は国家を裁く普遍の再生を図る。国家を裁く普遍的な道徳原理の認否が決定的に問われるのは、そしてかかる原理への忠誠の真摯性が決定的にテストされるのは、戦争責任の問題である。自己の明白な侵略責任や戦争犯罪を否定して恥じないのは覇権国家米国だけではない。戦争責任を隠蔽合理化する自己欺瞞は、あらゆる国家に、あらゆる国民に、米国の倨傲(きょごう)に憤る人々にさえ巣くっている。第1章とそれへの追記において、この問題に関する我々自身の、この日本という社会の自己欺瞞を剔抉する。昭和末の狂躁において噴出し現在もまた再生産されている、日本の偏狭な自己中心的ナショナリズムの心理と論理を、知識人の言説だけでなく庶民の心性の襞(ひだ)に分け入って考察するとともに、それから距離を置きアジアに対する戦争責任を承認する人々をも捕える、思想の陥穽の批判的分析と脱出の方途の探求をここで試みる。正義は他者を裁いて悦に入る道徳的サディストの権力衝動を合理化するものではない。それは何よりも他者を裁く自己の欺瞞を裁くことを要求する。自己を公正に裁く者のみが他者を裁きうるからである。正義の普遍主義的要請のこの含意は戦争責任の問題において最も鮮明に現れるだろう。

第Ⅱ部は覇権を超える普遍の再生を目指す。今般のイラク問題は現実政治における米国の覇権性と欧米の内部対立を示したが、より長期的・構造的に事態を見るなら、現実政治と知的世界における欧米中心主義の覇権的支配が問題になる。普遍主義はしばしば欧米中心主義の合理化として批判されてきた。近年台頭した「アジア的価値論」は、アジア諸国における人権や民主主義の蹂躙に対する批判を、リベラル・デモクラシーという特殊欧米的価値を押し付ける文化的帝国主義として斥け、普遍を覇権と等置して批判する思考様式の政治的・思想的影響力を増強している。第2章でこのアジア的価値論を取り上げ、それが実際には欧米的規範言語の濫用やオリエンタリズムの再生産を通じて欧米中心主義に支配されていることを明らかにする。そして、欧米中心主義を真に克服する道は、第一に、リベラル・デモクラシーの基本原理を欧米自身の歴史的自己聖化の欺瞞を暴く批判原理として貫徹すること、第二に、アジア諸社会もまた内部に孕む文化的・宗教的対立や個と共同体の葛藤という自らの問題を解決してゆくためにこの基本原理とその制度構想を内発的に発展させてゆく可能性と必要性を自らもつことを承認すること、この相互的な自己批判と自己変革の実践にあることを示したい。

人権と民主主義を普遍的価値として措定することは、アジア的価値論が批判しているかに見えながらその再生産に加担している欧米中心主義という知的覇権装置を解体するためにこそ必要なのである。このような批判的・内発的な普遍主義は「人権と民主主義」の名による覇権国家の御都合主義的な武力介入を正当化するものではない。主権と人権は内在的・相互依存的に結合しており、主権の名によって人権の蹂躙を許容するアジア的価値論の論理も、人権の名によって主権を否認する覇権的聖戦論の論理も、両者を二項対立的に対置する点で同じ誤謬を犯している。この点を敷衍するために、第3章でグローバル化が孕む両価性を明らかにし、価値のグローバル化を促進しつつも権力のグローバル化を抑制する必要があること、自己中心的ナショナリズムを産む排他的なアイデンティティの単位としてではなく、世界規模における権力の適正な多元的抑制均衡システムの基礎単位として、主権国家を再編しつつ保持する必要があることを論じる。

第Ⅲ部は多元性を開く普遍の力量を多角的に検討することにより、現代思想がさまざまな形で普遍に突きつける死亡宣告の無効性を示す。まず、現在のナショナリズム批判の中で忘却されつつある近代主権国家秩序の理念的原点、すなわち近代主権国家は対内的には人権のような普遍主義的原理を封建的諸力の抵抗を排して貫徹し、対外的には諸国民の自由対等な多元的共存を図るという意味で、「多元性を開く普遍」のための秩序形成の試みであったということを再確認する。その上で、内部的には民族的・文化的少数者を同化抑圧し、対外的には排他性・自己中心性を剝き出しにする近代国民国家の現実とこの理念的原点との乖離を克服する道を、第4章では国民国家の生成と変容をめぐる主要なテクストの批判的読解を通じて、第5章ではリベラリズム、多文化主義、ナショナリズムの錯綜した対立連携関係の解明を通じて探究する。近代国家の普遍主義的理念と特殊主義的現実の乖離を克服するためには、多文化共生の公正な条件の保障を、文化的・民族的多数者からの同化圧力だけでなく、少数派集団内部の下位集団に対する同化圧力を批判的に統制する原理として貫徹し、またグローバルな資源配分の現状の不公正さを是正するために、豊かな多民族国家が国境を閉ざして内部的多文化均衡を支える自らの既得権益を保守することをも批判的に制御する原理として貫徹しなければならないこと、この意味でリベラルな普遍主義の視点が基底に置かれるべきことを示す。

さらに、「多元性を開く普遍」に対するもう一つの根源的な懐疑を突きつけるものとして、リベラルな普遍主義的人権理念を家父長制的支配と社会的差別の合理化として断罪するフェミニズムの批判がある。第6章ではこの批判を「個人的なものは政治的である」とする観点からの公私二元論批判に焦点を置いて検討し、正義の普遍主義的要請に立脚したリベラルな公共性概念と、J・S・ミル以来の改革実践の重層化の視点が、私的領域における性差別を克服し、ジェンダー・ステロタイプを突き破る多様な差異の次元が表出される公共的討議の基盤になることを示す。

最終章は、多元的社会の公共的正統性基盤を脱哲学化・脱普遍化して一定の政治社会の重合的合意に還元するロールズの政治的リベラリズムに象徴されるような、「多元性」の名において普遍を廃棄する歴史的文脈主義の虚妄を明らかにする。そして文脈的差異の内在的理解と公正な認知は文脈を超える普遍的原理の志向によってのみ可能になるとする内発的普遍主義の視点を、現代思想に浸潤する普遍に対する主要な誤解・歪曲への批判と、それを踏まえた普遍の四つの代替的原理の解明により提示する。この最終章は本書全体の議論が開示し擁護しようとしている〈普遍〉像を理論的に総括するものであり、本書の結論である。

普遍を操る権力の恣意と、普遍を殺す知性の恣意。現代世界と現代思想を支配するこの二つの恣意は単に共犯関係にあるだけではない。両者は同根である。自己を超えた普遍を否定することによって自己を最終審級として絶対化する「力への意志」が、この二ーチェ的欲動が両者を等しく支配している。この二つの恣意の連合と、いやこの同じ一つの欲動と闘う本書の立場は次の命題に要約される。自己の恣意の絶えざる批判的再吟味を迫る理念として普遍を探求する知性のみが、権力の恣意を批判的に克服する地平を開くことができる。

目　次

第Ⅲ部　多元性を開く普遍

第Ⅰ部　国家を裁く普遍

第1章　戦争責任という問題
――「昭和末」の狂躁から

以下の文章を書いたのは「平成元年」の初夏である。昭和天皇の「御不例」と「崩御」が日本社会にもたらした民族的自己愛の狂躁を背景としている。「政官財の支配層」や「右翼」の間でナショナリズムが昂揚しただけでなく、「普通の人々」の社会生活の隅々に自粛という名の匿名の同調圧力が浸透し、マスメディアはこの傾向を制御するどころか先導し推進した。知識人の間でもわずかな例外を除いて批判的言論は萎縮した。「中野まつり」の中止に見られるように、「市民社会」的活動も不謹慎との批判を恐れて馴化した。天皇の戦争責任に触れた本島長崎市長に対する社会的圧迫がテロに導く危険への憂慮を本文で示したが、これはその後、市長に重傷を負わせた銃撃事件によって現実化し、時の狂気の象徴となった。

本章は「昭和末」のかかる時局的状況を執筆契機とはしているが、国家と国民の戦争責任の意義と倫理的成立根拠という普遍的・原理的な問題を主題とし、さらに戦後日本社会においてこの問題の理解を歪ませてきた根深い精神構造の批判的分析を試みている。ここで展開した議論は、いまなお多くの人々が囚われている思考の陥穽を解明している点で理論的重要性を保持しているだけでなく、国旗国歌法制定と教育現場における「日の丸・君が代」儀礼の画一強行、「自由主義史観」(なんという誤称!)や歴史教科書見直し運動の台頭などの動きに見られるように、自己中心的ナショナリズムが新たに高まり、戦争責任論を自虐史観の名の下に一蹴するような論調が跋扈している現在、少なからぬ実践的重要性をもつと信じる。

1　狂宴の後

私は日本人論とか日本文化論とかいうのが嫌いである。理由は色々あるが、比較的体裁のいい「学問的」理由を挙げれば、一定の歴史的条件の下で成立したに過ぎない現象を、文化とか国民性とかいう名前の、非歴史的本質の顕現とみなしてしまうやり方に、無責任な恣意と、問題を隠蔽する底意を感じるからである。戦後の闘争的な労働運動の成果である、終身雇用・年功序列・労使協調という日本的雇用「慣行」(せいぜい数十年の歴史しかもたず、しかも既に崩れつつある「慣行」)を、「日本的な和の精神」など様々な表現で彩られる、日本人のア・プリオリな属性としての集団的協調の美徳で説明するのは、この「やり方」の滑稽な一例である。もちろん、この種の誤謬を犯さない日本人論・日本文化論がありえないわけではないし、現にあるだろう。その意味で、私のこの嫌悪は一つの偏見である。しかし、偏見であるだけに、一度染み付くとなかなかとれない。

昭和天皇の「御不例」と死をめぐる昨秋(一九八八年秋)以来の狂躁を見ていて、何度か我が愛しき偏見を裏切りたくなった。(以下、単に「天皇」と言うときは、文脈上「皇位」を指すのが明白である場合を除いて、昭和天皇を意味する。)はやりの「空虚な中心」という文学的比喩よりも、「ブラック・ホール」という、少し手垢のついた天文学的比喩の方がやはり適切だと思われる天皇の不可抗的引力、もっと正確に言えば、狂信的崇拝・自発的敬愛・付和雷同的賛美・逸脱恐怖症的自粛などをないまぜにして国民を天皇へ求心させる匿名の力――こういうものの先祖返り的現出を前にすると、「日本人とは一体何ぞや」と、つい大袈裟に自問してしまう。驚きと好奇心をもって日本人とその社会を「観察」する異邦人の(あるいは異邦人気取りの日本人の)文化人類学者に身を擬して、何らかの出来合いの「本質論的」説明を求めている自分に気が付いて、心中で自嘲したりした。

本質論的説明への逃避の誘惑に負けそうになるのは、今度の天皇狂想曲が私にとって、どう努めても自分を同一化できない奇異な現象であるからだけではない。別の、恐らくもっと重要な事情がある。この狂躁において提起された、文化的ならざる倫理的問題の重圧である。我々の社会の過去の倫理的決済と、現在および未来へそれを結び付ける仕方の問題、戦後一貫して曖昧にされ続けてきた問題がそれである。天皇の「代替り」を機に再浮上した戦争責任問題に、それが集約的に表現されている。

大喪の礼の日の寒気が日本人の頭を冷やしたのか、その後急に天皇狂想曲は鳴り止んだ。しかし、時々刻々の「体温・血圧・脈拍通報」をはじめとする過熱報道や、自粛騒動が鳴り止んだだけではない。一旦火の付いた戦争責任問題についての論議も、線香花火のように消えてしまった。論議は消えたが、否、消えてしまったからこそ、論議の一焦点である「天皇の戦争責任」発言をした本島等長崎市長と、その家族に対する陰湿な恫喝・脅迫は執拗に続いている。銃弾入りの脅迫状からさらにエスカレートして、この(一九八九年)三月二二日には長崎市役所の収入役室に、実際に銃弾が撃ち込まれた。「まあ、私は、それが暴力でない限りは、非難の言葉も批判も受けますが、正直言って、この問題は評論家や歴史家が後を継いでやってくれればいいんであって、私のことはもう早く忘れて欲しいという気持ですね」[1]。市長のこの言葉が、空しく響く。我々の過去の倫理的決済は、また先送りされた。キリスト者としての良心をもつが、決して英雄ではない一人の保守的な地方政治家を、オルギアの生贄にしたままで。

私はこの問題――天皇の戦争責任問題だけではなく、それに象徴される戦後日本の過去に対する責任の問題――に「重圧」を感じる一方、論議の消失を残念に思う。自分の中の「ぶりっ子啓蒙家」に、そう語らせているわけではない。こういう問題について、これまで突っ込んで考えたことがあまりなく、今度の論議が本格的に展開していれば、自己教育のための絶好の機会を与えられたであろう、呑気で無邪気な、しかし自分の無邪気さが時折気になる平均的「戦無派」の一人として、本当に残念なのである。以下の文章は、戦争責任の問題と、マスコミ・知識人・庶民など日本人のこの問題に対する態度の問題性について、自分の思考を記したものである。我々の社会の現下の精神状況に対する自分の構えを、何よりも自分自身に明らかにするために、「不慣れ」な問題を、危なっかしいと言われることを覚悟の上で、あえて論じてみたものである。戦争責任についての言述は、既に言い旧されたことの域を出ていないかもしれないし、その域を出ようとする努力は、舌足らずで終わっているかもしれない。総じて以下の文章は、残念さを紛らす自慰行為に過ぎないのかもしれない。しかし、自慰行為であれ何であれ、とにかくそれが、状況に応答する一つの行為であるならば、現在の日本社会の問題に対する、戦無派の対応の一つのサンプルとして、少なくとも公共的資料価値はもつだろう。

2　言論と責任、あるいは言論の責任

本島長崎市長に対する陰湿な恫喝・脅迫や、街宣右翼・自民党長崎県連のヒステリックな糾弾・反発は、戦争責任問題が、依然、状況によっては「危険な」火種となりうる論題であることを示した。天皇の責任に触れなければ安全、と言ってすむものではない。知的誠実性をもつ以上、およそ「天皇に触れる」ことなく戦争責任問題を論ずることは不可能であるし、天皇に触れる以上、天皇の戦争責任を否定する場合でも危険はある。例えば、天皇免責の根拠として、戦前・戦中において天皇が「ロボット的存在」であったことを強調するならば、あるいは、絶対的主権をもたず立憲的制約に服していたと言うだけでも、そこに直ちに不敬の臭いを嗅ぎ付ける狂信的分子が、倒錯した縮小現代版「機関説事件」を引き起こさないという保証はない。こんなことは確かに、信じ難いほど馬鹿げている。しかし、この世の中、馬鹿げたことほど起こり易いというのが、今度の天皇狂想曲の貴重な教訓である。

このような危険な問題であるからこそ、昭和天皇をめぐる狂躁が去り、日本列島が落ち着きを少しは取り戻したように見える今が、言論の自由のために命を賭ける覚悟のある人、ない人、どちらにとっても、この問題をじっくり考え直すいい時期だと思う。し

かし、マスコミについて言えば、今や、天皇フィーヴァーなど跡形もなく、リクルート・消費税フィーヴァー一本槍である。「インテリの臆病さを棚上げにして、マスコミ批判などやるのは偽善だ」という怒声が、すぐにでも飛んで来そうだが、大量の紙とともに「インテリ」をも消費し、廃棄する、この巨大な言論権力の醜態については、やはり一言しておきたい。

天皇の「御容体情報」をおねだりするために、まるで他に重要な事件などないかのように、一時は一五〇〇人を超えた大量の報道陣を皇居に日夜張り付けただけでなく、天皇および「天皇制」に対する批判的言辞どころか、そのような言辞を含む書物の広告さえ排除するような、殆ど天皇賛美一色と言っていい状況を自ら作り出してしまったマスコミの、歴史に記録さるべき暴走について、今さら文句は言わない。文句を言いたいのは、あの狂躁を重大な意味をもつ社会現象として、自己批判的に再考するどころか、まるで何事もなかったかのように、ひたすらリクルート・消費税をネタにした反政府キャンペーンに血道を上げている、マスコミの現在の無責任な、もっと言えば厚顔無恥な姿勢である。

これについては、自己の暴走が今になって急に恥ずかしくなり、「社会の木鐸」という自己イメージを、けたたましい政府批判によって必死に取り戻そうとしているのだという、好意的(?・)な解釈もできるかもしれない。(実を言えば、「社会の木鐸」などという言葉は既に死語であり、リップ・サーヴィスさえ払われていないのが、この業界の現状である。）しかし、この解釈が仮に当たっているとしても、それはマスコミの名誉回復に何ら資さない。国民世論が、批判的自己抑制により公論として成熟するために必要な、突っ込んだ多面的情報、多様な意見の提供・紹介よりも、一つのフィーヴァーから別のそれへと、世論を扇動することに依然重きを置いている今のマスコミの実態は、感情のスタンピードに対する理性の警鐘という、本来の正しき意味における「社会の木鐸」像から、喜劇的なほどにかけ離れている。

マスコミだけではない。天皇の戦争責任については触れぬが安全と、口も目も閉ざし、余ったエネルギーをここぞとばかり、リクルート・消費税にぶつけている野党（天皇についてだけ共産党を除く）と、一部知識人の姿勢にも同じ問題がある。考えて欲しい。一企業が、全部でどれだけになるか知らないが、自衛隊がもつ高性能戦闘機を一機買うには恐らく足りないぐらいの金を、新手の方法で政権担当者やその取り巻きにばらまいたとか、今や庶民の購買リストにも載っている奢侈品の高い物品税がなくなった代わりに、スーパーで買う大根にも三パーセントの税金がくっついたというような問題と、天皇の戦争責任問題に象徴される、戦後日本の過去に対する責任の倫理的決済の問題との間には、圧倒的な歴史的比重の差があるのである。リクルート・消費税を論じるな、と言っているのではない。言論エネルギーをよく自己制御して、問題の重要性に比例した配分をはかるべきだと言っているのである。千載一遇の政権交代の好機とばかり、奮い立つのは結構である。しかし、政権交代を狙うなら、リクルート・消費税を錦の御旗にするような、家計をやりくりする主婦(主夫)の金銭感覚に媚びた、姑息な足ばらいを試みるのではなく、天皇の代替りを契機に、天皇・自衛隊・安保など、曖昧なまま放置されている基本的な戦後政治問題について、国民的論議を呼び起こし、自民党に背負い投げを食らわしてやろうというぐらいの気概が欲しい。こう言うと、「背負い投げだと、体重差で圧し潰される」という本音が聞こえてくる。だから、「まだ一〇年早い」のである。

マスコミに話を戻せば、一般的傾向に対する例外が幸いにして僅かながらある。[2] 本年(一九八九年)四月九日に放映されたNHKの特別番組「拝啓・長崎市長殿」は、そのような例外の一つである。これはマスコミの体制化された愚劣さに抗して、良心的テレビマンの意地を見せた勇気ある作品である。

天皇に戦争責任ありとした、昨年(一九八八年)一二月七日の本島長崎市長の発言は、既に触れたような恫喝・反発から、共鳴・激励まで多大の反響を呼び、全国から市長の下に七六〇〇通余りの投書(一九八九年四月末現在)が寄せられたが、この番組はそのうち二三通について、その内容と背景を、投書の朗読と、投書者へのインタヴューによって紹介している。紹介された投書者の構成を言えば、反発者と共鳴者は一一人対一二人でほぼ同数である。女性は五人、世代・職業・戦争への関わり方などにおいても様々で、戦後世代も、敗戦時三歳だった四七歳の人もこの世代に含めるとすれば、八人いた。反発者と共鳴者の割合は女性二対三、男性九対九、戦前・戦中世代七対八、戦後世代四対四で、ほぼきれいに均衡している。この均衡は、番組放映時で既に七三〇〇通に達していた投書全体の構成に対応するものではなく、明らかに、番組制作者の「バランス感覚」の反映である。

四月末で約七六〇〇通に達している投書のうち、市長を支持・激励する内容のものが約七〇〇〇通、批判・抗議が約六〇〇通と伝えられているから[3]、制作者のこの「バランス感覚」は、中立の名の下に公平を害するものではないか、あるいは、天皇賛美に肩入れする効果を結果的にもつ「逃げ腰」なのではないか、という批判がなされよう[4]。この点にはここでは立ち入らないが、一言だけ言えば、投書内容の紹介は、それに対する公共的論議による批判可能性をも高めるものであり、紹介された立場の単純な数的比率だけで、制作者に不公正さや「逃げ腰」を帰することはできない。仮に、逃げ腰があるにしても、昨年一二月の本島市長発言以来数ヵ月の状況下で、こういう番組を企画・制作するのは、それだけでもかなり勇気を要する[5]。

いずれにせよ、この番組の狙いは、投書の全般的な分類や分析ではなく、個々の投書の背景をなす具体的な体験・動機を投書者自身に語らせることにより、一人一人異なる彼らの思いの、微妙な陰影を正確に伝えること、出来合いの解釈やコメントではなく、視聴者に自省を迫る生の素材を提供することにある。この狙いは成功している。天皇フィーヴァーが冷めた後で、一体あの馬鹿騒ぎは何だったのか、騒ぎの底流をなす我々日本人の情念の襞はどのようなものなのかを、静かに反省させてくれるこういう番組がもっと作られていい。マスコミの名誉回復は、このような地味ながら光る企画を重ねてゆくことでしか実現できない。

なお、この番組の基礎になったのは、某出版社による本島市長への投書の出版計画であるが、銃弾入りの脅迫状を相次いで受け、身の危険を感じた市長側から、三月一一日に出版中止要請があった。出版社側は結局、著作権者になる二〇〇人余りの投書者たちの同意を得たことを理由に、市長の承諾がなくとも、投書者の同意が得られた分について出版することを決定したようである。[6] 言論・出版の自由の限界に関する、難しい応用問題がここにあるが、先に引用した市長のコメント自体が示唆しているように、市長のスケイプゴート化を抑止する最善の方法が、戦争責任問題についての論議を広範に活性化することにあるとすれば、投書の出版は論議活性化の引金になりうるという意味で、市長の安全にとっても望ましいと言えるかもしれない。しかし、投書の出版が市長の存在を一層「可視的」にし、象徴的迫害対象にしてしまう可能性も皆無ではない。法的権利の問題は別として、出版社はやはり、人的危険を負う市長の意向を優先すべきであったろう。市長は自己の良心にかけて天皇戦争責任発言をしたのだから、それぐらいの危険は負うべきだと他者が主張するのは許されない。それが「安全地帯からの正論」であるからではなく、そもそも正論ではないから、即ち、良心の名において良心の自律性を否定しているからである。確かに、言論の自由は権力の自己抑制だけで守られるものではなく、この自由の享受者である我々のヒロイックな勇気をときに必要とする。しかし、誰も他者にヒロイズムを強制することはできない。それが弱い人間には苛酷であるからではなく、真のヒロイズムを破壊するからである。いずれにせよ、市長を「可視的」にしているのは、市長発言以後の戦争責任論議の低調――「既に論じ尽くされた」という居直りと、「危ないことはやめとけ」という警戒との奇妙な結合――であるが、この状況に対する知識人の責任は重い。

「拝啓・長崎市長殿」は日本人の戦争責任観の歪みを浮彫りにしている。知識人の言説の批判的検討とからませながら、以下この問題に照明を当てたい。投書についての感想として述べていることは、七千数百通の投書全体への妥当性を標榜していない。それはあくまで、番組で紹介された、そして紹介された限りでの投書・発言についての感想である。しかし、この限られたサンプルのうちにさえ、現在の日本社会に広く見られる発想・観点の典型的な例を見出すことは可能である。私が主として問題にしたいのは、この一般的な発想・観点である。従って、投書者の見解以外の関連する見解にも論及するし、場合によっては、問題にしたい一般的発想・観点の方へ、投書者の見解をその意図を超えて引き付けていることもあるかもしれない。いずれにせよ、投書者の見解を批判する場合でも、投書者に対する個人攻撃が目的なのではないことを予め断っておきたい。

3 「悲しく美しい真実」

紹介された投書および投書者の発言に、共通して言えること、そして戦争責任問題の核心に関わることが一つある。それは、日本人が戦争により受けた、原爆をはじめとする苦難に対して、天皇に責任があるかという形でのみ問題が立てられ、日本軍が侵略したアジア諸国に対する責任の視点がすっぽりと抜けている、あるいは、少なくとも前面に出ていないということである。このことは、天皇の決断がもっと早ければ、沖縄・広島・長崎の悲劇はなかったことを強調する本島発言そのものにも言える。対アジア責任の視点を多少とも感じさせるものとしては、中国の広州で捕虜になった経験のある元小隊長で、本島発言に共鳴的な人の短い言葉、即ち、「半島兵」と呼ばれた韓国出身の数人の部下の前で、「天皇のために」とはどうしても言えず、「国家のために」という言葉にすりかえてみても、内心忸怩たるものがあったという趣旨の発言が、僅かに聞かれたに過ぎない。

中国や東南アジア、南方諸島に出征した経験のある投書者たち――紹介された投書者のうち、何人がそうであるかは分からないが――にとっては、対アジア責任の視点は抜けているというよりも、簡単に言葉にはできない、内奥の痛みとして伏在しているのかもしれない。あるいは、忘却への意志によって抑圧されているのかもしれない。しかし、そうだとしても、投書という行動をあえてすることを自発的に選んだ以上、自己の内部を抉る勇気を要求しても不当ではあるまい。実際、彼らの投書の内容は自己の体験の反省を根拠にしているから、被害体験だけ強調して加害体験に蓋をするならば、投書の倫理的な重みは失われるだろう。

いずれにせよ、「内部を抉る」勇気を要求されない、戦後世代の投書や発言においてさえ、対アジア責任の視点が欠けている、あるいは隅に押しやられているのは印象的であった。これは市長支持者と批判者双方に言えることだが、特に後者において著しい。例えば、天皇の戦争責任を追及するのは、愚かな大衆に媚びることだという投書をした長崎県の離島に住む四一歳の主婦は、インタヴューで吹上御苑の蛇にも親愛の情を寄せる天皇の優しさについて語った後、「戦争の全責任は私にある。私はどうなってもよいから、国民を飢えないようにしてやってくれ」という趣旨の発言を天皇がしたと伝えられている有名なマッカーサーとの会見に触れ、この会見によって「既に道義的責任を陛下は終えられた」と言う。さらに、天皇の全国巡幸が戦後復興と現在の日本の繁栄に貢献したという主張も付け加えられている。

この二点は今度の天皇フィーヴァーでも昭和天皇を賛美する人々によってしばしば強調された。この種の主張が大した反発も招かず、大声で合唱されたという事実自体、昭和天皇をめぐる今度の狂躁の「異常さ」を示す。率直に言って、私はこういう話を聞くと、「日本人というのは何と優しく、何とおめでたく、何と身勝手なんだろう」という思いを禁じ得ない。

「優しい」と言ったのは、日本国民に限っても、二五〇万以上とも言われる生命――この中には、疎開船対馬丸と共に海の藻屑となった、七八四人の児童（犠牲者総数は一四八二人）をはじめ、無数の無辜なる子供の生命も含まれる――を奪った戦争に対する、「統治権の総攬者」の責任が問題になっているときに、彼がただ、敵国の将に対して自己の責任を認め、自分が責任を認めた戦争による国民の惨状の後始末をこの将に頼んだだけで、国民に対する道義的責任をも「終えた」ものとみなしてもらえるからである。天皇はマッカーサーに対して、絞首刑の覚悟さえ表明したという説もあるが、仮にこれが真であるとしても、国民に対する道義的責任の問題とは無関係である。マッカーサーに対する覚悟表明を、天皇が国民に自己の処刑を要求したとか、国民に対する責任をとるために自裁を試みたというような事態と混同してはならない。そもそも、天皇は国民に謝罪したわけでさえないのである。「自己の生命と引き換えに、国民の世話を頼んだ」という解釈も無理である。天皇とマッカーサーとは、このような「取引」が可能な関係にはなかった。後者はその気になれば、天皇を処刑させた上に、国民に対しても苛酷な懲罰的占領政策を断行できるだけの絶大な力を有していたのである。少なくとも、天皇は例の会見の際、マッカーサーをそのような実力者として見ていたはずである。このような絶大な実力者の、定かならぬ温情に期待することを、「道義的責任の遂行」と呼ぶのは、少なくともこの言葉の日常的用法に反する。

次に、「おめでたい」と言ったのは、歴史劇的な自己演出・自己美化の趣味をもつマッカーサーのナルシシズムに引き込まれて、「天皇の潔い態度にマッカーサー元帥が深く感動した結果、天皇が免責され、寛大な対日占領政策がとられた」という美談に素直に感銘し、占領の軍事コストの最小化や、冷戦状況における米国の対ソ戦略への日本の組み込みという、醒めた打算を見ようとしない人々の純朴さに、驚かされるからである。もちろん、マッカーサーの感動を強調するすべての人を「おめでたい」とするのは公平ではない。醒めた打算を見据えながら、戦争裁判における天皇不起訴処分や、対日占領政策の規定要因の問題と区別して、天皇とマッカーサーとの間の人間的交渉の問題を推考し、元帥の感動の真正性を主張する論者もいる(8)。しかし、後者の人々による限定的美談は当面の問題とは関係ない。天皇が捨て身の構えで、マッカーサーを本当に感動させたということだけでは、あるいは、ドイツ皇帝ヴィルヘルム二世のように逃げ出さなかったということだけでは、国民に対する道義的責任を果たしたことにならない。

最後に、「身勝手」だと言ったのは、日本による侵略・植民地化の犠牲になった、死傷者だけでも数百万とも一千万以上とも言われるアジア諸国の厖大な数の人々は、「我が身はどうなろうとも、国民（日本国民）だけは」という天皇に帰せられるセリフによっても、また、戦後日本の経済的繁栄によっても、決して救われないという当たり前の事実に平然と目を閉じていられる人々の神経の図太さがやりきれないからである。

私はこの最後の点が、最も重大な問題を孕んでいると思う。天皇の日本国民に対する責任だけが念頭に置かれている限り、「優しさ」や「おめでたさ」は、我ら日本人の「愚かしくも愛すべき」性格として是認され、天皇と、天皇を何故か許してしまう国民との「美しい親愛関係」が賞揚されるという運びになり易い。しかし、対アジア責任の視点に立つならば、この愛すべき「優しさ」と「おめでたさ」が、そのまま、最も悪質な意味での「身勝手さ」になるのである。

一例を挙げよう。中沢新一は、「みじめな敗北に終わった戦争の最高責任者として、国民のまえにうなだれて現れた天皇と、それをむかえる日本人のすがた」を、少年野球チームのリーダーが、自分のエラーでチームを負けさせ、帰り道うなだれているのを、仲間がくやしさを忘れて「ドンマイ、ドンマイ」と慰めるという、自分の少年時代の思い出の光景と、重ね合わせている。そして、天皇に対して、この「ドンマイ、ドンマイ」をやった日本人の、「底抜けのお人好しぶりと、なんとももの悲しい優しさ」を、「単純に否定してしまったり、そこから逃げ出すことばかり考えている精神には、世界の悲しく美しい真実は、たぶんなんにも見えてこないだろう」と言う(9)。

優しさの充溢。しかし、素朴な疑問がある。天皇の侵略軍隊によって肉親を殺され、あるいは自ら傷付けられたアジアの人々は、日本人が天皇に「ドンマイ、ドンマイ」をやっているのを見て、日本人を、優しいお人好しと思うだろうか。アジアからの、このまなざしを一度でも意識したら、我々日本人は、なお「ドンマイ、ドンマイ」を続けていけるだろうか。このまなざしを意識しながら「ドンマイ、ドンマイ」を続けていくとしたら、それでも我々は自分たちを優しいお人好しであると信じ続けられるだろうか。信じ続けられるとしたら、我々日本人とは一体いかなる動物なのか。

草野球のたましいに秘められた、世界の「悲しく美しい真実」が見えない者はいない。誰もが、それをこそ見続けていたいと、甘い感傷をもって願うものである。しかし、知性は呪われた興醒ましの役を演じなければならない。「悲しく美しい真実」が隠蔽する誰も見たくはない真実、侵略者としての我々の社会の過去の、そしてその遺産を引きずる現在の、「恐ろしく醜悪な真実」を見据え、そして見せる役である。知の世界における欧米中心主義の克服を看板に掲げるこの戦無派の宗教学者が、天皇の戦争責任の問題を、天皇の国民に対する対米英惨敗責任の枠内でのみ考え、対アジア責任の視点をどこかで「落っことして」きているのは、悲しく寂しい皮肉である。「アジアからのまなざし」は、残念ながら、依然我々にとって語るは易く、忘るるはなお易き、あの多くのことどもの一つでしかない。これは皮肉ではない。自戒である。

4　戦争責任の倫理的成立根拠

自戒と言った以上、自分のことにも少し触れておこう。今(一九八九年)から一五、六年前、大学一年生のときに、東大教養学部の某先生の中国現代史のゼミに出て、エドガー・スノーの『中国の赤い星』などを読み、「日本はアメリカと戦争して負けた」という自分の無意識の思い込みの犯罪的な無邪気さに、愕然とした覚えがある。もちろん、大学入試のために、「世界史」と「日本史」の受験勉強も少しはしたから、張作霖爆殺事件・柳条湖事件・蘆溝橋事件などについて、普通の受験生的知識はもっていた(つもりである)。南京虐殺や石井部隊についても、知識というほどのものではないが、ぼんやりとしたイメージぐらいはもっていたように思う。それにも拘わらず、戦前・戦後を分かつ「あの戦争」と言えば、太平洋戦争を考え、「日本はどこと戦いましたか」と聞かれれば、条件反射的に「アメリカです」と、小学生のように可愛らしく答えてしまう、そういう「精神構造」に支配されていた。太平洋戦争の主因は日本の満州侵略であり、満州事変以後敗戦まで、日本陸軍の主力は一貫して中国および東南アジアでの戦闘に振り向けられていたにも拘わらず、「十五年戦争」はおろか、「日中戦争」の観念もなく、「日華事変」という言葉に何の疑問ももっていなかった。もっと正確に言えば、「日中戦争」と「日華事変」という二つの言葉の間に、響きの強弱以上の差を認めていなかった。そういう自分の戦争観の不自然さに気付かない自分の意識の不自然さが、「五月病」の甘い憂愁にそろそろ飽きていたあの頃、突如として恐ろしくなったのである。原爆症患者を、どこか他人事のように憐れんでいた自分を、いい気なもんだと思った。「原爆症」は被爆者の肉体だけでなく、アメリカの爆発的なパワーに圧倒されていた他のすべての日本人たちの、そして、この自分の精神をも蝕んでいたことに、やっと気付いたのである。思えば随分と「おくて」の青年であった。

それ以来、「戦争責任」と聞くと、私は「はるかに強大な敵を相手に、怖いもの知らずの愚かな戦争をし、日本を破滅に導いてしまったことに対する責任」、即ち、「敗戦責任」よりも、中国をはじめとするアジア諸国に対する「侵略責任」のことを、まず考える。もっとも、これからさらに進んで、「日本はアメリカにではなく、中国に負けたのだ。中国に負けたということは、とりもなおさず、中国共産党に指導された中国民衆の革命的情熱に負けたのだ。従って、戦後日本が指針とすべきは米帝ではなく、毛沢東思想である」という、一部の人々の三段論法について行けるほど、私は「ラディカル」になれなかった。勝者を理想化してそれに追従し、思想的主体性を放棄している点では、アメリカかぶれと同じではないかと思った、と言うと恰好がいいが、これはあくまでためらいの事後的正当化である。いずれにせよ、侵略責任の観念はこの革命三段論法と必然的に結合しているわけではない。それどころか、後者は侵略の事実よりも「誰が真の勝者か」にこだわり、「米帝」に対してなら侵略戦争も正当化されるという含意をもちかねない点で、前者と相容れないとさえ言えるかもしれない。文革の悲劇とその後の中国の苦悩を目の当たりにして、この三段論法を嘲笑、あるいはそれに絶望し、ついでに侵略責任の観念も棚上げにしてしまうとしたら、それは知的に不誠実であり、無責任である。

学生時代のこのささやかな「覚醒」は、結局それ以上のものではなかった。以後、それを思想化すべく戦争責任問題について深く考え続けてきた、というわけでは毛頭ない。自覚を約束手形にして安逸を買い戻す自己批判の狡智から、私も免れていなかった。戦争責任観の深化によってしか自己の思想的再生を果たしえない戦中派の精神の傷のようなものは、やはり「他人事」だったのである。しかし、戦争責任問題の核心が敗戦責任よりも侵略責任にあるという見方は、基本的に正しいと思っている。

戦争責任を問題にするとき、通常、まずそれは法的責任か、倫理的責任かという形で問われる。その際、法的責任としての成立は疑わしいが、倫理的責任はあるというのが多くの人の立場であると思われる。しかし、戦争責任の倫理的成立根拠が何であるかについて、十分な解明がなされているとは思えない。この問題を解明するには、敗戦責任と侵略責任との内的関係の分析が不可欠である。なお、倫理的責任と政治的責任との関係も問題になるが、これを考える上でも、敗戦責任と侵略責任の関係の考察が必要である。

敗戦責任を文字通り、「戦争に負けたことに対する責任」(以下、敗北責任と呼ぶ)と解するならば、その倫理的根拠は疑わしい。「勝てば英雄、負ければ国賊」という態度に、倫理的権威を与えるのは困難である。せいぜい戦略・作戦上の誤謬に対する責任が問題になりうるに過ぎないが、これは戦争責任を問われない戦争(この場合は勝った戦争)においても、問題になりうるから、戦争責任問題とは区別すべきである。従って、倫理的根拠をもつ敗戦責任とは、「正当化されない戦争によって、国民に多大の犠牲を強いたことに対する責任」である(以下、不当戦争犠牲責任と呼ぶ)。この意味での敗戦責任にとって、実は勝敗は本質的ではない。戦勝の場合でも、この戦争責任は成立しうる。ただ、一般に、敗戦の場合の方が犠牲が大きく、戦争の正当性が疑われ易いから、敗戦責任としてこの責任が問われることの方が事実上多いということは言えるだろう。この倫理的意味での敗戦責任にとって決定的なのは戦争の不当性である。我々の場合、戦争の不当性はそれが侵略戦争およびそこから派生した戦争であるという点にある。従って、我々の戦争責任問題においては、倫理的根拠をもつ敗戦責任は侵略責任を前提にしている。

これに対しては、次のような反論がなされるかもしれない。即ち、太平洋戦争の不当性に関してだけ言えば、それはこの戦争が不必要かつ避けえた戦争であるという点にあり、侵略責任と切り離して論じることが可能であるというものである。しかし、戦争回避のための日米交渉が挫折したのは、軍部が中国侵略の「成果」の放棄を拒否したからである。侵略責任を問うことなく、ただ、「対米戦争の勝算を考えれば、軍部はもっと譲歩すべきであった」とか、「この成果の実質的な部分の保有を、アメリカに容認させるような妥協の可能性があった」ということを理由になされる敗戦責任追及は、その根底にある帝国主義的エゴイズムの非倫理性は別としても、「もし勝っていれば」根拠を失ってしまう性質のものであり、「勝てば英雄、負ければ国賊」の論理を一歩も越えていない。

敗戦責任が敗北責任としてではなく、不当戦争犠牲責任としてのみ倫理的に成立する以上、そして、後者は侵略責任を前提してのみ倫理的に成立する以上、日本国民に対する戦争責任はアジアに対する侵略責任を前提せずには倫理的に成立しない。このことは重要な含意をもつ。

第一に、侵略責任の問題を棚上げにして、国民が払った犠牲の回避可能性だけを理由に、戦争責任を追及することはできない。この点で、天皇の「終戦」の決断がもっと早ければ、沖縄・広島・長崎などの悲劇が避けられたことを理由に、天皇に戦争責任ありとする本島市長の見解には問題がある。市長は、単に、これらの悲劇が避けえたか否かを、結果論的に問題にするのではなく、それが不当な犠牲、正当化不可能な戦争の犠牲であることを示し、この不当な戦争に導いた中国侵略を制止しなかったことに対する天皇の責任を直接問題にすべきであったと思う。

天皇が重臣の上奏を退けたために終戦が遅れたという、本島市長の主張に対して、それが上奏と内奏とを混同するものであり、上奏に天皇が拒否権を行使した例はなく、内奏に対する天皇の応答[10]については、正確な事実は分からない、という批判が山本七平などからなされているが、この点に関する論議は、「終戦の遅れ」[11]に対する責任という文脈に置かれるならば、天皇の戦争責任問題にとって非本質的である。市長はむしろ、侵略戦争の非と、それを制止する天皇の責務を明らかにした上で、天皇が単なるロボットではなく、その意志があれば軍部の暴走を制止できるだけの実質的影響力を有していたことを示す事実、例えば、「満州某重大事件」における田中義一首相叱責や、二・二六事件における断固たる鎮圧指令などを挙げ、この軍部制止力・制止意志の問題との関係で、上奏あるいは内奏の拒否の問題も提起すべきであった。

市長がもし十五年戦争の正当性を信じ、あるいは戦争に正も不正もないと考えた上で、ただ、「負け戦をさっさとやめなかったから、国民の生命コストが増えた」ということを理由に、天皇の責任を問うているとすれば、もちろん、侵略責任を云々する必要はない。しかし、このとき、彼は次のような反問に応えることができなくなるだろう。即ち、「アジアの人々に、あの大量の生命コストを払わせた戦争が正当、あるいは、少なくとも不正でないとするならば、それよりもはるかに少ない追加生命コストを、戦争に懲りるための代償として日本人に払わせることで、日本を平和な経済大国に生まれ変わらせた天皇の終戦決定のタイミングを、どうして非難できるのか」という反問である。

第二の重要な含意は、戦争責任追及の「再帰性」である。日本国民の犠牲に対する戦争責任の追及が倫理的に成立するためには、アジアの人々のさらに大きな犠牲に対する、日本国民自身の侵略責任の承認と追及が論理的に要請される。侵略戦争加担者たる日本人、即ち、戦争とそこに至る歴史の総体に対して責任を負うすべての日本人は、自己の対アジア戦争責任を否定・無視するならば、自己および同胞が払った犠牲に対する、天皇および戦争指導者など支配層の戦争責任を追及できなくなる。戦争加担者には責任追及者たる倫理的資格がないのだから、有資格者を詐称するのはけしからんなどと言っているのではない。アジアに対する倫理的負債を糊塗する、あるいは見ぬふりをする日本人は、自らが追及する支配層の戦争責任の倫理的成立根拠(戦争の不当性)を、自ら否定ないし曖昧化することにより、論理的に自殺していることを知るべきなのである。

例えば、原爆の悲惨を招いたことに対する支配層への日本人の抗議の倫理性は、南京虐殺の実態の日本人の手による組織的な徹底究明と公知化という、未だなされざる作業、存命目撃者の死去と証拠の散逸によって、いずれは永遠になしえなくなるかもしれない作業の遂行によって、「相殺」されてしまうのではない。むしろ、それによってこそ「保証」されるのである。[12] 原爆と南京虐殺とを、どちらも「大日本帝国」とか「天皇制」とかいう名前の「悪者」のせいにして、すました顔で被害者同士の連帯を呼び掛けるような、例の「おめでたい身勝手さ」の改訂版をここで推奨しているわけではない。もっと慎ましい、しかし、もっと厳しい一片の良識の想起を促しているのである。即ち、自己の被害者性に対して正当な配慮を要求する権利は、自己の加害者性を仮借なく暴く責務の遂行によってしか得られない。何故なら、この権利と責務は同一の政治道徳の原理に基づくものであり、責務の怠慢においてこの原理を裏切りながら、権利の主張においてそれに媚びることは許されないからである。

5　二重戦争観を超えて

侵略責任を戦争責任問題の核心とする私の以上の見解は、亀井勝一郎に示唆されて竹内好が提示した「二重戦争観」を思わせるかもしれないが、それとは異なる。竹内は大東亜戦争が、アジアに対する侵略戦争と欧米連合諸国に対する帝国主義戦争という、事実上一体だが論理上は区別さるべき二つの側面をもつとし、日本は前者については戦争責任を負うが、後者については、帝国主義によって帝国主義を裁くことはできないから責任はないとする。[13] 私はこの見解を支持しない。

第一に、この見解の基礎にあるのは、欧米中心的「文明一元観」に対する反発と、かかる文明一元観に基づいて勝者の裁きを下したとみなされた東京裁判に対する批判である。[14] 後者については、勝者の裁きとしての東京裁判の合法性に問題があることを認めつつも、それが依拠した「平和に対する罪」・指導者責任観・違法国家命令不服従義務などの原則を、戦前・戦中・戦後における、裁いた側の汚れた手をも批判してゆく精神的武器として、積極的に活用してゆくという大沼保昭がとるような方向[15]が、筋の通った一つの思想的可能性としてあることをまず承認すべきである。二重戦争観と東京裁判との関係については、後に、やや違った角度から、また触れることにし、ここでは二重戦争観と文明一元観批判との関係を問題にしたい。

欧米中心的文明一元観を克服するものとして、竹内が念頭に置いている(と私が解釈したい)のは、文明多元観であって、アジア中心的文明一元観ではなく、ましてや日本中心的文明一元観ではない。そうだとすれば、異なった諸文明の多元的共存のためのルールが要請されるはずであり、日本と欧米という帝国主義諸国間では、自らが代表しているると信じる文明を他に押し付けるための無規範的闘争が許されるということにはならないはずである。従って、かかるルールに反した戦争については、帝国主義諸国間のそれであっても、戦争責任の観念が論理的には成立しうる。

実際、竹内は二重戦争観の理由として、「日本はアメリカやイギリスを侵略しようと意図したのではなかった。オランダから植民地を奪ったが、オランダ本国を奪おうとしたのではなかった[16]」と言っている。帝国主義戦争においても、侵略が相手国の植民地にとどまらず、本国にまで及んだ場合は戦争責任が成立することを彼も認めているのである。そうだとすれば、例えば、一九三三年の侵略定義条約――ソ連と近隣東欧諸国、トルコ・ペルシア・アフガニスタンなど一一ヵ国の間で結ばれたものであるが、国際法上、初めて侵略概念を定義した条約として、他の諸国にとっても参考となる一つの指針を提供した――に見られるように、侵略は侵略国の被侵略国領土獲得意思を要件とせず、宣戦、他国領土侵入、他国の領土・軍艦・航空機への攻撃、他国の港・海岸の封鎖、他国領土侵入をする私的武装団体の援助のいずれかを、最初に行った国が侵略者とみなされるという考え方が第二次大戦前に既にあったから、日本が欧米連合諸国に対しても、少なくとも国際政治倫理上の侵略責任を負う可能性をア・プリオリに否定できまい。ソ連・東欧と一部アジア諸国が結んだ条約など、文明共存の倫理のモデルにならないとか、大東亜戦争時には何ら国際法・国際政治倫理上の重要性をもたなかったと竹内が考えていたとすれば、彼は、彼が批判しようとする欧米中心的文明一元観の呪縛に、結局囚われていたことになろう。日ソ中立条約を侵犯したソ連などに侵略を定義する資格はないという反ソ感情が、親中派の彼に仮にあったとしても、「言」に対する批判と「行」に対する批判とをやはり区別すべきである。人が自己の言に反する行動をとったとき、彼の言を嘲笑するだけが道ではない。その言がまともなものであるならば、むしろ、彼の言によって彼の行を裁くべきなのである[17]。

第二に、侵略責任を敗戦責任の倫理的成立根拠として捉える私の見解との対比において一層重要な点だが、対アジア侵略戦争と対欧米帝国主義戦争とが論理的に別のものであり、前者のみが不正な戦争であって、後者は正当な、否むしろ、正・不正が問題にならない戦争であるならば、沖縄・原爆・主要都市大空襲など、後者がもたらした悲劇について、国民に対する不当戦争犠牲責任としての敗戦責任は成立しないことになる[18]。問題になるのは、この場合、せいぜい「無残な負け方をしたから悪い」、「こんなひどい負け戦などすべきでなかった」という、敗北責任としての敗戦責任である。しかし、既に見たように、敗北責任の追及に倫理性を認めるのは困難である。敗北責任を、結果責任たる政治的責任として戦争指導者に対して追及することは可能であるが、このような政治的責任追及は、対抗暴力団との仁義なき戦いに惨敗した後、この深い痛手をどうしてくれると言って組長や幹部を責める組員の声以上の倫理的尊厳はもたない。

このような戦争の倫理的二重化に無理があるのは明らかだろう。中国侵略に狩り出されて大陸で死んだ兵士には国家は不当戦争犠牲責任を認め、「してはならない戦争をして、死なせてしまって悪かった」と謝らなければならないが、米艦に「神風」攻撃して若い命を散らしていった特攻隊員に対しては、国家は「よくぞやってくれた」――天皇が特攻隊員に与えた言葉は、確か「よくもやってくれた」である――と感謝すればよく、大陸での戦死者に対するようには謝る必要はないというのは、どこか奇妙である。これを奇妙と思う私が前提している戦争観は、次のようなものである。

太平洋戦争は欧米連合諸国に対しても侵略定義条約的意味における侵略性をもつだけではなく、不正な中国侵略を続行した結果であり、また、それを続行するために引き起こされたものであるが故に、なすべからざる不正な侵略戦争だった。不正な侵略戦争と、正義を超越した帝国主義戦争という、二つの戦争を日本は戦ったのではなく、拡大してゆく一つの不正な侵略戦争を戦ったのであり、ただ、他の交戦国に対する日本の戦争責任の内容と有無・軽重、及び、他の交戦国の日本に対する戦争責任の内容と有無・軽重が、この戦争へのこれらの交戦国の関わり方に応じて異なるだけである。やや図式的な言い方になるが、日本は戦争責任をアジアに対してのみ負い、欧米連合諸国には負わないというのではなく、日本は双方に対して戦争責任を負うが、アジアには日本に対する戦争責任を問えないのに対して、欧米に対しては日本側からも戦争責任を追及できるのである。原爆・主要都市大空襲など、米国による非戦闘員無差別殺戮はその重要な例である。欧米への日本からの戦争責任追及を可能にするためにも、日本はこれらの諸国に対する自己の戦争責任を承認しなければならない[19]。

太平洋戦争が、満州事変以来の一つの不正な侵略戦争の一部であるとすれば、日本国民の犠牲に対しては、日本国家は中国侵略における対英米蘭戦争におけるとを区別することなく、不当戦争犠牲責任を負う。侵略責任が敗戦責任の倫理的成立根拠であるという私の主張は、このことを意味している。中国侵略と対英米蘭戦争との一連不可分性を理由にした二重戦争観批判は、家永三郎によるものなどこれまでにも例がある[20]が、かかる批判の狙いが、上述したような相互性を前提として、欧米連合諸国に対する日本の戦争責任を再確認することにあるのに対し、私のここでの批判の眼目は、欧米連合諸国との戦争、特に、対米戦争の犠牲になった日本国民に対する日本国家の戦争責任の倫理的成立根拠を、二重戦争観が不当に突き崩してしまうという点にある。

もちろん、対英米蘭戦争を、満州事変以来の拡大してゆく一つの侵略戦争の一環と見る見方は、一つの「史観」であり、これを定言的に主張するためには、多くの歴史的論証を要する。かかる論証の提示は専門の歴史家に委ねるが、次の点はここで主張できる。即ち、対米戦争の厖大な日本人犠牲者に対して日本国家が倫理的責任を負うと考えるならば、我々はここで示したような「戦争史観」をとらざるを得ない。また、大陸での戦死者と特攻隊員との既述の倫理的差別だけでなく、日本国家は国民に対する不当戦争犠牲責任を大陸からの引揚げ者には負うが、沖縄、広島、長崎、主要都市空襲などの犠牲者に対しては負わない、という戦争の倫理的二重化の帰結を不合理だと考えるならば、二重戦争観を否定する立場のための、一種の「背理法」的証明の成立を認めなければならない。

最後に、二重戦争観は、考えてみれば、きわめて「不自然」な思想的芸当である。事実上一体化した現象を論理的に区別していることが不自然だと言っているのではない。このこと自体は思想として当然である。不自然だと言うのは、この論理的区別なるものが相矛盾した思想を含んでいるからである。一方で、それは帝国主義的侵略を悪だと言い、他方で、帝国主義者の植民地獲得競争で、日本だけが他の競争者に遠慮する必要はないと言う。一方で、アジアを対等の権利主体として尊重しながら、あるいは、過去におけるその権利の蹂躪の反動として崇拝さえしながら、他方で、アジアを欧米と奪い合う「資源」とみなしている。この矛盾をかろうじて糊塗しているのは、聞き手による論理の使い分けである。即ち、アジアに対しては「悪かった」——昭和天皇はこの一言さえ言わずに世を去ったが——と非を認め、アジアに対して非を認めたその同じ行為について、欧米に対しては「おまえたちも同じ穴のムジナではないか、どこが悪い」と開き直るのである。

この芸当は論理としては不自然であっても、「人情としては自然」なのであろう。小林勇によれば、岩波茂雄は中国との戦争への協力を拒んだが、米英との開戦後は「米英をやっつけるなら僕も賛成だ」と公言した。丸山眞男によれば、満州事変前後、中国に対する軍の武力圧迫を厳しく非難した美濃部達吉も、マレー沖海戦で日本軍が二隻の英戦艦を撃沈したニュースを聞いたときの喜びようは大変だったらしい[21]。この心理は現在でも多くの日本人によって共有されていると思う。しかも、竹内にとっては皮肉なことに、この心理が対アジア責任を曖昧にする甘えを我々に許しているのである。

勝者の裁きとしての東京裁判は、その合法性の傷によって、責任嫌いの日本人を倫理的自慰にふけらせ、その権力的な「代執行」性によって、責任好きの日本人には鶴見俊輔が軽妙な皮肉を込めて言う「一応の満腹感[22]」を与え、結局、どちらのタイプの日本人にも戦後日本の過去に対する責任の主体的決済をさぼる口実を提供した。この文脈で、リチャード・H・マイニアの著書『東京裁判[23]』の二重に皮肉な性格が象徴的である。パル判事少数意見に主として依拠して、東京裁判の手続的・実体的違法性を強調したこの書は、著者が日本語版へのまえがきで、「法的に無罪であることとは別に、歴史的な責任の問題は残っている」ことを強調しているにも拘わらず、日本人読者の多くによって、「歴史的責任」を忘れるために読まれる運命にあった。また、ベトナム戦争に憤激した米国の三〇代前半の若いアジア専門家たる著者によって、「アメリカの正義」による世界秩序維持をはかるスチムソン主義に毒されたと彼が考えた米国のアジア観の歪みを是正するために書かれたものであるにも拘わらず、日本人読者の多くによって、「対アジア責任」を曖昧化する日本のアジア観の歪みに目を閉じるために読まれる運命にあったのである。上述のような日本人の「人情」にとって、これは抗し難い自然の衝動である。竹内好はもちろん、対アジア責任を思想的に果たそうと真摯に努めた知識人の一人であるが、彼自身の意図とは独立に、二重戦争観はこのような状況に対して責任の一斑を負うべき含意をもつ。二重戦争観がもつ、帝国主義に対する帝国主義的シニシズムが、その反帝国主義的契機を中和してしまうのである。あるいは、このように言ってもいい。二重戦争観の「論理の不自然」をぼかすために、少しだけ甘えてみた「人情の自然」によって、彼は逆襲されたのだ、と。

しかし、我々は一体いつまで、「人情の自然」に甘え続けるのだろうか。論理の規律を少しでも自己に課そうとするならば、すべきことは明らかである。欧米に対して「おまえたちに非難する資格はない」と開き直るだけで話をおしまいにし、アジアに対する罪状自認の真摯性の欠如を自ら暴露することではなく、「欧米ごときに非難させないため」に、この罪状を自らの手で徹底的に糾明し、責任を明確にする努力を倦むことなく続けることである。

以上のような議論に対して、戦前・戦中派の読者の中には、「割り切り過ぎだ」という不満を抱く人が少なくないかもしれない。「ガス抜き」にどの程度資するか分からないが、誤解を避けるために、また、ありうべき反論に応えるために、若干の補足と限定を付しておきたい。

第一に、連合諸国が百パーセント正しく、日本が百パーセント悪いという連合諸国側の「太平洋戦争史観」に私が与していないことは、既に明らかだと思うが、念のために再強調したい。美しい理念によって偽装された帝国主義の悪は双方が共有しているが、「二つの悪は二つの正を作らない」というのが私の主張の骨子である。東京裁判の精神を、裁いた勝者の自己正当化イデオロギーにとどめておかずに、裁いた側の汚れた手、特に、朝鮮戦争、ハンガリー・チェコ軍事干渉、ベトナム戦争、アフガニスタン侵攻など、戦後における彼らの蛮行を裁き返す普遍的原理として積極的に活用するという思想的方向性を、戦後生まれの国際法学者大沼保昭が提示していることに既に触れたが[24]、実は、この論理は「戦争を知らない子供たちの無邪気な発明品」ではない。日本のみを悪人扱いする「太平洋戦争史観」を厳しく情熱的に批判した元回天特攻隊員の歴史哲学者、上山春平が、憲法第九条を「国際的憲法」とみなす平和の歴史哲学に立脚して、同様の論理を先駆者的洞察を以て一九六〇年代に既に展開している[25]。不戦条約から大西洋憲章を経て、東京裁判・新憲法へと「曲がりなりにも」発展してきた平和主義の精神の、どこを捨てて、どこをどのように生かしてゆくかは、もちろん簡単な問題ではない。しかし、このような問題を考えるための出発点になるのは、次の平凡な認識である。即ち、「日本だけが悪いんじゃない」と主張するためにこそ、「日本も悪かった」ことを、我々は率直に、ときには率先して、認めるべきなのである。

第二に、日本の戦争責任の承認は、占領期における米国主導の戦後改革の正当化を含意しない。戦争責任問題と体制改革問題とは区別さるべきであると私は考えている。前者については、一定の主権干渉(理想的には、中立的国際機関による干渉)はやむをえないとしても、後者は日本国民の主体的決定に委ねらるべき問題であり、米国の干渉は正当化できない。正当化できないと言うのは、憲法改正を含む改革プロセスを回避すべきでないという政治的意味においてであって、戦後改革の産物である法体制の実定法的妥当性を否定しているわけではない。例えば憲法九条について「護憲派」対「改憲派」という対立図式はナンセンスである。実態と大きく乖離してしまった九条の理念を擁護したいと「護憲派」が本当に考えているなら、彼らも九条を日本国民の主体的選択により規範的に強化するために改憲プロセスを促進すべきなのである。日本人の大多数が現在の結果に大体満足しているのだから、それでいいではないかという態度も、他力本願的効率主義であり、私は共鳴できない。我々の政治的主体性の陶冶にとって重要なのは、結果が自己の選好に合致しているか否かよりは、そこへ至る過程での自律的試行錯誤である。

従ってまた、フィリピンのように、大土地所有特権階級の支配構造が桎梏となって、日本からの巨額の経済援助にも拘わらず、産業化がうまく進まず、日本に「労働力輸出」をするアジアの発展途上国の現状を非難する日本の一部知識人に対しても、私は「占領軍に農地改革や財閥解体をやってもらった我々日本人が、そんなエラそうなことを言っていいんでしょうか」と、素朴な疑問を感じてしまう人間の一人である。東京裁判や戦後改革を強制されたものとして批判しながら、その結果的利益は享受し、享受されている現在の平和と繁栄を、専ら日本人の努力と勤勉の賜物とみなす人々も多いが、彼らの態度は、他力本願的効率主義よりもさらに狡い。戦中派としての自己規定を生き、そして死んだ吉田満が、鋭く診断した戦後日本の精神病理、即ち、過去と現在を自らの手で批判的に切り結ぶ主体的努力を放棄することにより、我々日本人が陥っている豊かさの中でのアイデンティティ喪失状況に、このような人々は反発しているように見えながら、実は自己欺瞞的に寄生しているのである。[26]

第三に、太平洋戦争の原因を日本の中国侵略に求めるならば、何故、日本の中国侵略の原因を幕末以来のロシアや欧米列強の帝国主義的圧力に求めないのか、という疑問が当然出されよう。この疑問を一つの積極的な大東亜戦争肯定論にまで転化させたのが、林房雄の「大東亜百年戦争史観」である。[27]この史観によれば、狭義の大東亜戦争は幕末以来一世紀に亘る日本によるアジア植民地解放戦争の最後を飾る戦争ということになる。私はこの史観をただの「反動的迷妄の大風呂敷」として一蹴するつもりはない。マルクシストの教条主義的な日本近現代史観に対する解毒剤としての有用性だけを考えているのではない。太平洋戦争を中国侵略と一連不可分と見る見方にとって、「何故十五年戦争史観でとどまるのか。十五年戦争の意義をより良く理解するには、百年戦争史観にまで徹底すべきではないのか」という反問は、応えらるべき重要な問いであると思われるからである。

林の議論の細部に立ち入る余裕はここではないが、その基本的論点に簡単にコメントしておきたい。まず、十五年戦争の意義を理解するには、それを幕末以来のより大きな歴史過程の中に位置付けなければならないというのは正しいとしても、日本の対アジア侵略戦争を植民地解放戦争として性格付けるのは、上山春平も批判しているように、日本軍の意図の解釈としてさえ無理である。さらに、林の史観は、幕末以来の歴史において一定の役割を果たした日本人たちの主観的な意図・動機を、そのまま歴史の客観的意味とみなすという誤謬、「転向」以前の林を捕らえていたマルクシズムの経済決定論的・発展段階説的史観に対する反動からきた、歴史の過度主観化の誤謬を犯している。連合諸国が、自分たちだけを「いい子」にする手前勝手な戦争史観を押し付けてくるのなら、日本人だって、同じように手前勝手な戦争史観を打ち出していいはずだという発想は、理解はできるが感心はできない。植民地解放戦争観を打ち出す以上、少なくとも、それと矛盾対立するアジアの側の日本観・対日戦争観に対する十分な配慮・検討が要請されるが、この点に関する林の態度は無頓着あるいは恣意的である。

最後に、二重戦争観に対する私のような「超え方」は、上山春平のような戦中派の歴史哲学者から見れば、戦争勢力たることを本質とするあらゆる主権国家に押された「国家の原罪」の烙印を見ない、不徹底な超え方であるということになるかもしれない。上山によれば、戦前・戦中および敗戦以来我々日本人が学んできた様々な戦争解釈、即ち、「大東亜戦争」史観、「太平洋戦争」史観、「帝国主義戦争」史観、「抗日戦争」史観などといったものは、いずれも、大日本帝国、欧米連合諸国、ソ連、中華人民共和国など、自ら侵略をして恥じない主権国家の利己的利益を正当化するイデオロギーとして機能しており、真の平和思想の母胎たりえない。[30] 平和主義の確立は、かかる主権国家の枠組自体の解体、具体的には国連の強化(特に、五大国中心主義の廃棄)による、国家主権を制限した国際平和機構の確立なしには不可能である。[31] この観点からは、二重戦争観は「帝国主義は帝国主義を裁くことはできない」というその主張を、「主権国家は主権国家を裁くことはできない」という主張にまで発展させる形で乗り超えらるべきであるということになる。[32]「戦争勢力としての国家が、戦争行為のゆえに他国を倫理的に非難したり、法的に処罰したりするのは背理である[33]」。

上山の主張が、一つの主権国家に、他の主権国家の戦争責任を公正に追及する役割を期待するのは困難だという点にとどまるのなら、それは正しい。しかし、この点を超えて、主権国家が主権国家に対して戦争責任を負うという観念自体が背理であるとし、従って、日本は欧米連合諸国に対してだけではなく、中国や独立後のアジア旧植民地諸国に対しても、戦争責任を負わないとするならば、それは承認できない。これは二重戦争観の克服どころか、二重戦争観以前への後退である。このような主張は、大東亜戦争は植民地解放戦争ではなく、植民地再編成のための侵略戦争であるとした上山自身の林房雄批判とも両立し難い。戦争責任に関する公正な裁定・執行機関の存否という「手続問題」と、戦争責任自体の有無という「実体問題」とを我々は区別すべきである。公正な糾明手続の不存在を理由に実体的戦争責任の不存在を主張するなら、かかる手続の確立のための努力は、従ってまた、国連改革と五大国に対する裁き返しへの上山自身の情熱も、自らの正当化根拠を失ってしまう。また、戦争責任の観念は主権国家間の責任追及においてのみ問題になるわけではない。国際的な糾明手続の有無に拘わらず、主権国家の内部での、国民による支配層の不当戦争犠牲責任の追及の前提としても、侵略責任としての戦争責任の観念が要請されるのである。

先に、二重戦争観について、帝国主義に対するその帝国主義的シニシズムが、その反帝国主義的契機を中和すると言ったが、上山の戦争論・国家論については、中ソを含む連合諸国の正戦論に対するそのイデオロギー批判的シニシズムが、国連による正義と平和をめざすその理想主義的契機を中和すると言えるだろう。戦争体験者が、倫理に対するシニシズムと倫理的反省という解消不可能な矛盾を生きることを余儀なくされるのは、戦争に内在する背理なのかもしれない。そうだとすれば、この背理に対して批判的な距離をとれる戦無派の「割り切り」は、戦争体験者にとっても決して無用ではないだろう。

なお、上山は、敗戦の挫折により前述のような多様な戦争史観を学んだ日本人は、日本人を裁いた勝者たちより、もっと立体的・多面的にあの戦争を反省する機会をもったとし、その結果、勝者たちの単純な戦争史観をいずれも相対化し、「重大な真実の認識のいとぐち」をつかんでいるとする。[34] 一般に、成功者の世界観は、挫折者のそれよりナイーヴであるから、日本人の戦争理解の方が、勝者たちのそれより「すれている」と言うことはできるかもしれない。しかし、あの戦争の真実に対して、日本人が本当に今一番近いところにいるかどうかは疑問である。むしろ、多様な戦争史観を学んで幻滅し、すれてしまったことにより、最も基本的な真実を忘れてしまっているように思われる。アジアに対する侵略責任がそれである。次節で立ち戻る天皇の戦争責任問題において、この忘却は顕になっている。

6　天皇の責任

侵略責任を核にして戦争責任を考えるならば、昭和天皇に少なくとも道義的・政治的な戦争責任がある、あるいは、あったのは明らかである。旧憲法下における天皇の地位・法的権限に関することこまかな議論は、仮に天皇が東京裁判で起訴されていたなら、いかにして天皇を弁護できたか、あるいは、いかにして有罪にできたかという問題に関心をもつ人々には重要かもしれない。しかし、天皇の道義的・政治的責任にとっては二次的な問題である。重要なことは、問題の戦争が、少なくともアジアに対しては、倫理的に中性な帝国主義戦争(仮にそういうものがありうるとして)ではなく、やってはならぬ不正な侵略戦争であったこと、従って、統治権の総攬者にして大元帥である天皇には、それを制止する道義的・政治的責務があったことである。天皇が山本七平の言うところの立憲君主としての「自己規定」[35]をいかに強固にもっていたとしても、それは免責事由にならない。天皇が、自己の権力を勝手に絶対化して利用している軍によるアジア人民の非道・悲惨な殺戮・収奪を伴う侵略を、全力をもって制止する道義的・政治的責務を果たすことよりも、自己の法的権限についての自己の解釈、しかも、軍によって全く無視されている解釈が示す制約を守ることのほうが重要だと本当に考えていたとすれば、それだけでも、道義的・政治的に非難可能である。天皇がこの責務を果たそうという断固たる意志さえもてば、それができたことを示すために、権限論議は多少意味があるかもしれない。しかし、私は天皇のこの能力の証明としては、速やかで平和な戦争終結を天皇のお蔭だとする、天皇擁護者によってよく引き合いに出される一つの事実だけで十分だと思う。即ち、天皇の詔勅なればこそ「全旧日本軍は一度に戦闘行為をやめて、ご詔勅どおり、武器を投げだして、相手国に降服した」(36)という事実である。

従って、問題は、天皇に道義的・政治的責任があるか、ではなくて、何故、かくも多くの日本人が天皇の道義的・政治的責任さえ否定したがるのだろうか、である。どす黒いエゴを剝き出しにして世間を渡る我々の薄汚れた良心の慰めとして、幼児のように純粋無垢な存在をどこかに置いておきたい、という気持が底流にあるのかもしれない。それに付き合いたくはないが、理解はできる。これは日本人だけではなく、自己の政権の内部分裂をも失政の責任をも何故か超越していた、あの「テフロン大統領」、ロナルド・レーガンをこよなく愛した米国人にも、多かれ少なかれ見られる心理である。(「こげがつかない」という意味のこのあだ名は米国メディアが彼におくったものである。)国民的規模での倫理的・精神的挫折をベトナム戦争で初めて味わった米国人が、その痛手から立ち直るためにテフロン大統領を必要としたように、敗戦でもっと巨大な挫折を味わった日本人は、テフロン大統領などよりもっと美しい、もっと無垢な、もっと純粋な存在を必要としたのだろう。テフロン大統領を得てからというもの、さすがに米国人、立ち直りが早かった。グレナダ侵攻（左派革命政権が生まれたカリブ海の島国グレナダに対して、一九八三年に米国が行った軍事侵攻）をみんなで大喜びできるぐらいの「自信」という名の自己中心的世界観を、またたくまに取り戻した。我々日本人は痛手がもっと深かった分、時間がもっとかかったが、我らが民族の純粋無垢にして空虚なる中心との、四〇年余に及ぶ優しさの交歓（「ドンマイ、ドンマイ」）を経て、今や、我々が誇るべき「経済進出・技術援助」の現場の一つであるタイで、当地の女性従業員を背後からけり倒す日系自動車部品工場長や、当地の女性プロデューサーに平手打ちを食わせるＮＨＫ職員たちの、上等兵的暴力と下士官的熱誠を復活させるほどには、しっかりと「自信」を取り戻している。「悲しく美しい真実」の続篇、あるいは異本版がここにある。

　しかし、ことがらの社会心理学的・文化人類学的説明には私は関心がない。私がしたいことは、外部から我々の社会を「観察」することでも、「内在的理解」と称してこの社会の共同主観にどっぷりと、無批判に身を浸してみせることでもなく、この社会の一員として、同胞と真摯な倫理的対話を営むことである。さしあたり今できることは、長崎市長への投書者たちとの対話に戻ることである。市長批判者たちの言葉に耳を傾けるとき、さっきの私の問い——「アジア侵略に目を向けるなら、天皇の道義的・政治的責任は明白なのに、なぜ人々はそれさえ否定したがるのか」——は、実は問い自体の前提によって、既に答えられていたことに気付く。「何があろうと天皇陛下」という態度を別とすれば、天皇の戦争責任を、それを否定する人々に見えなくしているのは、アジアに対する侵略責任の観点の欠如ないし不徹底である。

例えば、「拝啓・長崎市長殿」に市長批判者の一人として登場した岐阜県の四二歳の中学教師(男性)は、「戦いに敗れたからといって、指導者を犯罪人扱いにする国民が理解できません」と投書で述べた。まず気付くのは、天皇の戦争責任を問うことを、直ちに「戦犯扱い」とみなす、天皇崇拝者によく見られる戦略的な偏狭さである。中国出征経験のある七八歳の埼玉県の男性投書者も、市長が「天皇は戦犯なり」と言ったのは許せないとし、「長崎は原爆都市でありますが、今後一切心に日本国民としての共通感を断ち切ることにしました」と宣告している。「天皇は戦犯」の一言で断ち切れる、幾多の爆死者・原爆症患者への彼の「共通感」がどの程度のものであったか、この宣告はよく示している。それはともかく、本島市長は「天皇は戦犯として処罰さるべきであった」などと主張したわけではないし、市長への共鳴的な投書者を含めて、天皇に戦争責任ありとする多くの人々が心に抱いているのは、「一言でいいから、国民に謝罪して欲しかった」とか、あるいは、せいぜい「退位して、けじめをつけて欲しかった」という、はるかに慎ましい願いである。天皇戦争責任否定論者がまずすべきことは、控え目な要求まで過激に見せ掛ける、この狡猾な「戦犯」レトリックを放棄することである。このレトリックを今「狡猾」と言ったが、実は「猥褻」と言うべきかもしれない。勝者の裁きとしての東京裁判が、戦争責任嫌いの日本人にふけらせている既述の「倫理的自慰」の好例がここに見られるからである。

しかし、先の教師の見解には、この戦略的偏狭さよりも思想的にもっと重大な偏狭さがある。それは、敗北責任としての敗戦責任しか念頭においていないことである。敗北責任に関しても、国家元首であり且つ「大元帥」であった天皇は、「敗軍の将、兵を語らず」式の結果責任を負うが、これは確かに、既に見たように、犯罪人扱いはおろか、倫理的批判さえ正当化するものではない。しかし、天皇の責任として問題にさるべきは、アジア近隣諸国に対する侵略責任は言うまでもなく、国民に対する責任についても、敗北責任ではなく、侵略責任と不可分の不当戦争犠牲責任である。天皇は「敗れたから」責任を問われるのではなく、してはならない不正な侵略戦争をした、あるいは軍部にさせてしまったことにより、国民に多大の犠牲を払わせたから、責任を問われるのである。

なお、この投書者は、先の言明の前に、「衆議を尽くした結果が開戦だったと思いますし、世論のバックもあったと想像します」と述べている。確かに、緒戦の華々しい戦果に酔った国民にも、戦争協力の責任が多かれ少なかれあるであろう。しかし、戦前の体制を「天皇制ファシズム」と呼ぶのが適切か否かは別としても、民主的政治過程と思想・言論の自由が旧憲法下では十分保障されておらず、満州事変以後はその限られた民主的・自由主義的要素でさえ、急速に窒息させられていったことを考えれば、国民が情報操作・宣伝・教育などにより戦争へと扇動されたからといって、開戦決定を「衆議を尽くした結果」だとか、「世論のバック」などという言葉で、国民の意志に帰するのは公平ではない。いずれにせよ、注目さるべきは、彼がここで正式決定のあった対米英蘭開戦のみを考え、満州事変以降のなし崩し的な中国侵略と、それに伴った国内における立憲体制の空洞化を完全に視野の外に置いていることである。

「日本はアメリカと戦争して負けた」という、大学一年生の私を支配していたのと同じ「精神構造」が、「精神的原爆症」がここにある。この「中国侵略なき戦争」観との関係で、さらに興味深いのは、最初に引用した言明に続けて彼が、「まして、自主的に内閣の決定に従っておられた天皇陛下に、責任を負わせようとするような人たちは、日本人として実に情けない」と慨嘆していることである。この点は、今度の天皇フィーヴァーにおいても喧伝された「法的」天皇免責論によって、一層明示的な形で説かれている。この立場は、旧憲法第三条(天皇の神聖不可侵性)と第五五条(国務大臣の輔弼)を根拠にして、天皇が法的に無答責であり、閣議決定に対する拒否権ももたなかったから、法的には戦争責任を問えないとする。ここからさらに進んで、開戦を拒否する法的権限がなかった以上、政治的責任もないと主張されることもある。(問題の投書者の場合は、道義的責任まで否定しているようにも見受けられるが、この点は定かではない。)

天皇の戦争責任が法的責任として成り立つか否かについて、後述するように単純な結論は出せないが、ここに示したような免責論は、中国に対する侵略責任を全く考慮していない点で、斥けらるべきである。旧憲法第三条は天皇の国内法上の無答責を示すに過ぎず、被侵略国に対して、何らかの国際法上の責任を天皇が負うかという問題に決着をつけ得るものではない。それにも拘わらず、この条文がもっともらしく引き合いに出されるのは、アメリカに敗れたことに対する敗北責任を日本国民が天皇に問えるか、という形でのみ問題を設定する発想が、背後にあるからであろう。また、米英蘭に対する開戦は国務大臣が参加する御前会議で決定されたから、旧憲法第五五条が効いてくるかもしれないが、満州事変以来の中国侵略は、内閣の輔弼から独立したものと軍によって「有権的」に解釈された、統帥権の名において行われたのである。(37)

統帥権の独立に関しては、必要な戦費の支出の決定は、議会および内閣の予算上の権限に属していたという反論が直ちになされよう。これはそのとおりであるが、このことは軍部の独走を制止する法的権限を議会や内閣がもっていた――といっても陸海軍大臣現役武官制はこの法的権限の行使を困難にしたであろうが――ことを意味するだけで、天皇が軍を制止する法的権限をもたなかったことを意味しない。軍のなし崩し的中国侵略に対して、断固たる対応ができず、「事実は事実としてこれを認む。事実として認むる以上、戦費は出す」という奇妙な論理で、既成事実を追認していった内閣の責任は重い。また、戦前・戦中は天皇を棚上げにしておきながら、一旦戦争が終わると、「統帥権の独立」などを持ち出して、責任を天皇に押し付けようとする近衛文麿のような重臣に「ビンタの一つでも食らわしてやりたい」気持も、上等兵的暴力を云々した後でこう言うのも変だが、非常によく分かる。[38] しかし、天皇一人に責任を押し付ける連中の無責任さに憤ることと、天皇には全く責任がなかったと言うこととの間には、無視してはならない論理的懸隔が存在するのである。

「法的」天皇免責論に触れた以上、天皇の責任が「法的」であるとか、「政治的」、あるいは「倫理的」であるとか、「道義的」であるとかの意味について、ここで、今までの考察を踏まえて、私見をまとめておく必要があるだろう。侵略責任を敗戦責任の倫理的成立根拠と見る私の立場からすれば、被侵略国、とりわけアジアの近隣諸国に対する侵略責任と、日本国民に対する不当戦争犠牲責任とからなる天皇の戦争責任は、何よりもまず、倫理的責任である。ただ、私の言う意味での倫理は、個人道徳としての「道義」だけでなく、政治道徳とか公共道徳とか呼ばれるもの、即ち、政治権力あるいは公権力の行使を正当化するとともに制約する正義・公平などの価値原理をも含んでいる。従って、ここで言う天皇の倫理的責任は、天皇が個人としてなすべき行動に関わる道義的責任だけでなく、天皇が国家機関としてなすべき行動・決断に関わる責任という意味での政治的責任も含む。ただ、この意味での政治的責任は、「結果良ければすべて良く、結果がだめなら弁解するな」という意味での、単純な結果責任としての政治的責任とは異なり、正義原則のような価値による査定を含んでいる。従って、単純結果責任と区別するために、政治倫理責任と呼んでおく。敗北責任としての天皇の戦争責任は、単純結果責任でしかないのに対し、侵略責任および不当戦争犠牲責任としての天皇の戦争責任は、政治倫理責任である。天皇の責任を問う倫理的権利を、犠牲者は前者の場合はもたないのに対し、後者の場合はそれをもつという点が決定的な相違である。

以上の定義に従って、あえて歴史的現在の叙法で「後の祭り」を言えば、昭和天皇は戦争責任として、少なくとも、道義的および政治倫理責任をもつと私は考える。具体的な責任のとり方としては、道義的責任については、少なくとも、被侵略国たるアジア近隣諸国と日本国民に対する公然たる明確な謝罪であり、政治倫理責任については、少なくとも、退位である。道義的責任は性質上、個人の良心に基づいた自律的遂行を要するから、結果責任とは違った理由で、他者にはその遂行を要求する権利はない。謝罪は要求されてやるのではなく、純粋に自発的になされてこそ真の謝罪たりうる。しかし、退位はまさに国家機関として政治倫理責任を果たす行為であるから、日本国民はそれを要求する倫理的権利をもつ。それだけでなく、あるいは、それ以上に重要なことだが、被侵略国の国民も、同様な、あるいはそれ以上の倫理的権利をもつにも拘わらず、主権国家の壁により、それを実効的に行使できないことを考えれば、日本国民には被侵略国民に対する侵略国民の戦争責任の一斑として、昭和天皇を皇室典範その他の法令に必要な改正を施した上で退位させる倫理的責務がある。

それでは、天皇の戦争責任は法的責任として成立するか。ここで言う「法的責任」とは、裁判のような何らかの法的手続に訴えて追及できる責任のことである。従って、何を、いかなる手続によって要求するのかに答えは依存しており、単純な肯定・否定では答えられない。東京裁判については、裁いた者の汚れた手を裁く政治的・倫理的武器をそこに求めることはできるかもしれないが、当時の実定国際法の下では、その合法性は手続的にも実体的にも疑わしいと思う。現行国内法上、皇室の私有財産を引き当てにして、天皇個人に対して、不法行為による損害賠償請求ができるかとか、謝罪広告の新聞掲載を請求できるかとか、色々な問題を考えることができるであろうが、これは実定法の専門家に任せたい。抜本的には、天皇の戦争責任を何らかの形、例えば退位という形で問うための国内的な法改革が必要であるが、これは天皇の法的責任の問題という以上に、既に見たように、侵略国民の被侵略国民に対する戦争責任の一斑の、立法による遂行という、日本国民自身の政治的・倫理的責任の問題である。

歴史的現在の叙法による以上の記述は、責任概念に付加される「法的」、「倫理的」などの形容詞の意味の説明を目的としており、もはや実践的提言ではありえないのは言うまでもない。しかし、昭和天皇と日本人が、少なくともこれだけはすべきであったし、少なくともこれだけはできたにも拘わらず、さぼり続けてしまい、結局永遠にその機会を失ってしまった行為の記録、巨大な罪に対するほんの小さな誠意ある贖いの機会も放棄してしまった天皇と我々の、永遠に拭えない不名誉の記録として、なにほどかの実践的効用をもつだろう。

7　責任と自己批判

長崎市長への投書者たちの話を聞いていて、気付いた点がもう一つある。それは、戦後派の市長批判者たちがどこか「借りてきた」感じのする天皇賛美をするのと対照的に、戦前・戦中派の批判者には、銃をとった、あるいは銃後の熱狂に身を浸した自分自身の戦争責任を厳しく問い、その観点から、本島市長を含めて戦争に関わった国民全員に責任があるとして、国民が受けた苦難を天皇のせいにすることの欺瞞性を主張する人が少なくなかったことである。例えば、多くの若い特攻隊員を飛行場で見送った佐賀県の八〇歳の女性は、インタヴューに答えて、「〔市長発言に対して〕何を言うか、おまえたちこそ責任があるじゃないか、てね……この人〔市長〕は兵隊ば教育しよったでしょ。おまえたちにもある、わたしたらにもある……負けてもいい、一矢報いたい、ていう気持があったんですよ。そうだけん、もう、竹槍の稽古を一生懸命やったですよ、一人一殺と

思うてね。弾を二、三発食らおうが、息のある限りは、竹槍で突っ込もうていうような
ね、そういう意気があったんですよ」と真情を吐露している。こういう言葉には、心を
突き刺すような厳しさがある。戦争のむごさ・非情さ、肉親の戦死に対する国家の冷淡
さ、教育の怖さなどの体験から、国家を恨む戦前・戦中派の市長支持者たちの言葉にも、
私は心を揺さぶられた。しかし、突き刺されはしなかった。

同じ番組を見て感想を交換した私の友人の一人は、市長批判者たちは「一様に愚劣だ
った」とし、私のこういう反応を「モラル音痴」と形容した。[39] そうなのかもしれない。
あの異常な天皇フィーヴァーの中で、殆ど孤軍奮闘という形で、発言撤回の圧力に抗し
た市長の勇気に対して、その意見に賛成すると否とを問わず、当然払わるべき敬意が、
市長批判者たちには一様に欠けていた。その意味では、彼らは一様に偏狭であった。市
長の意見よりも、市長の勇気に打たれたと思える人が市長支持者の中に多かったのは、
これと対照的である。しかし、この一様に偏狭な立場の中にも、やはり倫理的な質の違
いを見ることができると思う。戦争加担者としての自己と真正面から向き合い、被害者
意識への甘えを徹底的に排する、あの佐賀の老女のような人たちには、天皇賛美を無批
判に受け売りする戦後世代のおめでたさとも、勝手に想像した「天皇戦犯」の四文字で
原爆都市を絶縁する戦前世代の居直りとも、どちらとも異なった精神の峻厳さがある。
「偏狭」という私の批判に対しても、彼女なら、「何を言うか、市長の今の勇気など、こ

の人に教育されて喜んで死んでいった兵隊たちのことを思えば、敬意に値するほどのもんじゃない」と、怒鳴り返してくるような気がする。

「自己批判を通じた天皇帰責論批判」とでも呼ぶべき、この投書者たちの立場を、国民が敗戦の責任をとって天皇に謝罪すべきことを唱えた東久邇内閣の「一億総懺悔」論の亡霊として一蹴するのは適切でない。「天皇にすまない」ではなく、「天皇にも責任があるが、それを追及する資格が我々にあるだろうか」というのが、彼らの思いの核である。一億総懺悔論を「支配層の放ったイカの墨」と評した丸山眞男なら、その「思い」こそ支配層の思う壺と言うだろう。彼によれば、総懺悔論の論理は「五十歩百歩説」に帰着し、五十歩と百歩の違い、さらには、「一歩と百歩との巨大なちがいに目をつぶることによって、結局、最高最大の責任者に最も有利に働くことになる」[40]。しかし、丸山の指摘は、この自己批判派の投書者たちについては的確とは言えない。丸山の描く免責トリックでは、支配層に五十歩百歩の論理の拡大適用を教えられた国民は、自分たちの一歩の責任を理由に、支配層の五十歩の責任を許し、ついでに支配層の頂点たる天皇の百歩の責任にも目をつむるよう仕向けられるということになろう。あるいは、天皇の五十歩の責任を許し、ついでに実質的戦争指導者の百歩の責任にも目をつむらされるということかもしれない。しかし、いずれにせよ、このようなトリックこそ自己批判派が憎むものである。佐賀の老女は、責任は「おまえたちにもある、わたしたちにもある」と言ったが、同時に、投書の中では「軍部は大責任」と主張している。天皇の責任に逃げ込んで自己の責任をぼかそうとする旧支配層にこそ、厳しく自己批判を要求しているのである。自己の一歩の責任を自覚するが故に、天皇の五十歩の責任をあえて問わないが、天皇の五十歩の責任の陰に、自己の百歩の責任を隠そうとする旧支配層は許さないというのが、自己批判派の論理の、より正確な記述であろう。

しかし、それにも拘わらず、アジアに対する侵略責任の視点が抜け、あるいは、抑圧され、敗北責任としての敗戦責任の枠内で問題をとらえている点で、自己批判派の立場も一億総懺悔論と同じ限界をもつ。市長発言に反発する佐賀の老女の「いまさら、こんな負け犬みたいなことを言って」という言葉が、この点で象徴的である。確かに、彼らは単なる被害者意識を超えている。「軍刀をさげて出征した以上、あなたも戦争責任者だ」として市長を批判した長崎市の八三歳の老人は、自ら被爆者として投薬を欠かせない状態にあるが、「天皇がもっと早く決断していれば、原爆は避けられた」という趣旨の市長発言に対し、「私は爆死者の御家族や、原爆症で苦痛を受けておられる方々ほど、原爆を恨んではいない。原爆によって日本は平和になり、経済大国と呼ばれるようにもなった」と応じている。[41]

しかし、彼らが被害者意識を超えているのは、「苦難は身から出た錆」という自覚をもつ限りであるように見え、アジアに対する侵略者としての明確な加害者意識にまで、自己批判が突き詰められているようには思えない。「我々国民にも責任があるのだから、天皇を責めるのはやめよう」というのは、「内輪の許し」の論理であり、自分たちが受けた苦難に適用できても、他者(被侵略者)への加害には適用できないからである。「原爆をもたらしたあの戦争〔太平洋戦争〕に対して、天皇にも責任があるが、我々にも責任がある以上、天皇を責めるべきではない」と、被爆者として言うとき、そこには主観的には悔悟の誠意がある。[42] しかし、「日本軍がアジアで、少なくとも数百万ないし一千万の人々を殺傷したあの戦争〔十五年戦争〕に対して、天皇にも責任があるが、我々にも責任がある以上、天皇を責めるべきではない」と、侵略者の一人として言うとしたら、そこにあるのは共犯者の間の「馴れ合いの寛容」[43]である。

自己批判派の人たちの自己批判が、真摯性を欠くと言っているのではない。彼らは自分たちが馴れ合いの寛容にふけっているとは思わないだろう。まさに、そこに問題がある。彼らが、自己と天皇との間の責任の決済の誠実性を疑わず、それどころか、この誠実性を、天皇の責任を追及する他者の不誠実性を批判しうる自己の倫理的権威の根拠にしてさえいられるのは、この決済から漏れている巨大な責任、侵略責任が、彼らには見えていないからである。戦争加担者としての自己を彼らは仮借なく裁くが、自己がいかに、どれだけ加担したか、ということのみを見つめ、自己が加担した戦争が、そもそもいかなる戦争であったかを見ようとはしていない。いや、見る必要を感じないほど、

「アメリカと戦って惨敗した戦争」という戦争観が自明視されているのである。中国は侵略されたのではなく、争奪されたのである。ここには、主観的戦争体験の強烈さが、人を戦争の客観的意味に対して盲目にするという一般的法則以上の問題がある。戦争の客観的意味についての、一つの虚偽意識の問題である。これを解明するには、「精神的原爆症」の診断だけではなく、やはり、明治以来の脱亜入欧の精神史の探究、単なる思想史ではなく民衆の精神生理まで射程に入れた探究が必要であろう。もちろん、これはここで立ち入るにはあまりに大きな問題である。いずれにせよ、侵略戦争の視点をもし彼らが徹底させていたなら、天皇の侵略責任を自己の侵略責任と相殺する権利は自分たちにないこと、それどころか、侵略戦争加担者として被侵略国民と同胞とに対して負う戦争責任の一部として、天皇の戦争責任を追及する責務が自分たちにあること、即ち、天皇の被侵略国に対する侵略責任と、原爆で失われた子供の生命など、日本の無辜なる犠牲者に対する天皇の不当戦争犠牲責任とを明確にし、追及する責務が自分たちにあることを知ったであろう。

自己批判は人間の崇高な精神の営みである。しかし、佐賀と長崎の老人たちの例から分かるように、それは同時に、自己の無責任さを誠実性と我々に錯覚させる危険な罠でもある。この罠にかかった者は知識人の間にも少なくない。他者の戦争責任を追及する者に、福田恆存が一九五〇年代半ばに与えた一撃、「白い手」をした若者が「おまえの手は汚ない」と言って、大人を責めているだけのことだという揶揄に、一九三三年生まれの彦坂諦は「ギャフンとなりました」と述懐している。[44] 老獪と言うよりは、ふてぶてしい居直りと言うべき福田のレトリックに、何故、彦坂はいとも簡単にギャフンとなってしまったのか。彼自身による説明は明確ではないので、推測するしかない。考えられる可能性は三つである。

第一に、原爆・占領というアメリカの巨大な現前に圧倒され、若き彦坂には、アジアが本当の意味では見えていなかった。侵略責任の視点を貫徹できず、敗戦時一二歳の少年であった被害者としての自分が、愚かな戦争をして惨敗した加害者としての大人たちの(自分に対する)責任を問うという問題設定の枠を超えることができなかった。その結果、大人たちの戦争責任の追及を自己の権利の問題としてのみ捉え、日本人の一人として自分が負う被侵略国民に対する責務の問題としては捉えられなかった。大人たちへの青年の優しい共感によって放棄された権利とは別に、共感の名において不履行を正当化することのできない責務が残っていることが見えていなかった。

あるいは、第二に、アジアが見えていたにも拘わらず、馴れ合いの寛容を自己批判と混同してしまった。「生まれるのが少し早ければ、おれの手も汚れていたろう」という自問は、「汝らのうち、罪なき者がまず石もて打て」という詰問と同様、「正義の味方」が陥り易い偽善・無責任・リディズムから自己を覚醒させる効果がある。しかし、この覚醒効果が効き過ぎて、若き彦坂は、戦争被害者としての自分がもつ大人たちに対する戦争責任追及権を放棄しただけでなく、勢い余って、想定された自己の可能的侵略加担責任と、大人たちの現実的侵略加担責任との相殺までやってしまった。アジアで殺戮・収奪をほしいままにした侵略戦争に対する責任を不問にしあう、侵略者の間での馴れ合いの寛容を、真の自己批判的寛恕、即ち、自己の可能的・現実的加害者性の自覚の故に、被害者意識を超えて自己に対する現実的加害者を赦す寛恕と錯覚し、それに「乗せられて」しまった。

あるいは、第三に、馴れ合いの寛容を馴れ合いの寛容として自覚しながら、自己の可能的侵略加担責任の想定に耐えられずに、それに「乗って」しまった。「おれだって自分の手を汚していただろう」という自己批判の表面的な厳しさが、この便乗を許す精神の甘えと居直りを隠蔽ないし合理化した。

第一の可能性を想定することは、若き彦坂が大学一年生の頃の私と同程度に、精神的に幼稚であったと想定することであり、彼に失礼であろう。第二の可能性は、覚醒の興奮ではしゃぎすぎない程度の冷静さがあれば、避けられることである。従って、この可能性を想定することは、若き彦坂が粗忽であったと想定することであり、やはり、彼に失礼であろう。第三の可能性を想定することは、若き彦坂が人間としての基本的な誠実性と責任感を欠いていたと想定することであり、これこそ最大の非礼であろう。(45)

従って、若き彦坂の「ギャフン」の意味について、私には今のところ、彼に礼を失しない解釈を見出すことができない。恐らく、非礼の度合いの最も少ない解釈は、第一の可能性である。アジアが見えない精神の幼稚さは、かく解釈された若き彦坂や、大学一年生の私だけでなく、これまで述べてきたことから分かるように、多くの成熟した日本人によっても共有されている。その意味で、それは精神の幼稚さと言うより、精神の病と言った方がいい。仮に「忘亜症」と呼んでおく。上述の第一の可能性は、昭和一ケタ世代の忘亜症の人が、自己批判の罠にかかる仕方の典型である。

ここで若き彦坂と別れを告げて、話を一般化しよう。まず、公平のために注釈すれば、福田自身は、戦争責任についての知識人の「自己批判」に批判的である。彼はそこに、意志の「弱さ」を告知することにより、認識自体の迎合と意識下の権力欲などを隠蔽する、誠実さを装った狡さを見出している。[46] しかし、このような偽りの自己批判ではなく、真に誠実な自己批判を貫徹するならば、戦争責任など問えなくなるはずだという福田の立場に、私はやはり、あの佐賀の老女と同様な自己批判の罠にかかった者の、誠実という名の下の無責任を見出す。この福田のレトリックの毒の強さは、その三重効能にある。それは、上述の三つの可能性が示しているように、忘亜症の人も、粗忽な人も、不誠実な人もしびれさせる。戦争責任問題に関する日本人の倫理的感性を麻痺させるのに、この毒がどの程度成功したのか、私は知らない。しかし、もしそれがかなりの成功を収めたとしたら、私はその理由を忘亜症の蔓延に求めたい。願望思考かも知れないが、そんなに多くの日本人が粗忽で、人間としての基本的誠実性に欠けているとは思わないからである。

確かに、前に述べたような意味で、「身勝手」な日本人はきわめて多い。しかし、彼らは不誠実だから身勝手なのではなく、忘亜症の故に、それとは知らず、身勝手になってしまうのである。彼らは主観的には誠実な人たちである。だから事態はましだとは言えない。むしろ、かえって深刻である。不誠実な故の身勝手さは、まだ自覚されている分だけ治癒可能性もあるが、忘亜症故の身勝手さは、身勝手であることが身勝手な本人には全く分かっていないから、よけい始末が悪い。こういう人々が「白い手・汚ない手」のレトリックや、他の様々な自己批判の罠に、自らかかるだけではなく、他者をもかけてゆき、「誠実」の名において無責任さに居直るという悲喜劇を再生産してゆくのを防ぐためには、絶望的に聞こえるかもしれないが、忘亜症を根治するしかない。

絶望的に聞こえようとも、我々は試みるしかない。そのためには「悲しく美しい真実」に浸りきる自分自身に、そして「経済大国」の自信にいつのまにか便乗している自分自身に、醒めた懐疑の視線を向けることから始めるしかない。自己批判の罠から我々を救えるのは、本物の自己批判の貫徹だけだからである。

8 そして、これから

以上のような議論をしたからには、最後に、これからの展望を述べるのが「筋」だろう。特に、昭和天皇が既に世を去った以上、今さら、彼が何をさぼったか、我々が彼に何をさせるのをさぼったか、悔んでみてもしかたがないではないか。むしろ、今後、我々が進んでゆくべき道、ただの経済大国から、世界から尊敬される政治大国、あるいは文化大国へと変身してゆくための道程について、積極的な絵を描いてみようではないか。こういう気分が周囲に充満しているのを感じる。しかし、何故か、私はこういう雰囲気に乗って、積極的な絵を描く気分にはなれない。戦後、我々日本人は自分たちの過去との「男らしい」真正面からの徹底的な対決から逃げ出したし、「女らしい」配慮と忍耐を以て、この過去と粘り強い対話を営むこともしなかった[47]。今、我々は、自分たちの過去が何であるのか、一体そのどこを誇りとすべきであり、どこを恥ずべきなのか、本当のことは分かっていない。「どこから」が分からなくて、一体どうして「どこへ」が分かるというのだろう。

例えば、戦前は民主的でなかったからいけないと言う。しかし、そう言う我々は「民主的」の意味を知っているのだろうか。新天皇の「皆さんと共に憲法を守ることを誓います」という言葉を聞いて、国民を「皆さん」と呼ぶのは親しみがあっていいとか、皇室の民主化にまた一歩だとか、マスコミも何もかも、みんなこぞって、ほめ上げている。「国民を皆さんと呼んだぐらいでなんだ」と反発する反天皇制論者も「皆さん」は当然国民を意味すると前提している。いずれも「皆さん」が国民の謂ではありえないという、立憲民主制の建前を理解していない点では、同罪なのである。どちらにも、「国民と共に誓います」と「国民に誓います」との、決定的かつ原理的な差異が見えていない。一体、国民と共に誰に誓えと新天皇に言うのか。竹下首相にか。アマテラスオオミカミにか。「いや、立憲主義の伝統に」――宜しい。しかし、立憲主義の伝統に誓うにせよ、憲法の子に過ぎない新天皇が、いかにして、憲法を改正できる国民と同じ壇上で誓えるのか。「皆さん」とは新天皇の前に居並んでいた閣僚たちの謂なりと、国民は解さなければならないことを正当に指摘できたのは、一人の憲法学者(48)を除いて誰もいなかった。

我々は、「先生に教えられた難しい、恰好いい言葉を、意味も知らず得意になって使っている小学生」とどこか似ている。考えてみれば、これは当たり前である。天皇の戦争責任を曖昧にして、過去との対決も対話も、自分たちでやろうとしなかった我々に、「民主的」の意味が分かるはずがない。中国に向けて「過去」にふれる昭和天皇と新天皇の言葉を比較して、前者は「不幸なできごと」だけだったけれど、後者には「遺憾」が加わったのは僅かながら進歩であるなどと、この問題について新天皇に答えさせる責任と権限をもつ内閣を動かすべき主権者は、そして侵略者は、一体誰なのか、忘れたかのようにすまして論評する評論家たちと、彼らに「啓発」される我々は「民主的」の意味を結局理解していないのである。誤解を避けるために言えば、日本には未だ民主主義が確立していないなどと「啓蒙家的慨嘆」を表明しているわけではない。日本はいま、政治の実態は「欧米民主社会」の実態とそれほどかけ離れているわけではないという意味で、十分「民主的」な社会である。しかし、我々がある政治実践を行っていることと、その意味を理解していることとは別なのである。また、もっと真剣に民主制に万歳しなさいなどと、お説教しているわけでもない。私は、民主主義の美質の賞揚より、その限界の自覚を重視する古臭いリベラリズムに惚れた人間の一人である。ここで言いたいのは、「戦前は民主的でなかったからいけない」という借物の過去評価ですましている国民には、民主主義の真価も限界も本当にはみえてこないということである。

夢を未来に描く楽しみは、しばらく、おあずけにしよう。過去をヒステリックに否定するか、過去をファナティックに賛美するか、過去に全く無関心であるか、この退屈な場末の映画館の三本立て興行も、そろそろ打ち上げにしよう。我々の原寸大の過去と、背筋を伸ばして向き合い、謙虚さと厳正さとを以て、対決し、対話しよう。いまからでも遅くない。我々のかけがえのない過去に対して、本当に責任ある態度をとろう。

〔追記〕自己肯定と自己否定の罠

第1章に掲げた文章を「平成元年」に初めて公表した際、次のような趣旨のコメントを何人かの方からいただいた。「この狂躁は、戦前・戦後をまたぐ日本国家の歴史を最も象徴的に体現する昭和天皇という人物の死だからこそ惹き起こされた一過性の現象、いわば天皇制ナショナリズムへの郷愁を表出する最後の打ち上げ花火である。この種の民族主義的情念は昭和天皇の死とともに無化するだろうから、深刻に受けとめる必要はない」。

しかし、近年の種々の偏狭なナショナリズム再編の動向は、このような状況認識が「甘かった」ことを示している。この民族主義的情念の執拗性には我々の社会の深部に根ざす要因がある。第一に、別著で論じたように[1]、象徴天皇制と民主主義が「幸福な結婚」を享受する戦後日本社会において、ナショナリズムの主語は天皇ではなく「国民」として自己を意識する普通の人々である。「国民」たらんとする人々が自己の民族的アイデンティティ確立欲求を充足するために天皇というシンボルを消費しているのであり、このことは自己統治の主体たる「我ら人民(We the People)」の集団的同一性の確立という民主主義の要請と両立するだけでなく、親和性さえもつ。民族主義と民主主義との両価的結合という他の社会も孕む一般的・構造的問題——民族主義が民主主義に必要な人民の集団的連帯の基盤を提供すると同時に、多数の専制ないし文化的少数者への同質化圧力という民主主義の内在的危険性を先鋭化させるというディレンマ——が、戦後日本においては天皇の象徴的求心力として現出しているのである。この問題機制は「裕仁」という個人の死によって消失するものではない。国民的アイデンティティを求める欲望は戦後民主主義にも内在しており、彼の死後も別の「国民統合の象徴」が消費され続けるだろう。

第二に、戦争責任の問題と直結する点だが、度々の世論調査にも示されるような圧倒的多数の国民の天皇(および皇室)への戦後一貫して続く愛着は、天皇という存在に象徴された「日本人であること」への愛着であり、国民の自己愛である。本章で見たように、軍人・政治家の戦争責任を厳しく問う「庶民」が「天皇の戦争責任」を問う本島市長のような人を激しく憎悪する。これは軍人・政治家の断罪は他者に対する責任追及にすぎないが、天皇の断罪は日本人であること自体の断罪であり、日本人の自尊の基盤を掘り崩すものと受けとめられるからである。(2)天皇の無答責化や天皇制そのものの聖域化は、このような国民自身の自己愛ないし自己肯定欲求の媒介装置にすぎない。国民は政争や戦争の汚濁を超越した純粋無垢なる存在の心象を天皇に求め、かかる存在に自己を同一化することによって、侵略の歴史の個人的または集合的な帰責がもたらす傷と汚辱から自己を癒し浄化する。昭和天皇個人に帰せられた格別の「オーラ」なるものも、かかる国民的自己愛の原因ではなく結果であり、後者は昭和天皇の死後もそれ自身の動力によって存続し、さらに状況によって強化される可能性さえある。アジア諸国に対する日本の侵略責任の承認を「自虐史観」として批判する近時の「修正主義」的歴史観の言説と政治運動が訴えかけ、かつ強化しようとしているもの、また、このような言説・運動に無視できない影響力を付与しているものは、まさにこの国民的自己愛である。

このように、責任意識を抑圧する民族主義的情念は「国民」自身の自己確認欲求・自己肯定欲求と結合しており、簡単には「無化」しない根深さをもつ。それは「ポスト昭和」ないし「ポスト戦後」の時代状況においても様々な姿をとって表出しうるし、現にしている。もっとも、現在の「自虐史観」批判の言説自体は、本章でも触れた林房雄の「大東亜百年戦争史観」のような歴史修正主義の「壮大な先例」の縮小再生産(ないしその文字通り漫画的なデフォルメ)で、改めて検討するに値する知的意義をもつとは思わない。むしろ重要なのは、この種の言説を繁茂させる土壌となっている「草の根」の人々の心性そのものと向き合って、これを理解し批判的に克服する営為である。「長崎市長への手紙」に見られるような戦争責任をめぐる庶民の心理と論理を知識人の言説と連関させつつ批判的に検討した本章の「同胞との倫理的対話」の試み——これは同時に私自身の批判的自己省察の試みである——が、このような思想的土壌改善に向けてのささやかな一歩ともなれば幸いである。

さらに、本章では、竹内好らの二重戦争観や上山春平の国連中心主義による欧米中心主義の超克論など、林房雄流の自己中心的歴史観を批判して、アジア諸国の人民に対する「大東亜戦争」の侵略性を率直に認める「良心的知識人」の言説も陥っている罠、すなわち欧米中心主義に対する反発が戦争責任の成立根拠たる普遍主義的政治道徳原理へのシニシズムを生み出し、結果的に責任意識を腐食ないし弱体化させてしまうという背理を指摘している。この陥穽は現在台頭している「自虐史観」批判の言説を斥ける人々も囚われうるものである。知的次元における「自虐史観」批判言説の真の問題は、その言説内容の誤謬自体よりも、この種の言説が政治的に突出して論議の焦点がそこに移ることにより、アジアに対する侵略責任の承認自体が孕むこの知的陥穽の自覚が希薄化する危険にある。本章の議論はこの危険への警鐘としての意義ももつだろう。

侵略責任の承認自体が孕む陥穽に関連して付言すれば、現在の論議において注意を要するのは、国民的自己愛へのおもねりが、「自虐史観」批判を叫ぶ人々だけでなく、侵略責任を承認する人々にも見られることである。「日本の三百万の死者を悼むことを先に置いて、その哀悼を通じてアジアの二千万の死者の哀悼、死者への謝罪にいたる道(3)」を説く加藤典洋の議論はその典型である。彼は平和主義や立憲民主主義という戦後的価値が戦勝国の武力によって押し付けられ、主体的に選び取られたのではないという戦後日本の「ねじれ」が、戦争責任問題においても建前上の承認と本音における否認という「ジキルとハイド」的な人格分裂をもたらしたとし、このねじれと分裂を克服し誠実な謝罪を遂行する国民の精神的主体性と人格的統一性を回復するためにこそ、まず日本の戦死者を悼むことから始めよと主張する。(4) そして、いわく、「この自国のために死んだ三百万の死者は外向きの正史の中で、確たる位置を与えられない。侵略された国々の人民にとって悪辣な侵略者にほかならないこの自国の死者を、この正史は〝見殺し〟にするので、この打ちすてられた侵略者である死者を〝引きとり〟、その死者とともに侵略者の烙印を国際社会の中で受けることが、じつは、一個の人格として、国際社会で侵略戦争の担い手たる責任を引き受けることの第一歩だとは、このジキル氏の頭は、働かないのである(5)」。

この奇妙な論理は一連の飛躍論証と事実の歪曲からなる。戦後改革の原点にねじれの問題があることは確かだとしても、「だから侵略責任が曖昧化された」わけではない。むしろ、戦後日本政治史においては戦後改革を押し付けとして斥け、「ねじれ」を反動的方向に巻きなおして解消しようとする勢力こそが侵略責任を否定ないし曖昧化してきたのである。戦後日本の体制的「正史」はこの勢力の意向に沿う形で編纂された。石田雄が指摘するように、一九五三年の軍人恩給復活以来、五〇年代から六〇年代にかけて教育二法制定、教科書検定、天皇が日本の戦死者を悼む言葉を述べる国家行事としての全国戦没者追悼式の恒例化、戦没者を含む叙勲制度の復活等を通じて、冷戦下の逆コース的ナショナリズム復活の動きに即応した「記憶の共同体」の再建が推し進められた。[6]「これまでの国内における軍人を中心とした犠牲者に対する援護費が四〇兆円におよぶ〔中略〕にもかかわらず、二〇〇〇万人にもおよぶ死者を出したともいわれるアジア諸国に対して支払った賠償およびそれに準ずるものが(在外資産の喪失額を加算して)一兆円であるという著しい不均衡」[7]の事実に示されるように、戦後日本の「正史」は侵略者である「自国の死者」を「見殺し」にするどころか、手厚く国家的に追悼し顕彰すると同時に、彼らの遺族に膨大な物質的補償も与えてきたのである。この「正史」が「見殺し」にしてきたのはむしろ、未だ十分に償われぬ膨大な数のアジア諸国の犠牲者であり、侵略に加担させられて戦死したりBC級戦犯として処刑されたりしながら、追悼と補償の対象から戦後長く排除されてきた台湾・朝鮮の旧植民地の死者たちであった。[8]

他方、自らの体制原理を主体的に選択し「ねじれ」のないはずの勝者側の欧米立憲民主主義諸国(特に英国と米国)も、自己の侵略責任(植民地主義侵略・ベトナム戦争・中南米社会主義政権への軍事干渉等々)や非戦闘員無差別虐殺(原爆・都市大空襲等々)を含む戦争犯罪に対する責任を否定し曖昧化してきた点では日本に引けをとらないか、日本以上に厚顔無恥である。戦争責任の否定・曖昧化の真因は「ねじれ」自体ではなく、どの国家にも見られる国民的自己愛が孕む自己肯定欲求である。この欲求は、したがってまた自己の戦争責任を隠蔽抑圧しようとする欲求は、「ねじれ」の最も少ない「唯我独尊的(self-righteous)」な国家、米国においても最も強いとさえ言えるかもしれない。

いずれにせよ、この欲求の遍在は、どの国家においても戦争責任の承認が国民の多くにとってのタブーに触れ、世論を二分する論争的主題であること、戦争責任問題における戦後日本の世論の分裂をもって日本の「人格分裂」とみなすなら、どの国家、どの国民も「人格分裂」していることになり、「人格分裂」なる診断は無意味化すること、戦争責任の否定・曖昧化は「ねじれ」に根ざす「人格分裂」というような戦後日本固有の病理ではなく、「国民」なるものの自己愛に根ざす普遍的病理であることを意味する。

この点に関して言及に値するのは、「戦争責任の承認と遂行においてドイツは日本よりはるかに進んでいる」という通念――日本の対アジア戦争責任の否定・曖昧化を批判する人々の間で広く受容されている通念――の批判的再吟味の必要性である。単に、エルンスト・ノルテ、ミヒャエル・シュテュルマー、アンドレアス・ヒルグルーバー、クラウス・ヒルデブラントらの、ナチズムをスターリニズムと比較して矮小化したり、後者に対する防衛的反応として位置づけたりして、歴史的に相対化する試みのような「修正主義」的反動のことだけを言っているのではない。彼らの試みに対してユルゲン・ハーバーマスが一九八六年に『ツァイト』紙上で発表した批判によって惹起された「歴史家論争」は、旧西ドイツにおける修正主義的歴史観の台頭に対する批判的対抗力の健在を印象づけたが、[9] 問題はむしろ、この論争がナチズムの歴史的相対化の是非を論議の焦点とするというまさにそのことによって、かかる相対化を拒否する人々にも浸潤する虚偽意識を黙認してしまったことにある。

すなわち、責任主体をヒトラーとナチス組織に、責任対象を戦争責任とは必然的には結合しない「人道に対する罪」を構成するユダヤ人に対するホロコーストに限定することにより、旧ドイツ国防軍を含むドイツ国家とドイツ国民一般がもつ、ユダヤ人迫害への加担責任だけでなくヨーロッパ諸国およびソ連に対する侵略責任と、捕虜・非戦闘員の虐待・殺害や都市空襲などユダヤ人以外の膨大な数の人々に対する通例の戦争犯罪責任という、本来の意味でのドイツの戦争責任を否定ないし隠蔽する欺瞞が戦後ドイツに根深く浸透してきた。これはポーランド市民によるワルシャワ蜂起の記念碑の前ではなく、ユダヤ人によるゲットー蜂起の記念碑の前でひざまずいたブラントの行為や、五月八日をナチズムの暴力支配から全ドイツ国民を「解放」した日とするヴァイツゼッカー演説にも尾を引いている。[10] 歴史家論争はこの問題と真正面から向き合わなかっただけでなく、ホロコーストの比較不能性を主要論点にすることによって同じ問題機制を再生産した。一九九七年にハンブルグ社会研究所の「国防軍の犯罪」展が惹き起こした政治的・社会的な対立緊張や、[11]「普通のドイツ人」の根深い反ユダヤ主義とホロコーストへの積極的加担を暴いたダニエル・ジョナー・ゴールドハーゲンの著書が一九九六年に巻き起こした論争に至って[12]、ドイツの集合的記憶が孕むこの問題抑圧構造が明るみに出され広範な社会的論議の対象となり、この記憶の批判的再編が始まると同時に、それへの抵抗の根強さも示された。

戦争責任問題に対するドイツの戦後の対応の過大評価を改める必要があると言うのは、一部の「自虐史観」批判論者のように、われわれもドイツと同様に「巧く立ちまわろう」とか「開き直ろう」と提唱するためでは毛頭なく、国民の自己肯定欲求を充たす集合的記憶形成が戦争責任の直視と誠実な遂行を困難にし、この記憶の再編をめぐって世論が分裂するという問題をドイツも日本と共有していることを理解するためである。この点を理解するなら、前述の加藤の議論の誤謬の所在と原因は明らかになるだろう。彼は「ドイツは戦争責任を明確かつ主体的に決済したのに日本だけはそれができていない」という通念に影響されて、戦争責任の曖昧化を戦後日本の特殊な病理と誤認し、その「特殊－戦後日本的」病因として「ねじれ」や「人格分裂」による国民的主体性の喪失にこだわることによって、自己中心的な集合的記憶形成を促す「国民主体」の自己愛・自己肯定欲求こそ戦争責任を曖昧化する普遍的要因であることを見落とした。そのために、まさにこの要因を「日本の三〇〇万の死者を悼むことを先に置いて」強化することによって、この要因に起因する戦争責任の曖昧化を克服しようとする倒錯に陥ったのである[13]。

加藤のこの誤謬は一つの重要な教訓をわれわれに与える。第1章では、「われわれだけが悪いのではない」から「われわれは悪くない」へと飛躍する戦争責任否定の心理を「二つの悪は二つの正を作らない」という原理に立脚して批判的に制御することの重要性を強調した。加藤の倒錯はもう一つ別の罠、「われわれだけが特に悪い」という過度の自己否定が「自虐への反動」を惹き起こして強い自己肯定欲求に転じ、これが「われわれは悪くない」という自己免罪欲求につけ入る隙を与えるという陥穽を示す。この「自虐への反動」をフルに利用している「自虐史観」批判言説に対して加藤は批判的距離をとろうとしているが、しかし「侵略者」たる日本の死者を「正史の中で見殺しにされた」被害者にすり替えて日本人の自己肯定欲求の反動的噴出におもねり、自らも惑溺することによって、戦争責任を曖昧化する衝動につけ入る隙を与えてしまっているのである。この陥穽から脱却する道は、自己の悪を自己固有の原罪として特殊化することも、「誰もがやっていること」として免罪することも排して、自己の悪をその淵源をなす普遍的病理の解明を通じて「客観的に対象化」して克服するよう努める一方で、自己の悪の犠牲者たる他者の視点に立って自己の責任を直視することによって、対立しつつも相互に依存している過剰な自己否定と過剰な自己肯定へと、自己を両極分解させる精神の磁場を脱磁気化させることである。

この観点から、私は戦争責任問題に関する研究と政治的運動実践に長年従事してきた大沼保昭の次の言葉に基本的に共鳴する。「過ちを犯したからといって卑屈になる必要はない。過ちを犯さない国家などというものは世界中のどこにもないのだから。しかし、過ちを犯さなかったと強弁することは自らを辱めるものであり、私たちの矜持がそうした卑劣を許さない。私たちの優れた到達点を率直に評価し、同時に過ちを認めるごく自然な姿をもつ国家こそ、私たちが愛し誇ることのできる日本という国ではないか。私はそう思う」[14]。ただ、大沼自身も承認するであろうと私が望む若干の留保を加えるとすれば、「過ちを犯さない国家」はどこにもないだけでなく、「過ちを犯さなかったと強弁する」欲求とそれが惹起する内的葛藤から免れている国家もどこにもない。この欲求はあらゆる国家が孕む国民の自己確認欲求・自己肯定欲求に胚胎しており、「私たちが愛し誇ることのできる日本という国」に対する「私たちの矜持」も、過ちを犯さなかったと強弁する欲求に頽落する危険から免疫されてはいない。この頽落の危険性と現実性はあらゆる国民国家が抱える病理であり、日本だけが「卑屈になる必要はない」が、私たちの過ちの犠牲者である「他者」の視点に身を置いて私たち自身の病理を絶えず批判的に制御する努力なしには、「私たちの優れた到達点」の自己評価は過ちを認めることに連接せず、過ちの隠蔽ないし過小評価と癒着してしまうだろう。

第Ⅱ部　覇権を超える普遍

第2章　アジア的価値論とリベラル・デモクラシー

――欧米中心主義をいかに超えるのか

はじめに

冷戦崩壊後、リベラル・デモクラシーを人類のイデオロギー闘争の最終的勝者とする認識が一時広まったが[1]、これはリベラリズム対マルクシズムという狭隘な二項対立図式を前提するものとして欧米においても斥けられた。それに代わって、イスラームのウンマと共同体主義的開発国家という「アジア的」体制原理がリベラル・デモクラシーの主要な思想的対抗者になるという認識が広まってきた[2]。その政治的背景には、急速な経済発展を遂げたアジア諸国の指導者らが「アジアの流儀(the Asian Way)」を唱道して、人権外交など欧米の圧力に激しく反発したという事情がある[3]。アジアの流儀は開発主義的保護誘導という限定を付した市場経済原理と[4]、いわゆる「アジア的価値」論との結合である。後者によれば、アジア諸国における市民的・政治的諸権利や宗教的・文化的・民族的少数者の人権の侵害に対する欧米の批判は、アジアの伝統文化と相容れない欧米固有のリベラル・デモクラシーの価値を押し付ける文化的帝国主義である。

このようなアジア的価値論は単なる「政治家の粗雑な言説」にとどまり、真剣な考慮に値しないと断じるのは誤りである。一般的な世論への影響力が無視しえないだけでなく、アジア的価値論が援用する議論の一部はより洗練され留保された形ではあるが、知識人の間でも展開されている。たとえば、権威主義体制に一定の批判的距離をとるアジアの知識人の中にも、社会経済的人権の重視や共同体的価値の尊重をアジアの文化的遺産とみなし、欧米中心主義を超えた国際的公共価値の構築のための思想的資源をそこに求める人々もいる[5]。欧米の知識人の間でも、ポストモダン的脱構築や歴史的文脈主義への回帰などの思想潮流の影響により、リベラル・デモクラシーの普遍的妥当要求を放棄してこれを欧米の伝統的政治文化に内在化させると同時に、欧米に対するアジア的価値論からの文化的帝国主義批判に一定の共感や理解を示す傾向も顕著になっている[6]。

さらに、経済情勢の変化を理由にアジア的価値論の現実的意義を否定するのも誤りだろう。たしかに、アジア地域の急速な経済発展と欧米の経済的・社会的停滞がもたらしたアジア諸国の自信の高まりがアジア的価値論の台頭の背景にあったことは否定できない。しかるにいまや(世紀の転換点前後)、アジア地域の景気低迷を尻目にアングロ・サクソン型資本主義が独走態勢に入っているかに見える。米国は「アメリカン・ルネッサンス」を謳歌し、軸足を欧米からアジアに移そうとしていたオーストラリアは再び欧米の一員としての自意識を強めつつある。しかし、このような状況がアジア的価値論の足場を崩したと断定するのは早計だろう。その影響力を支える基底的・構造的な諸条件は今後も存続する。

第一に、経済的条件に関しても、ことは単純ではない。まず、短期的な景気変動と長期的な発展傾向とを混同すべきではない。アジア地域において、成長率は逓減しつつも経済成長が長期的に見て持続することを否定するのは困難であろう。実際、すでに回復の兆しも一部見えてきている。それだけでなく、アジアの景気後退がもたらした欧米を含む世界経済への影響の甚大さ自体が、グローバルな経済的相互依存のネットワークの中でのアジアのプレゼンスがすでに無視しえない大きさをもつこと、アジア抜きに欧米だけが繁栄を持続させるのは困難であることをアジアと欧米双方に自覚させた。

第二に、経済的条件はアジア的価値論の現出の〈機会因〉に過ぎず、その根本的な〈原因〉は歴史と政治の領域に存する。欧米の過去の帝国主義侵略に対する憤激・怨念と、欧米の先進産業文明に対する劣等感とが混淆した感情を抱いてきたアジアの人々の心性に、アジア的価値論が強く訴えていることを見落とすべきではない。経済的成功がこの感情にはけ口を与えたが、経済的挫折もまたそれを掻き立てうる。実際、マハティールなど一部のアジアの政治的指導者が近年のアジアの経済危機を欧米金融資本の放縦な投機活動に帰責し、防衛的な資本統制政策を断行して一定の成功を収めたことも手伝って、「市場の姿に偽装した新たな欧米の植民地主義的侵略」に対してアジアの流儀を擁護しなければならないという意識も広がっている。また、インドネシアの東ティモール併合を以前容認しながら、一九九九年の東ティモール独立の際の国連の軍事介入においては「西側の一員」として積極的な役割を果たしたオーストラリアに対するインドネシアの強い反発が示すように、経済的挫折が引き金を引いた民主化のプロセスは、アジアの自意識と結合したナショナリズムの昂揚と矛盾せず、むしろ併行発展する可能性がある。

以上のような理由により、アジア的価値論の問題は世紀の転換後も思想的・現実的重要性を失わないと私は考える。アジアの諸社会が今後自らの政治経済体制を再構築するための原理を模索する上で、アジア的価値論の検討は避けて通れない基本的な課題である。本章の目的は、「アジア的価値」をアジアにおけるリベラル・デモクラシーの文化的不適格性の根拠とする見方の誤謬を示すとともに、欧米中心主義の限界を超えてリベラル・デモクラシーを深化発展させる契機がアジア諸社会に内在することを明らかにする点にある。議論は二段階からなる。前段(第1節、第2節)で、アジア的価値の概念がアジアの声の複雑性と多様性を隠蔽するとともに、アジアの真に主体的な発意たりえておらず、むしろ、それが克服すると標榜している欧米中心主義の枠組に寄生し、それを濫用してさえいることを指摘する。後段(第3節、第4節)では、アジアの声とリベラル・デモクラシーとが接合可能であること、しかも単に一部のアジアの声がリベラル・デモクラシーを求めているというにとどまらず、アジアの声の内的多様性と葛藤を包容し、それが提起する諸問題を解決するために必要な思想的・制度的資源をリベラル・デモクラシーが提供しうることを示したい。

誤解を避けるために予め付言すれば、本章のかかる主題設定はリベラル・デモクラシーの現在の姿が人類の思想の究極形態(「歴史の終焉」)であるという前提に立脚してはいない。マルクス主義は挫折したが、リベラル・デモクラシーは欧米においても、共同体論、共和主義、フェミニズム、多文化主義など、別のさまざまな角度からの原理的な批判を受け自己変容圧力にさらされている。リベラル・デモクラシーとはひとつの未完の企てである。単にその規範的要求が未だ十分に実現されていないという意味においてだけでなく、その哲学的基礎や基本原理、制度装置が根本的な批判の試練を経ながら解明され洗練され発展さるべきものをなお多く残しているといういっそう深い意味において、それは未完の投企である。この企てを遂行する過程にアジアの声が参与することは可能であり、かつ必要である。リベラル・デモクラシーが応答を迫られているアポリアとアジア諸社会の苦悩とは通底しているからである。欧米中心主義を真に克服する道はこの欧米とアジアの諸社会が共有する根源的な苦悩の理解にある。

1　欧米的規範言語の濫用

アジア的価値論の魅力は反欧米中心主義的な構えに由来する。しかし、この構えは表面上のものである。アジア的価値論は欧米の規範言語を濫用し、さらに皮肉にも欧米の歪んだアジア観に支配されていることを、それぞれ本節と次節で明らかにしたい。

アジア的価値論は、欧米からの人権侵害批判に対するアジアの弁明という性格を強くもつ。弁明の説得力を高めるために、聴衆たる欧米社会が愛用するシンボルを利用するのは自然な戦略であり、アジア的価値論は欧米の人権尊重要求を覆す規範的な「切り札」を欧米の政治道徳言語の中に求めている。それは欧米自身が紆余曲折を経つつ発展させてきた諸原理のうちのあるものを絶対化して、それと併行的に発展してきた他の競合的・補完的原理に均衡のとれた配慮を向けず、さらに都合の良い帰結だけを導出できるよう諸原理の意味を歪曲する。かかる言説戦略の主要カードとして使われてきたのは国家主権と社会経済的権利である。以下、それぞれの濫用の仕方を簡単に検討したい。

1　国家主権の神聖化

主権概念はボダン、マキァヴェリ以来の西洋政治思想史の伝統の中で哲学的基礎を形成され、近代ヨーロッパの国内公法・国際法の学説・実践によって技術的に洗練された。リチャード・フォークが言うように、「その起源においても進展においても、主権は紛う方なく西洋的概念であり、今世紀〔二〇世紀〕に入るまで他地域には共有されなかった」[7]。アジア的価値論は欧米の人権概念に強い留保を付すが、欧米の主権概念は無制約に受容する。煩わしい人権尊重要求をはねつける万能の護符として主権を神聖化してさえいる。たとえば、一九九三年のバンコク宣言[8]――同年のウィーン国連人権会議で「アジアの見解(Asian view)」を提示するためにアジア諸国がバンコクで開いた準備会議での宣言で、ウィーン会議では採択されなかった――は、アジア的価値論を外交的婉曲表現や、多様な人権に対する「均衡論(a balanced approach)」という中庸の外観によって粉飾し、世界人権宣言・国際人権規約などアジア諸国も公式に批准した主要な人権協定にリップ・サーヴィスを払う[9]が、結局次のような宣明(第六条)によってこれらの協定の規範的な「牙」を抜き去っている。「国家主権の尊重や領域不可侵および国家の国内問題への不干渉の諸原則、さらにまた政治的圧力の手段としての人権の不使用を強調する」[10]。

しかし、このレトリック戦略は主権と人権という基本概念の恣意的操作である。それは市民的・政治的諸権利だけでなく社会経済的・文化的諸権利など多様な人権の間の均衡を説きながら、人権と主権の均衡は無視して後者を絶対化する。単一の原理の排他的追求を戒める規範的多元主義の要請を人権には向けながら、主権に対しては棚上げする。

さらに、この主権の絶対化は人権と主権との間の密接な結合関係を無視するものである。欧米諸国において人権概念と主権概念は歴史的に併行して発展してきたが、これはけっして偶然ではなく、両者の間には内的連関がある。これを三つの面から見ておきたい。

第一に、国際関係における主権国家の対等かつ独立した地位は、人権享有主体たる諸個人の平等と自律性の概念的投影である。主権はいわば大写しされた人権である。

現実に存在する社会経済的不平等を理由に、諸個人を自由・平等な主体として捉える人権理念の虚構性を暴くイデオロギー批判がマルクシズムをはじめ広く見られるが、この虚構性は人権の無力性ではなく、むしろその規範的な存在理由を示す。事実上の力関係において諸個人が不平等だからこそ、弱者と強者の地位を規範的に対等化する理念的・制度的装置として人権が要請されるのである。[11] 立憲主義的人権保障システム、とくに司法審査制が、無力な個人や少数者を多数者意志や他の強大な政治的・社会的諸力から保護する機能を民主的諸国家において果たしてきたのはそのためである。

同様に、主権は経済的軍事的実力において圧倒的優位に立つ大国に対して弱小国の地位を規範的に対等化し、前者の覇権・抑圧から後者を保護する。主権国家超克の言説が主として欧米や日本などの先進諸国に流行し、かかる諸国に対する植民地解放闘争の記憶のなお生々しいアジア等の発展途上国が主権に固執することが、主権のこの保護機能を象徴的に示している。人権と主権とのこの概念的相同性は、先進諸国に流行する安易な主権否認論に反省を促す一方、人権尊重要求を主権の名においてはねつける一部のアジア諸国の態度の欺瞞性も暴く。国際社会における弱者保護装置としての主権を熱狂的に信奉しながら、民族的少数者など内なる弱者の人権や自治権を蹂躙するのは、倫理的矛盾である。[12]

第二に、人権は主権の機能的補完物である。近代における主権国家への権力集中の進行は、教会・ギルド・自治都市など、さまざまな中間集団が固有の身分的諸特権・既得権をもった自立的権力主体として分立割拠する中世的な権力分散システムを解体させた。その結果、諸個人は中間集団の保護膜を剝がされて強大な国家権力に晒されることとなった。人権は近代的な三権分立と並び、中世的権力分散システムに代わって国家権力の専制化から諸個人を保護する機能を担うべく発展したものである。その意味で、主権と人権の歴史的併行発展には機能的な必然性がある。中世的な専制抑止装置を破壊した近代国家は、その代償として人権保障の制度化を要請されたのである。自治的村落共同体など、それなりの中間的緩衝装置を備えたアジア諸国も、近代的な主権国家形成を推し進め、[13]かかる緩衝装置を解体させるならば、やはり人権原理による均衡化が不可欠となる。

第三に、主権は人権の保障装置である。主権国家は人権の潜在的侵犯者であると同時に、その強力な保護者としても現出した。中世的システムにおいて、さまざまな中間集団がその成員たる諸個人に対して保護膜として機能したことは事柄の一面にすぎない。かかる集団は同時にそれぞれ社会権力として、内部の諸個人に対する抑圧者でもあった。中間的社会権力に対して優越的統制力をもった主権国家は、それ自体が諸個人に対する新たな脅威となる一方で、かかる中間権力による社会的専制から諸個人を保護する役割も担ったのである。国家こそ封建的・身分的桎梏から個人を解放する人権の擁護者であるという観念の主たる歴史的淵源は、言うまでもなくフランス革命である。この啓蒙主義的国家観は恐怖政治が象徴するように、狂信的な国家専制に堕する危険もたしかに孕んでいる。しかし、非公式の社会権力によるさまざまな差別や抑圧から個人の人権を実効的に保護する上で、中間的諸権力を統御しうる主権性を備えた国家が不可欠の役割を果たすという視点は、かかる社会的差別や社会的専制が依然跋扈する現代社会においても重要な意義をもつ[14]。

換言すれば、「主権国家の危険をいかに抑止するか」という関心から人権の必要性を説くだけでは十分ではない。「なぜ主権国家形成という危険な企てをあえてする必要があるのか」が問題であり、この主権国家の倫理的存在理由を与える理念こそまさに人権なのである。近代国家形成が、その正当化装置として自然権を基礎とする社会契約説を生み出したのは偶然ではない。社会契約というモデル自体はさまざまな難点を孕んでいるとしても、主権国家という恐るべき巨獣(リヴァイアサン)が人権を自己の創造主とすることによってのみ存在を許されるというその基本前提は、依然重要性を失わない。その意味で人権は主権の消極的制約であるだけでなく積極的正当化根拠でもある。社会的差別や社会的専制が根深く浸潤するアジア諸国においては、「啓蒙的」な人権保障装置としての主権国家の存在理由はいっそう強い規範的妥当性をもつとさえ言えるだろう。

このように、主権は対外効と対内効の両面で人権と概念的・機能的・倫理的に結合している。両者の密接な内的連関を踏まえれば、主権を人権尊重要求をはねつける切り札にするアジア的価値論の誤謬は明白である。しかしまた、普遍的人権の名において主権を時代錯誤として斥ける言説も、同じ誤謬を逆の仕方で犯している。反主権的人権論は主権と人権を対立させる点で反人権的主権論と同根であり、主権が人権から独立した原理であるという誤解の強化に加担してしまう。またかかる言説は、大国に対する弱小国の規範的対等化や差別的・抑圧的社会慣行に対する国家的啓蒙など、主権がとくに発展途上国にとってもちうる積極的な役割を忘却させる。反人権的主権論を斥ける的確な方途は主権の否定ではなく、人権が主権の内在的制約であることの再認である。「人権よりも主権」や「主権よりも人権」でなく「人権なくして主権なし」という命題の理解こそが必要なのである。

2　自由に対する生存の優位

バンコク宣言の均衡論はもうひとつの不均衡な優先基準を隠蔽している。それは生存権の優位である。バンコク宣言は「経済的、社会的、文化的、市民的、政治的な諸権利の相互依存性と不可分性、およびすべての範疇の人権に等しく重点を置く必要性」を再確認すると標榜する。[15] しかし現実には、引用された形容詞の順序が示すように、経済的・社会的権利が最優先され、市民的・政治的権利は最下位に置かれている。この人権の類別は国際人権規約の用法を踏襲しており、経済的・社会的権利とは単なる経済的自由権にとどまるものではなく、尊厳ある生存のための経済的・物的基盤の保障に関わる権利であり、労働権や教育への権利なども含むいわゆる生存権・社会権に当たる。かかる権利が市民的・政治的諸自由に先行することの合理化は、「経済的社会的進歩が民主主義への成長傾向および人権の保障・向上を促進する」[16] ことに求められている。

自由に対する生存の優位の思想は、バンコク宣言に影響を与えた中国政府の人権に関する公式見解[17]やリー・クアンユーの「良き統治(good governance)」論に、[18] いっそう直截に表現されている。これは次のように要約できよう。リベラル・デモクラシーの核をなす市民的・政治的諸権利は先進諸国にのみ許された贅沢である。発展途上国にとって緊急の課題は、基本的生活手段を国民に確保するために社会経済的発展を進めることであり、そのためには政府は人民の市民的・政治的権利を犠牲にしてでも強い政治的指導力を発揮し、効率的に行政を遂行することが必要である。良き統治とはなによりも人民の福利を向上させる「人民のための統治」であり、これは「人民による統治」に優先する、と。さらに治安劣化、麻薬、家族崩壊など、現代米国社会の病理を念頭に置いて、リー・クアンユーはアジア流の良き統治が単に一定の発展段階において必要な政治的妥協ではなく、原理的にも欧米のリベラル・デモクラシーに優越するという主張にさえ進んでいる(19)。

しかし社会経済的生存権の強調は、施しや慈善と区別された意味でこの概念を解するかぎり、欧米の社会民主主義や福祉国家思想の遺産である。儒教の大同思想など、アジアの伝統にもこの概念の萌芽があるかもしれないが(20)、いずれにせよ、これをアジア特有の人権概念とみなすことはできないだろう。アジア的価値論の「独自性」は、市民的・政治的諸権利の侵害を合理化する手段としてこの概念を利用している点にある。しかし、この利用にはまやかしがある。アマルティア・センが飢饉の問題を例証にして説得的に論じたように(21)、言論・出版・報道の自由や、民衆の苦境を訴える声に開かれた民主的参加経路の存在は、人々の生存権の実効的保障に不可欠である。かかる政治的自由なしには、政府は人民の苦境に効果的に対処するために必要な情報と動機づけを得られないからである。この点はセンの議論に委ね、ここでは別の論点に照明を当てたい。

人権概念の発展史において、社会経済的諸権利は欧米においても市民的・政治的諸権利より後に現出した。「第二世代の人権」と呼ばれる所以である。しかし、なぜそれが「後から現出した」のかが問題である。欧米の道徳意識の発展に時間がかかったから、というのは説明にならない。「民衆にパンを」という思想自体は市場経済とともに、あるいはそれよりも古いからである。根本的な理由は、欧米資本主義が社会的余剰を十分に蓄積するまで成長するのに時間がかかったことにある。生活手段の公的給付をすべての困窮者に権利として持続可能な形で保障することができるためには、治安・防衛・インフラ整備等の最小限の公共財の給付に必要なもの以上の財源を政府が調達できる程度に、当該社会の経済が豊かになっていなければならない。まさに「無い袖は振れない」のである。

したがって、発展途上国にとって経済的生存保障が政治的自由保障に先行するというアジア的価値論の論理は倒錯している。「先進国にのみ許された贅沢」と言える権利があるとすれば、それは市民的・政治的諸権利よりもむしろ社会経済的諸権利の方である。権利実現費用に関して言えば、市民的・政治的諸権利の方が発展途上国にとってむしろ近づきやすい。民主化が識字率など一定の教育水準の大衆的普及を前提していると仮定しても、市民教育は高等教育とは異なり、途上国には不可能なほど高価というわけではない。いずれにせよ、トクヴィルが雄弁に示したように[22]、民主主義の最善の学校は民主主義そのものである。自己統治能力は自己統治の実践を通じてしか陶冶されない。

　なお、市民的・政治的権利の実効的な保障のためにも、単なる不干渉を超えた国家の積極的な関与や給付が必要であるとして、国家の財政的コスト負担の点での市民的・政治的権利と社会経済的権利の区別を批判する議論が近年よく見られるが、[23]コストの有無による区別の否定はコストの差による区別の否定を含意しない。また、この議論は途上国における市民的・政治的権利実現のための政府の積極的施策の不足の弁護論にはなりえても、政府の積極的作為による市民的・政治的権利の侵害の弁護論にはなりえない。

　生存権優位論の欺瞞は政府による市民的・政治的権利の抑圧を合理化している点にある。

　政治的権利の経済的コストについてさらに付言すれば、民主化が民衆の利益分配要求を過熱させ、経済発展に必要な資本蓄積を不可能にするという仮説[24]も経験的根拠に乏しい。アジアについては、焼け跡からの奇跡的な経済成長と民主化の同時進展を示した戦後日本の経験が、この仮説の象徴的反証例となろう。民主化が利益集団政治の弊を伴うのは一般に多かれ少なかれ見られるが、これが経済成長を必然的に阻害するわけではない。むしろ、社会福祉の充実には程遠いにせよ何らかの程度社会各層に経済成長の利益を「均霑(きんてん)」することが、社会的不満をガス抜きし、経済成長優先政策へのコンセンサスを調達するという安定化効果をもつことを、戦後日本の経験は示したと言える。

　日本の場合、明治維新以降の国家形成過程や戦後のGHQの占領政策が開発独裁の機能的等価物であったという反論もありうるが、明治国家は開発主義国家だとしても独裁体制だったか否かについては異論がありうるし、占領期の戦後改革は強制された民主化だとしても開発独裁とは異質なものであろう。いずれにせよ、これらの点は戦後日本の民主政が民主化の再分配機能と急速な経済発展の両立可能性の例証であることを左右するものではない。他方、権威主義体制の下では、民主的統制を受けない支配層の私的蓄財動機に基づく政治的市場介入が構造化する傾向があり、これが効率的資源配分を歪め、民衆の不満の鬱積とモラール低下をもたらして経済発展を阻害する効果をもつことも無視できない。少なくとも「専制の不経済」が「民主化の不経済」より小さいと断定する根拠はない。

市民的・政治的諸権利の尊重が途上国にとって過大な要求とは言えないのに対し、社会経済的権利の実現については、その十分な保障が途上国に重い負担を課すことは承認される必要がある。実際、生存権優位論のレトリックに訴える途上国も、市場経済の基盤を整備して産業を育成することを最優先課題にしており、速やかな成長のための資本蓄積を阻んでまで一般民衆に適正な生活水準を保障するための再分配措置のコストを新興産業に負担させようとはしない。社会経済的権利の重要な構成要素である労働基本権についても、労働コストの低さが競争力の主要な比較優位点になっているこれらの諸国にその十全な保障を期待するのは難しい。社会主義体制の建前を保持する中国では公的な生活保障がある程度図られてきたとしても、膨大な人口の相当部分の生活実態は窮乏線を漂うものであったし、市場経済の導入後は「万元戸」や「百万元戸」すら出現する一方で食物に事欠く人々がなお七千万前後存在すると言われ、貧富の格差拡大、公的扶助の自己責任原理への転換が見られる。財政難が公害対策を阻む実情もある。労働争議も外資系企業が雇用主である場合に許容された例はあるが、これが中国企業も含めて直ちに一般化するとは予想し難い[25]。

社会民主主義や福祉国家理念に依拠する社会経済的人権の観念は、尊厳ある生を実質化するのに必要な社会経済的諸利益への権利を万人に公平に保障することが経済的な効率に優先するという確信にコミットしている。これに対し、アジア的価値論を唱える権威主義的開発国家は社会経済的人権のレトリックを援用しながら、実際には経済成長という国家目標を諸個人の社会経済的諸権利の充足よりも優先させる。いわゆる「発展の権利(the right to development)」の概念も、このレトリックと実践の乖離を隠蔽するために利用されている。この概念は具体的人間存在の能力開発・人格的発展への権利と、資源開発・経済発展を追求する途上国の国家利益とを同時に意味する両義性を孕んでいるために[26]、社会経済的人権を経済成長優先国益にすりかえる政治的機能を容易に発揮しうる。

以上の議論はアジアの発展途上国がもつ社会経済的進歩の希求を侮蔑するものではな

い。逆に、私見の眼目は次の点にある。すなわち、「市民的・政治的人権の前に社会経済的人権を」というアジア的価値論のレトリックは、アジアの途上国が本当にもつ発展欲求と優先課題に相反する欺瞞的な自己理解を伝えるものである。これらの諸国にとって切実な社会経済的発展という課題は、社会経済的人権保障の暫定的トレード・オフをやむをえないものとするかもしれないが、市民的・政治的諸権利の蹂躙をけっして正当化しうるものではない。

なお、人権の評価基準として市民的・政治的権利を偏重し社会経済的権利を軽視するのは、欧米中心主義的人権観であるという批判が大沼保昭によってなされているが[27]、この批判はここでの議論には妥当しない。私も途上国政府による人権侵害の査定基準として市民的・政治的権利の優先性を認めるが、これはこの権利群の排他的・優越的な妥当性を想定するからではない。市民的・政治的権利と社会経済的権利が対等の倫理的比重をもつとしても、途上国政府にとって経済的障害を理由にした権利侵害の弁解可能性は市民的・政治的権利の場合の方が少ないからこそ、その人権状況の査定基準としては市民的・政治的権利を優先させるべきなのである。他方、欧米など先進国の人権状況の査定については社会権の実現度がその経済力に見合った比重を付与さるべきであり、この点では人権実現に関する欧米の自己評価の歪みに対する大沼の批判に同意する。しかし、同様の社会権査定基準を途上国にも適用するのは、途上国に対してかえって不公平になるだろう。

2　オリエンタリズムの呪縛

アジア的価値論は欧米的規範言語を濫用するにとどまらず、アジアの文化的独自性をも積極的に主張する。この面でそれは「東洋」対「西洋」という古い二元論に立脚している。これは次のような二つの密接不可分の前提を含む。第一に、アジアは「西洋」と根本的に異質な固有の文化的本質をもつ。第二に、この本質がすべてのアジア諸社会とその歴史を貫徹するがゆえに、現象的な相違と変化にかかわらず、アジアは統一的で持続的な文化的全体をなす。アジア的価値論がアジアの人権状況に対する欧米の批判を文化的帝国主義と断罪するとき、この二元論が前提される。以下では、アジアのかかる文化的自己主張自体が欧米の知的覇権の産物であることを明らかにしたい。

1　二つの欧米中心主義批判

まず欧米中心主義を批判する二つの異なった視角を区別したい。このためには批判対象の論理構造を明確にする必要がある。本章の立論に関連する意味での欧米中心主義は、次のような推論として定式化できよう。

(1) 民主主義や人権は歴史的には欧米社会が生み出し、発展させてきた価値である。

(2) これらの価値の出自はどうあれ、その核心的内容は普遍妥当性をもつ。普遍妥当性をもつ以上、それはアジアのような非欧米世界にも実現されなければならない。

(3) しかし、アジアは近年の目覚ましい経済発展にもかかわらず、政治構造において欧米と異質な前近代的・伝統的原理に支配されており、民主主義や人権を自力で確立する能力も意志もない。ヘーゲル以来の「アジア的停滞」論[28]は、アジアの経済発展によって反証されたかに見えるが、政治の領域では依然妥当しているだけでなく、アジアの政治的停滞はその資本主義的経済発展の在り方をも、いびつで野蛮なものにしている。

(4) したがって、アジアに民主主義と人権を確立するには欧米の干渉と指導が不可欠である。

ここで問題にする欧米中心主義批判の二形態は、いずれもこの論法の結論(4)を斥けるが、その理由を異にする。一つは価値体制批判と呼ぶべき立場で、前提(2)の否定によって(4)を反駁する。もう一つはいわば認識体制批判であり、(3)を否定するがゆえに(4)を斥ける。

文化的自己主張としてのアジア的価値論は基本的には価値体制批判に立つ。これが(2)を否定する根拠としては、文化相対主義とアジア文化優位論という異なった観点が援用されうるが、いずれにせよ、欧米流の民主主義や人権という価値の体制自体を相対化ないし不適格化することによって、(4)の干渉主義の基盤を掘り崩そうとする。他方、認識体制批判は、(3)に示されるような欧米のアジア観を支配する知の権力体制を俎上にのせる。かかる批判の典型はエドワード・サイードのオリエンタリズム批判である。[29] サイードの議論は主として欧米の中東イスラーム世界認識に向けられたものであるが、欧米のアジア観一般に関連性をもつ。[30] サイードの議論は膨大な文献的例証から成るが、その主旋律は次のように再構成できよう。

オリエンタリストは、オリエント＝アジア世界にはオクシデント＝欧米世界とは根本的に異なった本質があり、前者の言語・文化・宗教・政治・経済・歴史等の総体がこの本質によって統一的に説明できるとするドグマに立つ。さらに彼らは、この本質を把握し概念化する能力(したがってまた、それを対象化し変容する能力)がアジアにはなく、アジアの植民地化と手を携えて組織化されたオリエント学に象徴されるような知の体制を確立した欧米のみに属すると標榜する。知の主体は欧米であり、アジアは欧米の知のフィルターを通してのみ初めて明瞭な意味を付与される客体にすぎない。

かかるオリエンタリズムの成立の背景には、さらに次のような深層動機が見出される。欧米は近代の精神と文明を創造した歴史的主体として自己のアイデンティティを確立することを欲し、そのために、「他者＝非自己(the Other)」としてのアジアを必要としたのである。アジアは欧米の輝ける自画像を「図」として浮かび上がらせるための暗い「地」として求められた。したがって近代性の諸契機が欧米に帰属せしめられるならば、まさにそのことによって(*ipso facto*)アジアはその反対契機を体現する存在でなければならない。さらにまた、近代性の諸契機を体現し推進する歴史的使命が欧米のアジアに対する支配的・優越的地位の根拠とされ、かつ、かかる地位の永続が望まれる限りにおいて、アジアに投射された反近代性の契機はその不変の本質でなければならない。

この欧米世界とオリエント＝アジア世界の二項対立図式は、経験的一般化として偽装されているが、実相はむしろ、経験的データの意味を規定する先験的解釈図式であり、多様な反証事例を「無意味な逸脱事例」として無視捨象することを認識論的に保証し、アジアの内的多様性と動態的変成力を構造的に不可視化する。それはアジアの本質規定によって欧米の覇権を正当化するひとつの知的権力装置である。認識体制批判はこの知的権力装置の解体を志向し、先の命題(3)を典型的なオリエンタリズム的観念として斥ける。(3)はアジア社会一般に近代的政治原理と相容れない異質性と自己改革能力の欠如をア・プリオリに帰することによって、欧米による指導と干渉を要請する結論(4)を正当化しているからである。なお、この認識体制批判の視点はサイードから示唆を得ているが、彼が主題的には論及していない民主主義と人権の普遍性という本稿の問題関心に即してその基本的発想を再構成したものであり、サイードのテクストに対する釈義的忠実性を標榜しない。

2　アイデンティティの罠

以上二つの欧米中心主義批判を対比するなら、私は認識体制批判が価値体制批判より根源的かつ実効的な批判だと考える。価値体制批判は民主主義や人権という「欧米的」価値自体の普遍妥当性を否定する点で、いっそうラディカルに見えるが、かかる価値を特殊欧米的とみなし、アジア世界と相容れないとする二項対立図式そのものが、オリエンタリズムという欧米の知の帝国主義に支配された思考様式であることを認識体制批判は明らかにするからである。価値体制批判は欧米の欺瞞的な自己理解と歪んだアジア観を是正するどころか、むしろ増強するだけであり、威圧的な干渉を欧米に自制させえたとしても、それは勢力関係如何で覆されうる戦術的妥協以上のものにはならないだろう。これに対し、認識体制批判は欧米に真摯な自己批判とアジアの内発的発展力の尊重を促す力をもつ。

アジア的価値論が価値体制批判の視点から、基本的な市民的・政治的諸自由をも特殊欧米的として斥けるとき、それは「市民社会」など欧米が提示する社会像とは根本的に異質な文化的本質をもったアジアという観念にコミットしている。しかし、このときそれはオリエンタリズムが措定するのと同じアジアの本質規定、すなわち欧米社会の自己イメージの反転像としてのアジアという観念を受容している。もちろん、このアジア像の評価の符号はマイナスからプラスへと逆転(ないし無差別化)しているが、その認知内容は不変である。アジア的価値論はアジアの文化的アイデンティティを求めて、オリエンタリズムが欧米のアイデンティティと優越性を確立するためにアジアに押し付けたステロタイプに回帰し、アジアの内部的多様性と内発的変成力を自らの手で隠蔽する。アジアの文化的自己主張が欧米の歪んだアジア観に依存するというのは皮肉である。しかし、この「アジアの心理」についてはは共感的理解が可能かつ必要である。この倒錯は、欧米の文明的優越意識に立った植民地支配と人種差別がアジアの人々の精神の奥底に残した深いトラウマに、また現在も残る差別の構造に根差しているからである。これは差別の背理とでも呼ぶべきより一般的な問題と関わっている。

一般に差別実践は自らを正当化するために、被差別集団に「本質的差異」を帰する。実際には支配集団と被差別集団とを横断する多様な差異化の基準が存在するにもかかわらず、また「本質的」とされる差異の程度や存在が疑わしいにもかかわらず、「本質的」差異による集団編別は第一次的・根本的なカテゴリーとして固定される。これは経験的テストを超越し経験を逆に構成する先験的説明原理をなす。たとえば白人が犯罪常習者になるのは家庭環境・慢性的失業などさまざまな事情によるが、黒人が犯罪常習者になるのは彼が「黒人だから」である。まっとうな人生を送る黒人が多数存在するという事実は、この公理的説明にとってなんら障害にならない。この「本質的差異」の刻印を押される人々は、横断的差異化をもたらす他の属性規定に自己を同一化することを望んでも、社会は彼らをそのようなものとしては認知しないため、この本質規定を自己のアイデンティティの基盤とすることを余儀なくされる。差別が社会的認知枠組として強固に構造化されると、この「負わされたアイデンティティ」は被差別集団の人々の内部に深く浸透することになる。

負わされたアイデンティティの「負荷性」はその解体の困難さを意味するだけでない。このステロタイプを破ろうとする努力自体が、被差別集団の人々にとって屈辱的な意味をもつ。「黒人であるにもかかわらず優秀な医師」であることを白人社会に対して証明した黒人医師は、自己の成功を素直には喜べないだろう。彼はこのとき、「黒人であること」が医師として白人と対等の尊敬を受ける前に晴らさるべき「嫌疑事由」であること、しかも嫌疑を晴らす挙証責任が「被疑者」たる自分にあることを容認させられているからである。自己の成功を白人社会から称賛されればされるほど、「黒人であること」が己の成功を特筆に値せしめる「存在論的障害」であることを思い知らされるからである。さらに、「黒人なのによくやった」という響きを秘めた称賛を受けることによって、自分個人への偏見は克服できたとしても、例外が原則を確認させるように、黒人一般への偏見の確証に加担させられ、結果として「仲間を裏切る」立場に追い込まれるからである。人権保障や民主化を求めて真摯に運動するアジアの人々も、「アジアにおける民主主義の優等生」などと欧米諸国に自らが評価されることがアジア社会一般に対する軽侮を背景的に含意していること、少なくとも教師と生徒の関係の押し付けを秘めていることに鈍感ではいられないだろう。

差別克服運動が「X（黒人、女性、同性愛者、黄色人種等々）であるにもかかわらず、対等に尊重されること」への要求を超え、「Xとして尊敬されること」への要求に転化する理由がここにある。[31] この転化はたとえば「ブラック・イズ・ビューティフル」というような主張に象徴される。被差別者が差別を克服するために、差別的本質規定を自己のアイデンティティとして積極的に肯定するというのは倒錯である。差別の否定が差別の根拠を肯定する背理であると言ってもよい。

しかし、このような倒錯・背理は差別の存在そのものによって生み出される。差別は、対等な存在としての承認要求を差別的本質規定の受容へと偏向させる強力な磁場である。この本質規定は負わされたアイデンティティとして被差別者に浸透すると同時に、それを反証しようとする努力はその一般的推定としての妥当性の承認にすりかえられるため、被差別集団は開き直ってこの本質規定を積極的に肯定する形でしか自尊を確保できないという陥穽に追い込まれるのである。

「アジア的価値」の自己主張がオリエンタリズムという歪んだ欧米中心主義的アジア

観の再生産に転化するという倒錯も、以上のような差別一般に潜む背理と通底している。アジア的価値論を唱道する一部の政府指導者の動機には権力保持という政治的打算も含まれているだろうが、かかる言説が広く流通するのは、「アジア人であるにもかかわらず、ではなく、アジア人として」尊重されたいという欲求に訴えるからである。しかし、それ自体としては正当な自尊回復要求が、いわば「アジア・イズ・ビューティフル」という主張に転化させられるところに、「ブラック・イズ・ビューティフル」と主張した黒人たちが囚われたのと同じ差別の磁場の陥穽が見出せる。「外は黒く中が白いオーリオ・クッキー」を軽蔑する黒人が「黒人的本質」への白人の偏見を助長するように、民主化と人権保障の強化を求めるアジア内部の声を嘲笑し抑圧するアジア主義的指導者たちは、「民主主義と人権理念に対するアジアの本質的不適合性」への欧米の偏見を助長するだろう。(32)

認識体制批判は差別の認知的磁場たるオリエンタリズム的二元論自体の解体により、アジア的アイデンティティの罠からわれわれを脱却させる。それによってさらに、この批判は民主主義や人権の推進者という欧米の自己理解そのものが、文明化の旗手としての崇高な歴史的使命によって欧米のアイデンティティを確立しようとするオリエンタリズムが生み出した欺瞞的な自画像であることをも暴露する。オリエンタリズムはアジアと欧米の「本質」を逆規定的に相関させ、アジア像の歪曲によって欧米の自画像も歪曲するのである。

この自画像は植民地主義的侵略と支配、奴隷制、人種差別、ホロコースト、マッカーシズム、ベトナム戦争等々、欧米自らの人権と民主主義に対する壮絶な蹂躙の歴史とその現代的遺産を隠蔽ないし周辺化するだけではない。それは醜悪さをぼかすだけでなく美質を過剰に誇張する。欧米社会が近代市民革命を遂行することにより民主化と人権保障を先駆的に確立したという世界史的自己劇化が修正を迫られていることをここで想起する必要がある。現代の実証的比較政治学の分析によれば、総人口に対する投票率など、一定の経験的指標によって確認できる実効的民主化が実現したのは、欧米においてもそれほど昔の話ではない(33)。概して今世紀(二〇世紀)に入ってからの現象であり、けっして名誉革命、アメリカ独立戦争、フランス革命などの「偉大な時代」に起こったことではなかった。たとえば、英国の対総人口投票率が一〇パーセントを超えたのは一九一〇年代に入ってからのことであり、米国が女性参政権制限を撤廃したのは一九二〇年である。ちなみに、米国は同じ一九二〇年に、共産主義者・無政府主義者を迫害した「パーマーの赤狩り」やサッコ＝ヴァンゼッティ事件を起こし、民主化にとってこの年がもつ記念碑的意義を減殺している。

価値体制批判はかかる欧米の自画像の欺瞞性・独善性を助長してしまう。この立場は民主主義・人権の普遍妥当性(上記命題(2))を否定し、その特殊欧米的性格を強調するが、まさにそれによって、かかる原理の実現における欧米の歴史的主導性（命題⑴）を承認するからである。これに対し、認識体制批判はオリエンタリズム的二元論を解体し、かかる原理への文化的適合性と内発的発展力を欠いた世界としてのアジア像（命題⑶）を否定するがゆえに、民主主義と人権の歴史的先導者としての欧米社会像⑴に対しても懐疑と批判のメスを向ける。認識体制批判は民主主義や人権という理念の普遍妥当性（命題⑵）を承認するが、それは自らの言行不一致や二重基準的実践を隠蔽合理化する欧米の知的覇権に対する批判を貫徹させ、かかる理念の実現とその規範内容の発展がアジアにとってだけでなく、欧米にとっても未だなお課題であることを確認するためである。

認識体制批判はこのようにアジアと欧米双方に対して、二極分解するアイデンティティの罠から脱却する道を示す。以下ではさらに進んで、オリエンタリズムを肉づける工要な二項対立図式を批判的に検討し、リベラル・デモクラシーのアジア的文脈を探りたい。

3　宗教的・文化的多様性の包容

アジア的価値論の提唱者たちは認識体制批判の視点と親和的な洞察もときに示している[34]が、特殊アジア的価値なるものの中身が語られる段になると、「欧米市民社会」の偶像と対置されたステロタイプによってアジアの諸社会は極度に単純化され、オリエンタリズムの呪縛が浸潤する。[35] 典型的な二項対立図式として、「キリスト教(ないしユダヤ＝キリスト教)文明圏としての西洋」対「儒教(ないし儒教＝イスラーム教)文明圏としてのアジア」、および「個人主義的欧米社会」対「共同体主義的アジア社会」という図式がある。本節と次節で順次この二つの対立図式を批判的に検討し、リベラル・デモクラシー——経済的自由のみならず精神的・政治的諸自由や少数者の人権に配慮する民主主義——がアジアの諸条件にとってけっして異質ではなくむしろ適合的であること、かかる体制を発展させる内発的かつ文脈的理由がアジア地域には存在することを示したい。

1 「文明の衝突」を超えて

宗教的基盤によりアジアと欧米とを文明論的に差異化する誘惑は伝統的に根強いが、その無根拠性を見るのは難しくない。およそアジアについて一般化できることがあるとすれば、最初に言及さるべきはその宗教的・文化的多様性だからである。この点ではアジアの内的多様性は欧米のそれより大きいとさえ言える。無数の土着的信仰は言うまでもなく、すべての世界宗教とその諸分派がアジアに生息地を見いだし影響力を競っている。したがって、アジアをユダヤ＝キリスト教的西洋に対峙する儒教文明圏、あるいは儒教＝イスラーム文明圏として描くことは、漫画的誇張としてさえ不当である。

第一に、ヒンズー教と仏教がアジアの人々の精神生活に与えている影響を無視することは到底許されない。とくに、仏教はアジア全域にその種子が蒔かれており、東アジアに限定しても仏教ぬきにその精神生活を語ることはできない。第二に、世俗的・人間中心的色彩の強い儒教と超越的一神教の典型たるイスラーム教の間には、両者を同じ宗教の概念で括ることの適切性を疑わせるほど深い溝がある。これに対し、イスラーム教とユダヤ教・キリスト教との関係は、部分的に重なり合った一神教的諸伝統の間のいわば近親憎悪的な対抗関係である。したがって、儒教とイスラーム教とが連合してユダヤ＝キリスト教世界に対抗する共通の文明圏を構成するなどと想定するのは宗教的には暴力的想像である。(36) 第三に、キリスト教はアジアにも浸透し、とくにフィリピンや韓国などにおいては強い社会的影響力をもつ。マルコス政権を崩壊させて民主化を遂行したフィリピンの「二月革命」において、カトリック教会が重要な役割を果たしたことはなお記憶に新しい。

宗教的文明圏分割論は誤っているだけでなく、政治的に危険でもある。それはサミュエル・ハンチントンの「文明の衝突」論に象徴されるような欧米における現代版オリエンタリズムの地政学・世界戦略と共犯関係にある。文明の衝突論は「儒教＝イスラーム・コネクション」としてのアジア――日本は独自の文明圏として除外されている――をユダヤ＝キリスト教文明圏としての欧米民主主義諸国に対置し、前者を後者に対する文明的脅威として捉える。[37] たしかに、この現代版オリエンタリズムの世界戦略はその古いヴァージョンとは異なり、「異質な文明」たるアジアをもはや征服しようとはせず、むしろそれを封じ込めるために西欧文明の勢力圏の緊縮強化(consolidation)を図る。しかし、この相違は原理的なものではなく戦略的なものである。このような文明対立図式に依拠する世界戦略は、軍事的・経済的諸条件が欧米に圧倒的に有利な方向に変化した場合には、防衛的姿勢から攻撃的姿勢に容易に転化しうるだろう。アジア的価値論がアジアと欧米とを異質な宗教文明圏として対置することにより自らを合理化しようとするとき、それは文明の衝突論のごとき欧米側の危険な自己中心的世界像と世界戦略をも合理化し補強してしまう。たとえばマハティールの儒教＝イスラーム提携論はハンチントンの議論と符節を合わせるものである。[38]

アジアの宗教的・文化的多様性は儒教とイスラームの異質性や、他の多くの影響力の強い宗教的伝統の存在には尽きない。さらに重要なのは、この多様性が個別国家内部に浸透していることである。アジア的価値論を政府が唱道する中国、マレーシア、シンガポール、インドネシアなども含め、多くのアジア諸国が多宗教的・多文化的・多民族的な国家である。経済発展に伴う農村から都市への、また国境を越えた人の移動の増大も、この内部的多様性の促進要因になっている。これは次のことを意味する。アジア諸国にとっては、欧米との単純化された「文明の衝突」よりも、自らが孕む宗教的・文化的多様性から生じる政治的な葛藤や緊張の方が、人権や民主主義などの意義を考える上で現実的重要性をもつ。

2　リベラルな多元主義に向けて

内部的な宗教的・文化的多様性は先鋭な対立緊張を生み出し、その調整緩和をアジア諸国に要請する。なんらかの形態のリベラル・デモクラシーを発展させることは、アジア諸国が抱えるこの困難な問題を安定的かつ公平に解決する方途となる。信仰の自由と政教分離を保障し、信条による差別の禁止と宗教的・文化的少数者の保護を図るリベラル・デモクラシーは、宗教・文化の相違を超えて共有しうる政治的正統性の基盤の確立に最大の配慮を払うからである。以下ありうべき反論に答える形で、この点を敷衍したい。

第一に、内部的な宗教的・文化的多様性の政治的不安定化効果は、リベラルな体制の導入よりもむしろ宗教的・文化的少数者の弾圧を要請すると反論されるかもしれない。実際、かかる口実で弾圧を行うアジアの権威主義国家も存在する。しかし、これは倒錯した論理である。かかる弾圧は政治的不安定化の解決ではなく、むしろ原因である。それは少数派の不満を抑圧することにより鬱積させ、長期的には不安定化要因をかえって強化する。仮に圧倒的な力で抵抗を封殺できたとしても、公平性を欠いた安定化は正統性の認知を調達できず、その維持のためには膨大な強制コストが必要となる。

他方、リベラル・デモクラシーは宗教的・文化的に分断された社会における安定的かつ公平な共生枠組の確保に、比較的よく成功してきた。もちろん、この目的に資するリベラル・デモクラシーの統治機構は多様である。司法審査制が少数派の人権保障に重要な役割を果たす米国の体制のみを、唯一のモデルとする必要はない。たとえばアーレント・レイプハートが「多極共存型民主制(consociational democracies)」と呼んだスイスやベルギーなどの政治体制も、米国とは違った仕方だが、宗教的・文化的多様性の尊重の要請にそれなりに応えている[39]。しかし、基本的な共通性はやはり存在し、それは異なった宗教的・文化的諸集団に政治的決定への平等な参加権を保障すると同時に、多数の専制に対する制度的防御装置として少数派の拒否権をなんらかの形で統治機構に組み込むことである。

第二に、多宗教共生体制はリベラル・デモクラシーだけでなく、イスラーム法の「ジンマの民(dhimmi)」の保護に由来するオスマン帝国の「ミレット制(the millet system)」のような歴史的代替物が存在するという反論もあるだろう[40]。たしかにミレット制は一五世紀半ばからオスマン帝国崩壊までのほぼ五百年間、ギリシャ正教徒、アルメニア正教徒、ユダヤ教徒など非イスラーム少数派に集団的な信仰の自由と自治を一定の範囲で保障してきた。これは、レコンキスタ運動によってイベリア半島を奪回したキリスト教徒が、イスラーム教徒だけでなくユダヤ教徒やロマ(ジプシー)など他の非キリスト教徒を追放迫害したのと比べると、特筆すべき事実である。ただ、ミレット制の下では、非イスラーム少数派は彼らの自治的共同体(ミレット)の中で信仰を維持する権利はあっても布教活動は禁止され、教会も許可なしには建設できなかった。さらに信仰の自由は集団の権利であって個人には認められず、異端や背教はイスラーム社会では犯罪とされ、非イスラーム・ミレットの内部でも抑圧された。ミレット制が「神権政体の連盟」と呼ばれる所以である。(41)

ミレット制は非イスラーム少数派への差別と内部的異端抑圧を温存する点で、寛容の中途半端な形態であり、多宗教共生の論理を貫徹するなら、リベラルな寛容へと発展させざるをえない。実際、五百年の歴史を通じて各ミレットのリベラルな改革派がミレット支配層の権力を立憲的に統制しようとする運動がたびたび展開され、一九世紀後半には政教分離した立憲民主主義体制を採択するミレットも現出した。(42)帝国本体においても、非イスラーム教徒の社会的平等を承認した三一代スルタン、アブデュル・メジトによる「タンジマート(恩恵改革)」や、青年トルコ党による立憲主義改革運動など重要な歴史的意義をもつ改革の試みが一九世紀半ばから帝国崩壊まで続いた。現在のトルコ共和国の世俗化された立憲民主主義体制もかかる発展の延長線上にある。ミレット制は「イスラーム＝狂信的原理主義」という現代のオリエンタリスト的偏見を超えて、イスラームにおけるリベラルな寛容の潜在的可能性を再評価する契機として位置づけるべきであろう。

第三に、近年の「多文化主義(multiculturalism)」の思想運動の中には、リベラル・デモクラシーが個人主義的傾向のゆえに、宗教的・文化的少数派の集団的な存続と自治を十分に尊重しえないと批判する潮流がある。[43]集団の支配的な信念や実践の批判修正を試みたり、自集団を離脱する個人の自由を否認制限する限りで、この立場はリベラルな寛容と相克するが、かかる自由制限の正当化は困難である。文化は化石ではなく、批判的継承と革新の自己代謝作用を通じて発展する生ける実践である。文化集団内部のこのプロセスを凍結させる「文化保護」の試みは文化の剝製化に通じる。他方、この立場が、「文化の自由競争市場」が少数派文化に不利な方向に構造的に歪曲されているのを是正し、外部からの同化圧力を抑制するために一定の優遇措置を文化的少数派に特有の集団別権利(group-differentiated rights)として承認する必要を説くのであれば、この観点はウィル・キムリッカのリベラルな多文化主義が例証するように、[44]リベラルな多文化共生の理念と矛盾せず、むしろその実質化に資するものと評価されうる。(キムリッカの議論に対しては本書の第4章・5章で示すように一定の批判的留保も私は付しているが、多文化主義的な集団別権利をリベラルな自由・平等・公正の理念と接合する彼の基本的アプローチは的を得ていると言ってよい。)

以上の議論が示すように、宗教的・文化的多様性はアジア諸国にリベラル・デモクラシーの発展的受容を促す内発的条件をなす。これは不思議ではない。欧米においてもリベラルな共通正統性基盤の追求は、ヨーロッパ大陸全土を荒らした三十年戦争や英国の内乱など、一七世紀宗教戦争の破滅的帰結から立ち直るために現出した自然法の世俗化や寛容論の伝統に根差すからである。(45)もちろん宗教的・文化的寛容についても欧米の歴史的先進性を誇張すべきではない。当初はキリスト教各派間の寛容に過ぎず、しかも英国が一八二九年になってやっとカトリック解放法を成立させたように、それすら不徹底であった。現在でもアングリカン教会は形式的には英国の国教である。また政教分離を徹底させたフランスでも、まさに政教分離を口実に公立中学校でのイスラーム系女学生の自発的なスカーフ(ヒジャブ)着用を禁止する動きが、一九八九年の着用学生退学処分事件を機に高まった。(46)リベラル・デモクラシーは、根強い宗教的反目や社会的偏見に抗しつつ寛容の包摂領域を拡大し続け、不寛容に対する不寛容の維持と寛容とのせめぎあいに苦悩し均衡点を模索し続ける未完の企てであると言えよう。

「多元主義の冒険」としてのリベラル・デモクラシーの意義は、近年、ジョン・ロールズの「政治的リベラリズム」の構想(47)によって再確認されている。彼もリベラリズムの思想的淵源を寛容論の伝統に求めるが、「寛容原理を哲学自体に適用する」という観点から、自己の従来の哲学的正義論を放棄し、リベラルな正義構想の基盤を哲学的前提を異にする多様な包括的諸教説の間の「重合的合意(overlapping consensus)」に求める。この合意を構成するのは、立憲民主主義の伝統に根差す公共的政治文化であり、その伝統が確立した「立憲的精髄(constitutional essentials)」である。リベラル・デモクラシーが単なる「市場経済と普通選挙制の結合物」ではなく、もっと根源的な企て、すなわちさまざまな宗教・世界観が先鋭に対立競合する多元的社会において共通の正統性基盤を確立しようとする企てであることを想起させる点で、彼の理論は重要な意義をもつ。

しかし、「政治的リベラリズム」はこの寛容のプロジェクトを脱哲学化によって遂行する点で根本的な誤謬を犯している。哲学的な人間存在論や価値論の不可避性という問題[48]は別にしても、リベラル・デモクラシーを欧米の政治文化に内在させることにより、非欧米世界への妥当性を否認する一方、欧米自身の歴史と実践を聖化するからである。後者はリベラル・デモクラシーが「穏当(reasonable)」な人間なら否定できない常識として欧米の政治文化に血肉化されているという「政治的リベラリズム[49]」の自己満足的安心感に現れているが、前者は国際的正義原則に関する彼の近年の論稿で明確にされている。そこでは「よく秩序づけられた階層国制(well-ordered hierarchies)」——対外的攻撃性がなく、対内的には宗教的差別や身分差別を温存するが、異教徒、下層集団にも分相応の保護は与え、指導者の民主的統制制度や言論の自由はないが、人民の不満はある程度吸収するような権威主義国家体制——にも、国際的正統性が認知されている。

同様な傾向は、哲学的リベラリズムに死亡宣告し欧米市民社会の歴史的伝統を自由な体制の基盤とするジョン・グレイの「ポスト・リベラリズム」の立場[50]にいっそう露骨に現れている。その問題性は「我々の生き方が我々のものであることがそれを擁護する十分な理由を我々に与えるのだ[51]」というグレイの独断的居直りに象徴される。それは現実の欧米社会の実践をリベラルな市民社会の範型的体現として神聖化し、それが孕む構造的な差別や人権侵害を剔抉する哲学的リベラリズムの批判を「抽象的な平等や権利の構想」をふりまわす原理主義の「倨傲(hubris)」として斥けるという倒錯的独善に導く[52]。他方、アジア諸国をリベラル化しようとする欧米の試みに対しては、これを「地方文化の伝統の制約」を無視する「文化的帝国主義」として厳しく批判し[53]、文化相対主義的観点からアジア的価値論に与することになる。欧米社会の歴史的自己聖化と国際的自己相対化とを結合させるこの歴史的文脈主義への移行は、最近の欧米知識人の間でひとつの顕著な傾向となっているが、これは次のような批判を免れない。

第一に、政治構造の評価は各社会の歴史的・文脈的特殊性の理解を当然要請するが、それは当の社会が内包する問題状況を理解するためであって、その現存支配体制を無批判に受容するためではない。人権・公正などの普遍的原理への依拠は、抽象的観念を弄ぶ理性の倨傲などではなく、むしろ、体制がしばしば持ち出す「我々の生き方」とか「わが固有文化」という合理化表象が隠蔽する具体的な搾取や抑圧の現実への感受性を養うのである。ロールズは人権概念を保持するものの、極度にその内容を希薄化することにより、[54]「よく秩序づけられた階層国制」の正統性を承認したが、この体制下で構造的に差別される異教徒や下層身分の人々の観点からも、この体制がリベラル・デモクラシーと少なくとも同程度に「公正(fair)」なものとして受容可能か否かを問うことすらしていない。彼はこの体制が「その人民の目から見た正統性」をもつとするが[55]、「人民」は集合的に一体化されており、異なった宗教、異なった身分の間の観点や利害の衝突は捨象されている。かつて「公正としての正義」を構想した論客のこの驚くべき思想的後退は、人権や公正など普遍的原理に依拠する哲学的批判を放棄ないし希薄化する試みが、人間の生の特殊性・多様性の尊重よりむしろ隠蔽抑圧に導くことを示している。

第二に、欧米の自己聖化と自己相対化とを一体化させた歴史的文脈主義は、もはやアジアを欧米の支配の対象とはしない。「彼らには彼らの生き方があり、我々には我々の生き方がある」というその態度は、リベラルな寛容の拡張であるかにさえ見える。しかし、その基底には欧米とアジアを「我々と彼ら」として本質主義的に両極化するオリエンタリズム的二元論への偏執が存在する。そこでは自己の深層意識になお根強く残る宗教的不寛容や人種差別などを捨象して、リベラルな市民社会の歴史的範型として自己を聖化する欧米世界の願望思考的自我幻想が再生産されている。同時に、この幻想が排除する自己の負の側面、いわば自己純化の廃棄物としての反自己をアジアに回収させて、それをアジアの本質として固定する偏見産出装置も稼働している。「我々」が「彼ら」であってはならないから、「彼ら」も「我々」ではありえないのである。

マルクシズムと共産主義体制の崩壊後、「自由の条件」たる欧米「市民社会」の「対抗者(rivals)」をイスラーム信仰共同体(Umma)や東アジアの共同体主義的な開発資本主義国家に見たアーネスト・ゲルナー[56]は、この「我々と彼ら」の二元論を率直に吐露している。「それゆえ結局、市民社会(Civil Society)は、それが我々の歴史的運命に繋がっていると思われるという事実によって少なくとも部分的に正当化される。〔中略〕しかし、我々が我々の価値を誇り、他者が絶対主義的超越信仰やら押し付けがましい共同体主義やらに帰依するのを非難することに何の意味があるだろう。彼らは彼らがそうあるところのものであり、我々は我々がそうあるところのものである。もし、我々が彼らだとしたら、我々は彼らの価値を抱くだろうし、またもし彼らが我々だとしたら、彼らは我々の価値を抱くだろう[57]」。最後の二つの仮定法は文法上も反実仮想である。すなわち、我々は彼らではないから彼らの価値(絶対主義的宗教や共同体主義)とは無縁であり、彼らは我々でないから我々の価値(リベラルな市民社会)とは無縁なのである。

ゲルナーはこの二元論を反駁しようとするトルコ共和国の世俗的立憲民主主義の実践を「奇妙な事例(the curious case)」として扱う[58]。しかし結局、上からの民主化は民主化の実現により親イスラーム的ポピュリズムの勝利を招き、それが反原理主義クーデタを招き、民政移行後はまた同じ「循環が持続する」という運命をトルコに宣告することにより、彼は「我々と彼ら」の二元論のこの反例を見事にその例証に転換する。[59]

「道徳的多数派(the Moral Majority)」などの影響を受けたレーガン政権下の米国における社会的保守主義の復活や、[60] IRAのテロを口実にしたサッチャー政権下の英国における言論・集会の自由の抑圧など、[61] 原理主義ポピュリズムの台頭や宗教的対立の絡んだ民族紛争がリベラルな価値を危険にさらす事態は現代の欧米においても見られるにもかかわらず、彼はトルコに「我々」と同じ苦悩を共感的に見出そうとはしない。むしろ、「我々」にとって「我々の価値」は不動だが、「彼ら」がそれを追求するのは、たえず転落する巨石を山頂に押し上げ続けるシシュフォスの業苦のように、はてなき徒労の宿命にあることを確信する。なぜか。「我々」は「彼ら」ではなく、「彼ら」は「我々」ではないからである。

以上見たように、アジアのような「非欧米文明圏」に対し表面的敬譲を示す歴史的文脈主義は、多宗教・多文化の共生を目指すリベラルな寛容の拡張を装うが、実はそれに対する裏切りである。偏見を超えてアジアの諸社会の複雑性を理解し、その現実の苦悩と努力に対して配慮と敬意を払う姿勢がそこにはないか、希薄である。むしろ、「イスラーム原理主義」や「儒教的な権威的共同体主義」といったステロタイプによってかかる社会の「歴史的・文化的本質」を規定し、「欧米市民社会と相容れないアジア文明」

というオリエンタリスト的偏見を再編強化する傾向を伏在させている。必要なのはアジア諸社会の宗教的・文化的多様性と葛藤を直視し、リベラルな多元主義の発展的受容をかかる社会に要請する内発的契機をそこに認めることである。このような視点は欧米中心主義でも文化的帝国主義でもなく、むしろ「我々と彼ら」の二元論が孕む欧米の独善的自己聖化とアジア蔑視を超えて、アジアと欧米が互いの苦悩を共感的に理解しあえる地平を開くのである。

4　個人主義と共同体主義の緊張

「個人主義的欧米」対「共同体主義的アジア」の二項対立図式は宗教的文明衝突論よりも説得的に映るかもしれないが、この対立図式も不当な単純化を孕む。個人主義と共同体主義の緊張はアジアと欧米の溝ではなく架橋であることを以下示したい。

1　欧米の共同体主義とアジアの個人主義

まず指摘すべき点は、共同体主義的要素は欧米「市民社会」の礎石をもなすことである。欧米において近年台頭してきた「共同体論(communitarianism)[62]」がその雄弁な証言である。この思想運動の震源地が「逞しき個人主義(the rugged individualism)」の牙城とされてきた米国であることが注目に値する。共同体論者はリベラルな個人主義を哲学的に批判するだけでなく、米国の伝統の歴史的解釈としても誤りだと主張する。彼らによれば、米国の民主主義はタウンシップ、教会、慈善団体、クラブなど、活発な共同生活と社会参加の場となる中間共同体にその生命力を負うてきた。民主主義には「公民的徳性(civic virtue)」、すなわち自己の政治共同体の共通善を配慮し、それを実現するための集合的な討議・決定・実行の過程に自発的・積極的に参加する人々の意志と能力が不可欠だが、かかる中間共同体こそ人々の公民的徳性を培う苗床になってきた。彼らはリベラリズムの個人主義的人間観や社会像が公民的徳性の陶冶の場たる中間共同体の崩壊を招いたと批判し、市民社会の基盤たる共同体の復権によって民主的伝統の再生を図る。

この共同体論の議論のうち、リベラリズム批判の部分はやや公平を欠く。リベラリズムを粗野な原子論的個人主義と等置しているが、前者は後者に必ずしもコミットしていないし、リベラルな個人権の概念を共同体的関係と敵対的にのみ捉えるのも、後述するように不当である。[63] しかし、市民社会の共同体的基盤に関する彼らの洞察は、アトム的に孤立した個人からなる市民社会という虚像——社会契約説の仮想的思考モデルと歴史的説明との混同に根差す虚像——の誇張を是正する平衡錘としては重要な意義をもつ。中間共同体の役割を重視する反原子論的市民社会像は、現代の共同体論を超えて広範に共有されており、その主たる淵源のひとつはトクヴィルのような古典的リベラリズムを代表する知識人にある。[64]

問題の二項対立図式のアジア側に目を転じよう。それは欧米側に劣らず問題を孕む。個人主義的要素はアジアにとってもけっして疎遠ではない。

たとえば、儒教の伝統は個我意識に未覚醒と断じるには、あまりにも豊かで複雑である。中国思想史の研究者ウィリアム・セオドア・ドゥ・バリーによれば、宋明代中国には「これまでにないような新しい批判的気質を育んだだけでなく、また「道」の生命力と創造性を強調した」知的環境があり、そこで発展した新儒学運動は「自由主義教育(liberal education)」と「自発的精神(voluntarism)」を強調し、これは「独自の個人主義(distinctive individualism)の基礎」となった。すなわち「為己之学」、「自得」、「自任」などの基礎観念に依拠する新儒家たちは、個人の主体的な自己陶冶を重んじ、経典に対し訓詁や既成解釈の墨守にとどまらず懐疑的態度と批判的方法をもって臨むこと、同学の志との自由闊達な討論を通じて「道」の発展に創造的寄与をなすことを奨励した。[65]

さらにドゥ・バリーが「新儒学的自由主義(Neo-Confucian liberalism)の完成されたひとつの典型」とみなす黄宗羲(こうそうぎ)は、この個人主義的・自由主義的傾向を士大夫階層の道徳的英雄主義にとどめず、その制度化と民衆化を試みた。彼は専制的王朝政治を天下の私物化として批判しただけでなく、賢人政治への依存の限界も自覚し、「治人有りて治法無し」という儒家の通念に代えて「治法有りて而る後に治人有り」として法の支配の重要性を評価した。そこから彼は諸個人の能力を開発し自由な批判的討議を奨励するための制度改革、とくに、権力者の干渉から独立した教育制度や諫言・提言機関の確立を提唱した。[66]

この新儒学解釈にはもちろん異論もありえよう。[67] しかし、政治権力の道徳的指導を任務とする儒教には、道徳を政治権力と癒着させる体制的権威主義に陥り易い傾向もたしかにある反面、道徳原理を自らに内面化するがゆえに権力に対する批判精神と抵抗精神を備えた独立不羈の主体を陶冶する傾向も内在している。前者の傾向が儒教の思想的活力を疲弊腐敗させると、後者の傾向が台頭するというダイナミズムがあるからこそ、儒教は人類の思想遺産として生命を保ってきたとも言いうる。儒教が本質的に個人主義的か否か、自由主義的か否かを争うのは実は意味がない。重要な点は、儒教が自己の伝統の本義をめぐって分裂対立する解釈の間の葛藤と競争を通じて発展してきたこと、そしてこの伝統の内的多様性はドゥ・バリーのリベラルな解釈にも開かれるほど豊かなことである。

仏教の個人主義的要素は儒教以上に濃厚である。A・センは紀元前三世紀のアショカ王の碑文が寛容と自由を善き社会の中心的価値としたと指摘するが、[68] いっそう原理的な次元で、超越的個人主義ともいうべきものが仏教的精神性の内奥にある。仏教は我執を排する一方、他者への執着・愛憎をも煩悩の一部とみなし、「出家(pravrajya)」の観念も示すように、個人が家族や世俗共同体のしがらみから離脱し、自力で悟りを開くべく精神の内的探求に傾倒することを理想にする。この傾向はアビダルマ仏教にとくに強いが、この理想を体現したブッダ自身の人生は、仏道を志す万人にとって範型的意義をもつ。大パリニッバーナ経は、ブッダが死に際し高弟アーナンダに語った次の言葉を伝える。「誰でも自らを島とし、自らをたよりとし、他人をたよりとせず、法〔ダルマ〕を島とし、法をよりどころとし、他のものをよりどころとしないでいる人々がいるならば、かれらはわが修行僧として最高の境地にあるであろう、――誰でも学ぼうと望む人々は――」[69]。同様の言葉は何度も反復され、求道における個人の内的自立を執拗なまでに要求する。前田専學によれば、ブッダは我執に囚われた自己とダルマに合致した真実の自己とを区別し、後者の自己を己れの内に求めること、すなわち、既成宗教やブッダ自身も含めた指導者の権威に頼らず諸宗派の確執も超越して「自己に帰依すること」を強調した。この「自己への帰依」は、ブッダの思想の中で「きわめて大きな位置を占めている」という[70]。

聖職者集団の権威を否定し信仰を個人の内的確信と主体的実践の領域に取り戻すことで、個の自律への道を開く精神史的役割は、欧米ではプロテスタンティズムに帰せられるのが常だが、儒教や仏教の上記の側面は、個人主義の精神史がキリスト教の独占物ではないことを示す。それはイスラームにも見られる。スーフィズムと呼ばれる八世紀末以降のイスラーム神秘主義の伝統は、神と個人の間に介在してイスラームの行為規範(シャリーア)を確定整序するウラマー(学者集団)の律法主義的・形式主義的な知識(イルム)を批判し、修行を通じて神との全人格的・体験的一体化をめざす個人的直観に依拠した知識(マァリファ)を重視した。これはウラマーが自らの階層利益を保守すべくカリフの政治権力と癒着し批判精神を失って信仰を形骸化させる趨勢に危機を感じた人々による宗教改革運動である。超越的な神と個人との直接的一体化の希求が地上の共同体の階層秩序を突き抜けた個の内的自立を生み出すという信仰のダイナミズムがここにもある。この運動を実践した修行者(スーフィー)たちへの民衆の崇拝には「御利益」志向も混じっていたが、スーフィーの生き方への民衆の憧憬がスーフィズムの民衆化の基底にあったと言われる。(71)

アジアにおける個人主義的契機を見定めるには宗教的諸伝統だけでなく、身分的・階級的・職能的分化にも留意する必要がある。アジア社会の歴史的原型をもっぱら農村の対面共同体、とくに稲作共同体に求めるという誘惑的な誤謬を避けなければならない。「共同体主義的アジア」というステロタイプの源泉のひとつはこの思考惰性にあるが、農村共同体モデルは歴史的原型としてもアジアを過度に単純化している。遊牧民や商人、職人、官吏、武人など非農耕民もアジア諸社会の歴史と文化の形成に寄与してきた。彼らの価値意識を「個人主義」と単純には一般化できないが、非農耕層においては、個人の能力差が運命を左右する実力主義的競争圧力が相対的に高く、自己の奉仕をなんらかの対価または被奉仕者の倫理的責務履行と相互化する契約的な権利義務意識も生じ易い。営利や収奪による余剰的富と余暇が、文芸などにおける自己表現欲求を触発する傾向も見られる。これらの諸傾向が総じて個我意識の覚醒昂揚を促す要因になるとは言えるだろう。

たとえば、商人については、室町から江戸にかけての日本において、商人層が農民文化とは異質の、美的自己表現を核とする独特の個人主義的色彩を放つ都市文化を発展させたという指摘がなされている(72)。また、武人についても次の点が注目に値する。西欧中世において封建的臣従が暴君への抵抗を正統化する主従の義務の契約的相互性を含意していたと言われるが、同様なことは孟子の易姓革命思想を自らの儒教的教養の一部とした中国の士大夫層の忠誠観に見られるだけでなく、丸山眞男によれば、「君、君たらずとも、臣、臣たらざるべからず」として主従の責務の非対称性が建前上強調された日本の武士においても、天道への忠誠による反逆のエートスはけっして家産官僚制によって解消されず、忠誠からの離脱の困難性が逆に「諫争」という告発型の反逆のエネルギーを生んだ(73)。さらに言えば、己れの生命より名誉を尊ぶ武人の心性は、大義名分なき権力への屈従を拒否する強固な個人の主体性の基盤にもなるのである。

最後に、現代アジアの社会変動も重要である。飛躍的な経済発展とともに、アジア諸国でも市場的交換関係の拡大、都市化の進展、業績主義的競争原理の浮上、教育機会の拡大、必需品だけでなく個性表現手段への消費欲求の昂進などが現出している。これらの諸傾向が個人主義的志向を刺激し促進しつつあることは否定し難いだろう。

2　内的緊張の包容と相補化

「個人主義的欧米」対「共同体主義的アジア」という二項対立図式に対する以上の批判的検討が包括的でないのは言うまでもない。しかし、この素描的検討だけでも、この対立図式の「自明性」を突き崩すことはできたであろう。このことがアジアにおけるリベラル・デモクラシーの受容可能性について、いかなる含意をもつかを以下考察してみたい。

第一に、以上の批判は「共同体主義的欧米」対「個人主義的アジア」という逆の図式を提唱するものではまったくない。むしろ、個人主義と共同体主義との緊張が欧米とアジアの間にではなく、それぞれの内部に貫流していることを示す。個と共同体の葛藤は人間社会の普遍的な苦悩であり、それから免れた社会は存在しない。たしかに、個人主義的要素と共同体主義的要素との配置や比重は時代や社会によって異なり、それが問題状況の時代的・社会的なずれを生んでいる。しかし、この差異は欧米とアジアとの本質的差異とは何の関係もない。両者のこの点での差異が程度の問題であるからというより、むしろ、個と共同体の葛藤の態様が欧米とアジアそれぞれの内部において地域的・歴史的に変容しているからである。したがって、仮にリベラル・デモクラシーが個人主義に依拠するとしても、アジアが個人主義を欠くゆえにリベラル・デモクラシーは受容不可能だとは主張できない。

第二に、リベラル・デモクラシーの基礎が個人主義であるという仮定は留保なしには成立しない。少なくともリベラル・デモクラシーの民主的契機は、現代の共同体論者が示したように、共同体主義的要素と密接に結合している。民主主義は公民的徳性を陶冶するさまざまな中間共同体を自己の活力の源泉として必要とし、また自らの社会へのわれわれの共同体的同一化は、その社会の政治的決定過程への民主的参加経験を通じて培われるからである。これは二つの含意をもつ。

ひとつには、アジア社会の共同体主義的要素――それは誇張さるべきでないが無視さるべきでもない――も民主化の促進要因になりうる。アジアの「前近代的共同体」は「欧米市民社会」の基盤たる中間共同体と本質的に異なり民主主義と相容れないという常套的反論は、「欧米市民社会」を理想化する一方で「アジア的共同体」を権威主義的・事大主義的と決めつけるオリエンタリスト的偏見に根差す。私は別稿で天皇への庶民の愛着に媒介された日本の民族的共同性が民主主義と両立するだけでなく、参加民主主義的実践の動因にもなることを示し、かかる偏見の反駁を試みたが[74]、ドゥ・バリーも近著で、新儒学運動の伝統における「郷約(community compact)」などの教説と実践が興隆衰亡の変遷を経つつも、共同体論が市民社会の基盤とする公民的徳性の苗床としての中間共同体の中国における歴史的範型をなすことを示している[75]。集団的自己統治としての民主主義は統治主体たる「われら民衆」の共同体的連帯を要請するが、セイラムの魔女狩りに象徴される偏狭と迷妄を備えたピューリタンの宗教的共同体が米国の自治的連帯の源泉になりえたように、アジアの伝統的共同体も民主的連帯の基盤になりうる。これは異質な個人と少数者の差別排除の面での民主主義と伝統的共同体の共犯性をも意味するが、民主主義を理想化するために両者の結合可能性を否定するのは本末転倒で、むしろ民主主義にリベラルな抑制を制度的に課す必要を自覚するためにも、この可能性を直視すべきである。

民主主義の共同体主義的性格のもうひとつの含意は次の点にある。諸個人の共同体的徳性、とくに、放縦な私利追求を廃して共通善を配慮する責任感を、家族や縁故者を超えた国民共同体という大きな社会的文脈において発展させようとするならば、アジア諸国は民主化を必要とする。ダニエル・A・ベルは近年この点を説得的に論じ、次の事実をその例証に加えている。すなわち、アジア的価値論を最大の自信をもって強調するシンガポール政府が、いまや「シンガポール人が自己の国家と国民にほとんど愛着を感じていないこと」や「共同体主義のレトリックと個人主義の現実の乖離」に懸念を抱いているのである。[76] このような乖離を防ぐことは権威主義的資本主義体制にとってはきわめて困難である。その資本主義的経済は人々の私利追求を促す一方、その権威主義的政治は自己の社会の公共の事柄を自由に討議し決定する過程から人々を疎外するため、いきおい人々は私的関心の世界に自閉してしまうからである。このような国家はその共同体主義的コミットメントに忠実であろうとするなら、政府が人民の忠誠をテストし面従腹背を促すような形式的選挙を超えて、人々の政治的主体性を真に尊重する民主化を受け入れる必要がある。

第三に、リベラル・デモクラシーのリベラルな契機に焦点を移そう。それは民主的契機が内包する集合的決定の論理の暴走を抑制すべく「個人権(individual rights)」の尊重を要請するという意味では個人主義的であると言える。個人権は国家権力の専横に対してだけでなく共同体的凝集力が孕む社会的専制の危険に対しても個人を保護する。リベラルな個人権概念はしばしば誤解・曲解されるように私利追求を無制約化するものではなく、むしろ全体や集団の名において個人に要求しうる正当な犠牲の限界点を設定する。[77] 共同体論的視点からアジアの民主化の可能性と必要性を示す上記の議論は、このようなリベラルな個人権概念のアジアへの適用可能性を排除するものとして解釈さるべきではない。個人主義的契機はアジアの宗教的・文化的諸伝統や社会経済的諸条件の中にも存在することを見たが、かかる個人主義的志向を抱く人々が個人権を受容しうることは多言を要すまい。しかし、ここでむしろ強調したいのは、共同体主義的志向を相対的に強く保持するアジアの人々にとっても、リベラルな個人権は重要な意味と役割をもちうることである。

別稿で私は、現代日本における資本主義の共同体主義的再編が孕むディレンマに即して、個人権は人々が成熟した共同性を享受するためにも必要であることを示した。[78] その基本的論旨はこの文脈でも援用できよう。出発点になるのは、同一の個人が家族、友人、職場同僚集団、宗教団体、地域社会、民族的・国民的共同体、人類共同体など、さまざまな次元の共同性領域に多層的に帰属しているという事実である。これは、倫理的葛藤が個人的自由と共同体的責任との間にだけではなく、異なった次元の共同体的責任の間にも生起することを意味する。

共同体的責任相互の葛藤状況において、われわれが単一の次元の共同性領域に自己を与え過ぎてしまうならば、他の領域の共同体的責任をなおざりにしてしまう。このような単一次元に自閉した共同性はわれわれの社会的成熟を促進するどころか、むしろ阻害する。この種の閉鎖的共同性は責任の葛藤から個人を逃避させ、心理的安定性を供給するため、個人が陥り易い罠である。現代日本においても、家族生活を放棄し社会参加にも背をむけた会社人間的心性の瀰漫、反社会的攻撃性をもった狂信的カルト集団への帰依、組織的団結力によって反公共的特殊権益を固守する利益集団の跋扈、地縁共同体・

学校等の「部分社会」内部における社会的専制など、さまざまな形でこの閉鎖的共同性の弊害が現れている。

個人権はアトム的に孤立した個人の反社会的放縦を確保するためではなく、むしろ個人がここに見たような一元的・閉鎖的共同性の陥穽から脱却し、多面的・開放的な共同性を発展させるために必要なのである。個人権は単一の共同性領域からの過剰な犠牲要求に対する拒否権を個人に付与することにより、人格的発展にとって等しく必要な他の共同性領域を配慮する倫理的エネルギーを個人が留保することを可能にする。換言すれば、個人権の尊重は個人が競合葛藤するさまざまな共同体的責任を調整し均衡させ、より包括的で成熟した共同性を自ら陶冶するために不可欠の倫理的条件なのである。

個人権と共同性との間には、本章の問題関心にとって重要なもうひとつの接点がある。個人権は当事者対立型訴訟のような欧米の法文化に特徴的な対決的紛争解決様式と結合しているがゆえに、和解や調停など融和互譲によるコンセンサス型紛争解決様式を重視するアジアの法文化になじまないという主張が、アジア的価値論の文脈でもしばしば援用される[79]。この主張は「個人主義的欧米」対「共同体主義的アジア」という二項対立図式の一環であり、この図式に対するのと同様な批判が可能である。二つの紛争解決様式の間の緊張は欧米とアジアの間にではなく、それぞれの内部に貫流しているのである[80]。しかし、ここではこの点を敷衍する代わりに、「対決」的な司法手続による個人権の救済とコンセンサス形成との間の次のような密接な結合関係を強調しておきたい。

個人権の「切り札」機能ないし拒否権付与機能は、個人に加えうる正当な強制に一定の限界を設定する。個人権と合意はこの意味で論理的に結合している[81]。司法的救済はこの論理的結合を実質的に保障する。紛争当事者の社会経済的実力に格差がある場合、和解などのコンセンサス型紛争処理は、弱者に不当に不利な解決の受諾が事実上強制されるのを合意の名の下に隠蔽合理化してしまう。個人権の司法的救済のひとつの存在理由は、交渉力の弱い当事者が圧倒的な力をもつ相手に対しても対等に自己の権利主張を行い、中立公正な審判者の裁定を受ける機会を保障することにより、紛争処理における事実上の強制から個人を保護することである。もちろん、訴訟の遅延や費用の高さ、法的知識の非対称性といった現実の障壁のため、司法的救済が期待されたこの機能を十分果たさないという問題はある。しかし、このことは裁判への人々のアクセスを実効化するための制度改革を要請する理由にはなっても、司法的救済のこの役割を否定する理由にはならない。

欧米でもコストやリスクなど訴訟の機能不全に鑑み、和解、調停、仲裁、相談など、当事者の合意による自主的紛争解決をめざすさまざまな「代替的紛争解決制度（ADR）」が提唱・実践されているが[82]、これは訴訟と相互排除的にではなく相補的に捉えるべきものである。個人権の実効的な司法的実現は、コンセンサス型紛争解決を排除せず、むしろ後者が当事者の真の合意に根差した協調的性格をもつための前提条件をなすからである。穏当なものとして合意できる紛争解決案が得られない場合には司法的救済を求めるという選択肢が実効的に保障されていてこそ、交渉力の劣る当事者も「泣き寝入り」に甘んじることなく、交渉力の優越する相手方から融和互譲の交渉姿勢を引き出すことができる。「和をもって尊しとす」を現実の搾取と強制を隠蔽する欺瞞的符牒に堕さしめ、偽善と懐疑でこの理想を腐死させたくないなら、融和互譲の共同体的美徳の実現を本当に望むなら、われわれは個人権とその司法的救済の実効化をも求めざるをえないのである。

まとめよう。個人主義的諸傾向はアジアにも存在する。しかし、アジアにおいてリベラル・デモクラシーを必要とし受容しうるのは個人主義に傾斜する人々だけではない。共同体主義に傾斜する人々も、彼らがその理想を真摯に追求し理想が課す責務を忠実に履行しようとするなら、民主主義とリベラルな個人権を受容し発展させる理由をもつ。リベラル・デモクラシーは個人主義と共同体主義のいずれかに排他的に依拠しているのではなく、この二つの競合する原理をともに包容し、その緊張を相補的・相互依存的関係に転化するよう両者を接合することをめざすものだからである。純粋な個人主義者や純粋な共同体主義者は恐らく欧米にもアジアにも現実には存在しないだろう。個と共同体の葛藤は社会の内部だけでなく、ひとりひとりの個人の内部にも伏在している。そうだとすれば、リベラル・デモクラシーのこの企てはいっそう普遍的な意義をもつことになる。

おわりに

本章ではアジア的価値論の倒錯性を明らかにし、その主要な二項対立図式を批判して、アジア諸社会がリベラル・デモクラシーを発展させる内発的な理由をもつことを示す試論を提示した。最後に、リベラル・デモクラシーという「未完の企て」の発展にアジアの声がいかに貢献しうるかを示唆することにより、議論を締め括りたい。

第一に、アジアもオリエンタリズム的二元論の呪縛に囚われていることを見たが、アジアの人々の方がこの呪縛を破る上で相対的に有利な立場にあると言うことはできよう。差別的ステロタイプの克服は被差別者よりも差別者にとっての方が一般に困難だからである。いずれにせよ、この呪縛を破ることにより、アジアの人々はアジアがリベラル・デモクラシーを侮蔑できないのと同じ程度に、欧米がその理念の実現発展に関する自己の前歴を自己満足的に誇ることはできないことを明らかにしうる。これは両者の間に、この未完の企てをめぐる誠実な批判的対話と相互の苦悩の共感的理解の道を開くだろう。

第二に、アジアの条件はリベラル・デモクラシーに二つの根本的な未完の課題への挑戦を要請する。一つは普遍的な人権理念へのコミットメントを放棄することなく、宗教的・文化的多元性を孕む社会のための公正な共通正統性基盤を確立し、その内容を明確化することである。いまひとつは個人主義と共同体主義の緊張を原理的に総合しうるよう、個人権と民主主義の理念を豊かにし深化させることである。本章ではこれらの問題を解明するためのいくつかの鍵を提示してみたが、この試論が問題の終局的解決に程遠いことは言うまでもない。しかし、アジアに生きるわれわれが置かれている条件が、これらの困難な課題への取り組みをわれわれに要求していること、そしてリベラル・デモクラシーの未完の企てにアジアの声が最も実りある貢献をなすのを期待できるのは、まさにこのような問題領域においてであること、少なくとも本章がこの点を示しえたとすれば幸いである。

第3章　グローバル化の両価性

1　国際化からグローバル化への位相転換

言葉は生き物だ。つまり、死ぬ言葉があり、生まれる言葉がある。萎びる言葉があり、繁茂する言葉がある。「国際化」という言葉は、かつて様々なメディアを賑わし、政府の種々の白書から学校の生徒の作文にまで浸透していた。しかし、この言葉はいまや「グローバル化」という新種の言葉に生息地を奪われつつある。言葉の変化は必ずしもそれが語るものの実態の変化を伴うわけではない。むしろ、思想の陳腐な内実や、牢固たる現実の惰力への屈服を隠蔽するために、言葉だけが次々と新奇なものに変えられ、消費されるのが常である。しかし、「国際化」から「グローバル化」への語法変化は、この手の新語漁りとして一蹴できないようだ。何らかの実態変化が基底にあるように思える。では何が変わったのか。

第一に、主体が変わった。より正確に言えば、主体が多様化し複雑化している。「国際化」は、ベンサムの造語癖の最も成功した産物と言える「国際(international)」に由来しており、緊密化される関係の項として、関係形成の主体として想定されているのは、文字通り「国民国家(nation state)」である。しかし、人々が「グローバル化」を語るとき、国民国家秩序に代わる別の世界秩序の成長の実感や予感が表出されている。そこで新たな秩序形成ないし秩序攪乱の主体として注目されているのは次の二種のものである。一方に、「超国家体」と呼ぶべきものがある。すなわち国連、世銀、ＩＭＦ、ＷＴＯ、ＥＵなどに代表されるような世界規模の政治経済機構や"transnational"な地域的統合体である。他方には、「脱国家体」とでも呼ぶべきものがある。たとえば国民国家からはみ出て自立し、国民国家を横断して連携する"cross-national"なＮＧＯ・ＮＰＯなどの市民組織、国境を越えて自由に資本移動する「多国籍企業(multinational corporations)」、国家に対抗する暴力装置をもって犯罪や破壊活動の網の目を世界中に張り巡らす麻薬シンジケートやテロ組織などである。

超国家体は国民国家を超えて、しかし世界政府には届かぬ水準にまで国家的統治原理を希釈化しつつ拡大適用しようとするのに対し、脱国家体は国家的統治原理とは異質な自発的協力原理による公共的価値実現をめざすか、あるいは国家の統治能力を掘り崩すような形で市場原理の貫徹や暴力装置の拡散を図る。超国家体は国民国家の統治権能を簒奪するのに対し、脱国家体は国民国家の統治から逸脱する。国民国家は超国家体と脱国家体に挟撃されてその主権性を侵食されつつある。さらに言えば、多文化主義の思想と実践の発展は国民なるアイデンティティの自明性を奪い、集合的主体としての国民国家の一体性を内部から揺るがせている。ヒトの移動のグローバル化もまた国民国家の文化的アイデンティティの動揺攪乱を促進している。

第二に、主体だけでなく関係も変わった。もっと丁寧に言えば、関係形成の作法と力学が変わりつつある。国際化によって緊密化される国家間関係は主権対等原則に基礎を置いている。建前と現実のずれがあるとはいえ、この原則は弱小国にも大国の圧力に対する拒否権としての主権を保障し、軍事的・経済的実力における現実の格差を規範の平面で一定程度是正する機能をもってきた。国際化というゲームは参加を一方的に強制できず、ゲームのルールも参加主体の間の相互的な交渉と合意により形成さるべきものであった。しかし、国際化ゲームの根本規範をなす主体間の対等性と相互的敬意は、国家の主権性が侵食され、主たるプレイヤーが国家から超国家体と脱国家体へ多様に拡散しつつあるグローバル化においては、建前としても維持しがたくなりつつある。

「9月11日」のテロの後のアフガニスタン攻撃が示したように、米国のような超大国は自らの国家的テロ行為については国際司法裁判所の中止要請をも傲然と無視した前歴をもちながら、自らが受けたテロについてはテロ一般の撲滅を口実に「超国家的」な連合軍事力を自在に組織し、犯罪の立証のための司法手続もふまず、テロリストが難民にまぎれて逃亡することを封じるという口実で一般市民の逃げ道をふさいだ上で、多くの市民の生命財産を巻き添えにする空爆によって、敵視する国家の政体を壊滅させた。[1]他方、八億もの人々が飢え、ある一年（一九九八年）だけで約一八〇〇万人が餓死や貧困による病死に追いやられている現代世界の惨状を改善するための先進諸国の積極的援助義務を含意するような「グローバルな正義」については、国連食糧農業機関（FAO）によって組織されたローマ世界食糧サミットの提言、すなわち栄養不良者を二〇一五年までに半減させるために先進諸国が政府開発援助（ODA）を毎年六〇億ドル（OECD加盟諸国の一九九八年のGNP総和のわずか〇・〇二八パーセント）増加する義務を負うという、ごくつつましい要請でさえ米国によって拒絶された。反米政権にだけ向けられるという二重基準性をむき出しにし、無辜なる民を巻き添えにするような暴力的応報としての「グローバルな正義」が、いとも迅速に実現されることとの対比は実に鮮やかである。[2]超国家体による国家主権の簒奪は、超大国による覇権の強化を機能的には意味している。

他方、脱国家体による国家主権の侵食も覇権性と無縁ではない。市場経済のグローバル化は先進諸国と途上国との経済格差を拡大しただけではない。世銀等の超国家的金融経済組織の介入に加え、瞬時大量の資本逃避を遂行しうる「脱国家的」な金融資本や多国籍企業体の圧力によって、財政・マクロ経済管理、社会保障・労働政策、環境政策などに関する国家の自己決定能力は制約され、この面でのグローバルな圧力に対する脆弱性と、かかる圧力形成への影響力においても、途上国と先進諸国の格差が著しく拡大している。またNGO・NPOなどの市民組織についても後述のように同様な問題がある。グローバル化における主体の多様化・複雑化は、相互依存と相互的牽制により権力の分散と均衡をもたらすよりも、むしろ、「虚構」ではあっても軍事的・経済的な実力格差を規範的に是正する権力再分配原理として「必要な虚構」であった主権神話を掘り崩すことにより、実力主義が規範の形成と適用を支配する覇権化を促進しつつある。

このことと密接に関わるが、主体と関係に次いで、国際化からグローバル化への移行により変わりつつあると見られている第三のものは価値である。諸国家の間の交渉と合意を通じて形成される価値や規範を「国際的価値」、個別国家の合意に依存することなく国境を越えて妥当し、各国の政府と人民を直接拘束する価値や規範を「グローバルな価値」と呼ぶなら、グローバル化は国際的価値を制約し、覆しさえしうるグローバルな価値の言説が知的・政治的影響力を強めていく過程でもある。この過程は明暗両面を交錯させている。

より暗い部分では、主権対等原則を蹂躙して他国を従属化する超大国や、それに操作された超国家体の覇権を合理化するイデオロギー装置として、「グローバルな価値」の言説が産出されている。覇権国の存在理由を、世界政府不在の状況下で世界政府に代わり、「国際公共財供給の責任」を負担することに求める議論などはその典型である。[3]これは「貴族の特権的身分は義務付ける(noblesse oblige)」という原理の国際政治版であるが、現実には覇権国の特権は特別の責任負担と相応していない。この原理の趣旨とは逆に、特権は自己をではなく他者を「義務付ける」ために濫用されている。覇権国は国際公共財の供給のコストを他の諸国に転嫁して、その便益について「獅子の分け前」を享受できる。治安(安全保障)のような公共財について「世界の警察官」は、自らの犯罪は握りつぶしつつ、制裁実行コストは他者に負担共有を強いた上で制裁発動指令権を独占するのである。国際公共財供給責任負担論がそれにもかかわらずまことしやかに語られるのは不思議ではない。覇権が覇権たりうるのは単なる裸の実力によってではなく、それを合理化する価値の言説を通用させうるような情報空間の支配力、カーター政権・クリントン政権下で外交・情報・防衛関係の要職に就いた国際政治学者ナイが米国の「指導する運命」の源泉としたソフト・パワー[4]によってだからである。

価値のグローバル化のより明るく見える部分では、環境や人権という言葉が光源として輝きを強めている。温暖化、オゾン層破壊、酸性雨など地球環境問題の深刻化は国境の壁に妨げられた個別分散的対応の無力性に対する危機意識を強め、国家主権を制約するグローバルな価値として環境保護を求める声を広め、高めている。また、二次にわたる世界大戦、ホロコースト、ロシア革命がもたらしたウクライナ飢饉やスターリニズム下の大粛清、毛沢東支配下の中国における三〇〇〇万の餓死者を出した大躍進や文化大革命の狂乱、ベトナム戦争、アフガン戦争、ポル・ポトの恐怖政治、冷戦後の各地の民族紛争におけるエスニック・クレンジングの試みなど、二〇世紀はその大量虐殺・大量生命破壊の凄惨さにおいて歴史に特筆さるべき世紀であった。まさにそれゆえにこの世紀は、国家の暴力装置が放縦かつ貪婪に人民を食い尽くすのを防止するために、人々の生存権や市民的・政治的権利などの基本的人権を、国家主権をも制約しうる普遍的な価値原理として保障しようとする思想運動や政治的実践も促進してきた。

価値のグローバル化の暗い部分と明るい部分を一応区別したが、両者は截然と分かれているわけではなく、交錯している。覇権がソフト・パワーと結合するという事態は、「グローバルな価値」の戦略的操作可能性を示すと同時に、単なる物理的強制に還元できない「国際世論」による規範的正統性承認の調達に依存することで、覇権国が自己を合理化する価値の建前によって一定の規範的制約を受ける「明るい可能性」も示唆している。もちろん、この可能性はいまのところ現実から程遠く、その実現は、「国際世論」なるものの部分性・偏頗性・被操作性を絶えず批判的に吟味する実践の今後における発展に依存しているが。

また他方、地球環境保護や人権という「光源」的価値も覇権の影に覆われることはありうる。先進諸国の経済的優位と快適な生活水準の現状を固守するために、途上国の経済発展や生活改善を掣肘することの合理化として環境という価値を利用する誘惑から、先進諸国の政府だけでなく環境NGOなど市民的組織も決して自由ではない。人権についても、欧米諸国の人権外交や欧米の人権NGOの優先的活動課題や人権レコード評価基準が、植民地主義・人種差別・宗教的偏見(特に反イスラーム的偏見)などの遺産を根強く息づかせている欧米自身の人権侵害の実践に目を閉ざして、非欧米世界の人権侵害の糾弾に非対称的に大きな比重を置く傾向をもつことはしばしば指摘されている[5]。

国際化からグローバル化への「変化の変化」は、たしかに無視しがたい現実的趨勢である。しかし、それが人類社会にとって福音か否かについてはここに見たように両価性がある。以下、この両価的現実への対処の方途を考えてみよう。

2 価値のグローバル化と権力のグローバル化

地球環境保護や基本的人権が国境を越えて妥当し、個々の国家権力の恣意を制約するグローバルな価値であることは広く承認されつつあり、かつ承認さるべきである。酸性雨に国境を尊重せよというのは馬鹿げているし、「人間の権利」が国籍に左右されるというのは自己矛盾だからである。また国際公共財の供給責任を覇権国が特別に負担するという議論は疑わしいが、国際公共財がなんらかの形のグローバルな協力によって供給されなければならないこと、その供給を妨害したり、その便益を「ただ乗り」的に享受したりする個別国家の恣意横暴が制約されなければならないことも当然である。この意味で国際公共財は「国際的」価値というよりむしろグローバルな価値であり、「世界公共財」と呼ぶ方が適切である。安全保障や国際通商の制度インフラだけでなく、環境保護や人権保障も、コストを負担しないものにも正の外部性が及ぶという非排除性を国境を越えてもつから、[6]世界公共財の構成要素である。もちろん、かかる諸価値の具体的内容、射程、優先順位などについては激しい論争があるが、かかる価値をめぐってグローバルな妥当要求をもった様々な主張が自由に表出され、それらの間で国境を越えた対話が持続されることは望ましい。この意味での価値のグローバル化は不可避であり、不可欠である。

しかし、このような価値のグローバル化を「対話」から「実行」の段階に移すには、グローバルな集合的意思決定システムに加え、諸国家、諸企業、戦闘集団、国際的テロ・犯罪組織等を実効的に規制しうるようなグローバルな統制力の組織化が必要である。世界政府が存在しない現状においては、かかる統制力を我々は覇権国、あるいは覇権国とその盟友たる先進諸国からなる覇権集団に依存せざるをえないのだろうか。その結果として、価値のグローバル化は覇権の合理化に陥らざるをえないのだろうか。米国という覇権国は自国に対するテロへの報復のためには自由と正義の名の下に「協力しないものは敵」という圧力を加えてグローバルな支援を動員しながら、自己の経済権益を地球環境保護に優先させて京都議定書から離脱し、自己の国家テロを裁かれる可能性を恐れて国際刑事裁判所の設立にも反対するなど、グローバリズムと単独主義を見事なまでに御都合主義的に使い分けている。我々はこれを「強者の横暴はアナキーの混乱に勝る」というホッブズ的論理によって受忍せざるをえないのだろうか。あるいは、「これまでの歴史に現れた覇権国の中では米国は比較的ましな方である」という、同様に異論の余地のあるもう一つの「より小さな害悪(lesser evil)」論に慰めを見出すべきなのか。

世界政府の不在が覇権への依存をもたらすとするなら、価値のグローバル化と覇権との癒着を断ち切る第一の方途として人が思いつくのは、覇権国の横暴をも制御できるより強力な権力としての世界政府の樹立である。これは権力のグローバル化を覇権という中途半端な形態から世界政府という極限にまで貫徹することによって、価値のグローバル化は歪みなく実現されるとする立場である。しかし、これはいわば「毒をもって毒を制する」試みであり、しかも、制される毒より制する毒のほうがもっと有毒である。カントと共に、しかし彼とは別の趣旨で[7]、世界政府は専制の極限形態であると言わなければならない。

第一に、世界政府においては、人間の自由の最後の保障というべき退出可能性がない。国家の発生根拠を諸個人の自由な合意に求める点で社会契約説は虚構にすぎないが、専制化する国家に対する服従の拒否権を個人に担保しようとするその企図は、諸国家が分立し人々が自国での抑圧を逃れて他国に亡命・移住する可能性が残されているかぎり、現実化されうる。しかし、世界政府が専制化したとき、他の天体への移住というＳＦ的可能性を想定しないかぎり、我々には逃げ道が残されていない。退出による抵抗は世界政府に対しては不可能である。世界政府は専制化の危険がないという幼児的願望思考に耽溺する者のみがこの致命的欠陥に目を閉ざしていられる。世界政府の民主化は退出という最後の安全弁を代替できない。民主制が多数の専制に転化し立憲的人権保障をも蹂躙したとき、個人や少数者に自由の最後の保障を与えるのが退出という抵抗だからである。

第二に、世界政府においては、その権力の民主的統制可能性も、すなわち退出しえない人々が告発によってその統治を下から変革する可能性も、既存の分立する諸国家の場合以上に弱められる。現在の通常規模の領域国家でさえ、人々の民主的自己統治を実効化するには大きすぎるとされ、間接民主制の機能不全が批判されてきたが、政治体の規模と民主的統制可能性・民主的参加可能性との反比例の法則は世界政府において極限的に例証されるだろう。世界政府を連邦制にし、下位単位の自治を基本にし、その能力を超えた問題だけ、より上位の政治単位に権限を委譲する「補完性（subsidiarity）」原理を採用しても、この問題は解決されない。価値のグローバル化は国家の自治能力をさえ超えたグローバルな政治課題への対処の要請の高まりに基づいており、かかる課題に対処するために世界政府が提唱されるわけだから、連邦制・補完性を採っても世界連邦政府に委譲される権限は広範かつ強力なものにならざるをえない。

ＥＵぐらいの規模の政治的・文化的親和性が比較的に高い地域統合体においてさえ、政治的統合の強化による民主的自己統治の侵食が憂慮されている。たとえば、デンマーク市民が他の同胞市民にデンマーク語で訴えかけてデンマーク政府の酪農政策を批判的に統制するために運動を組織することに比べて、彼らがＥＵに権限委譲された酪農政策を統制するためにフランス、イタリア、ドイツその他加盟諸国の広範な市民に何らかのＥＵ汎用語(英語? フランス語?)で訴えかけて実効的な運動を組織することの困難性はきわめて高い。すなわち、政治統合の広域化は、広域の市民運動を組織しうるだけの政治的・経済的資源をもち、「固有語(the vernacular)」でない汎用語を政治的討論においても駆使できるエリート層に政治過程の梃子を集中させ、一般市民が自ら実効的に統制できない権力によってその生活を左右される傾向を強めることになる[8]。この問題はＥＵとは比較にならないほど巨大な広域性と複雑な文化的・言語的多様性を包含した世界政府においては、もっと深刻な形で現れる。

第三に、世界連邦政府は単独の覇権国を統制できたとしても、多くの弱小諸国に対する一群の強国・大国の集団的覇権を現在よりもさらに強化してしまう。世界連邦政府に参加する世界中の諸国の領土・人口・産業力など自然的・人的・経済的な資源の格差はEU加盟諸国の間のそれよりはるかに大きい。約一三億の人が住む中国と二八万人で国づくりしているアイスランドが示すような世界の圧倒的な人口格差を考えれば、世界連邦議会の議席配分に関しても、平等は保持できない。人口比に応じた配分になるか、せいぜい上院は各国同議席数、下院は人口比による分配というアメリカ合衆国の連邦制のようなものになるだろう。国別議席割当をやめても一人一票原則を保持する限り、各国の集票力の巨大な格差は残る。さらに形式的参政権の格差とは別に、圧倒的な経済力格差は世界連邦の政治過程に実効的に参与する政治的資源の格差を含意し、実質的な政治的影響力の分配の不平等はさらに深刻化する。かつての大国や強国は世界連邦政府においても以前と同様の強い政治的影響力を保持できるだけでなく、弱小国が主権という最後の防壁を完全に剝奪されることの帰結として、強大国クラブの相対的影響力はかえって高まる。

世界連邦政府では人々の利害やアイデンティティは国益や国民意識から解放されるから心配ないという反論があるかもしれないが、これはあまりに無邪気な楽観である。少なくとも補完性原理をとるかぎり、国民共同体は重要な自治単位として残り、一握りのコスモポリタンを除いて多くの人々の集合的利害とアイデンティティの重要な規定要因の一つであり続けるだろう。多民族国家において、一定程度以上の政治的・経済的実力をもつ民族集団は妥協により共存共栄するが、もっと周縁的な民族的・文化的少数者は抑圧と差別に耐えるという実態がしばしば見られるが、世界連邦政府においてはこの構図が拡大再生産されるだろう。ついでに言えば、周縁的な少数者はグローバル化にともなう同化圧力に対して多数者や強い少数者以上に脆弱であり、彼らも多文化的市民権を政治力の強弱に関わりなく確保する公正化された多民族国家の主権の防壁を必要としている。(9)

世界政府がこのような欠陥をもつとするなら、次に考えられるのは、EUが加盟国の主権を吸収解体して政治統合をさらに強化し、他の地域の諸国もこれに対抗して同様なtransnationalな地域統合体を形成し、世界が主権国家に代わってかかる地域統合体によって分割され、相互の間で力の抑制均衡が図られるシステムである。たしかに、このシステムでは単一の超大国や地域統合体が世界の他の部分に対して覇権を行使するのは困難であろう。しかし、このシステムでもEUに関してすでに言及したように、それぞれの地域統合体における「民主主義の欠損」の問題がある。また、主権の防壁を喪失した少数民族の政治的脆弱性という世界政府について触れた問題は、地域統合体にも孕まれている。

さらに、これらの地域統合体は内部的には相互依存性を高める反面、地域全体の自足性が相対的に高くなるため、地域統合体間の相互依存性はむしろ希薄化し、互酬関係からの排除という制裁が地域統合体に対しては実効性を失う。これはブロック経済化とそれにともなう地域統合体間紛争の熾烈化・制御の困難化をもたらすと同時に、地域統合体形成がユダヤ＝キリスト教文明圏、イスラーム文明圏、儒教文明圏などという拡大された「想像の共同体」の形成によって促進される場合には、ハンチントン流の「文明の衝突」を現実化させる危険さえある。[10] この場合、地域間紛争の抑止力になるのは相互殲滅の恐れしかない。世界は覇権が存在しない代わりに、絶えず覇権を求めて争う巨人たちの格闘の場となり、これは移ろい易い勢力関係に左右される暫定的休戦協定に時折中断されつつ、世界政府を樹立する最終的な覇者が現れるまで続くだろう。ＥＵの統合強化はその内部における利害対立や民主主義の欠損という観点からだけでなく、それが他地域での対抗的統合体形成を刺激することの帰結として生み出される世界システムの問題性の観点からも、批判的に再吟味される必要がある。[11]

3　権力のグローバル化に代わるもの

世界政府と地域統合体による世界分割の問題点を検討したが、これらはいずれもグローバルな規模での集権化による世界秩序形成である。これとは逆に権力の拡散を促進することにより、グローバルな価値に依拠した覇権なき世界秩序を形成しうるだろうか。

さまざまな脱国家体が国境横断的に組織し行使しうるインフォーマルな圧力がここで問題となる。国際テロ組織は反覇権的価値を大義に掲げていようと、その一部が覇権国自身によって生み育てられただけでなく[12]、その暴力の抑止が覇権の合理化を与えているから、問題外としてよい。多国籍企業・国際金融資本など市場的脱国家体は、弱小国の予算規模を凌駕する資金力をもち、資本逃避によってこれらの諸国の政策や政治体制をも左右し、かかる諸国の市民に対して政治的答責性を欠いた覇権的外圧を行使しているだけでなく、その経済力は覇権国やその盟友たる先進諸国の軍事技術開発とも結合した産業政策や国際通商政策・金融政策による政治的支援に依存しているから、覇権なき秩序の担い手をそれらに期待するのは無理である。市場経済のグローバル化は、途上国の経済的自立と生活改善を促進するとともに、経済的相互依存の網の目を世界中に広めることで、いかなる国家や企業も無責任で横暴な振舞いをなしえなくする可能性をも潜在的には秘めているが、かかる可能性は市場の力だけで自動的に実現するものではない。

覇権に代わる価値のグローバル化の担い手として多くの人々が期待するのは、環境NGOや人権NGOなど、市民的脱国家体だろう。たしかに、かかる市民的脱国家体は近年大きく成長し、国際政治におけるその役割は重要性を高めている。国連が認知したNGOだけでもすでに約一六〇〇団体、参加者数二〇〇〇万を超えており、これらの団体は経済社会理事会のNGO委員会の審査をパスすれば数段階の国連協議資格を獲得でき、種々の国連関係会議で出席・発言権、議題提出権、意見書提出権などを行使できる。実際、一九九九年に発効した対人地雷全面禁止条約の実現推進など、注目すべき成果もあげている。グリーンピース、国境なき医師団、ＯＸＦＡＭ、アムネスティ・インターナショナル、ヒューマン・ライツ・ウォッチなど有力なＮＧＯは、環境保護や人権救済における具体的な活動成果とは別に、かかる価値を重視する世界的な世論形成を促進し、「グローバルな思考にも多大な影響を与えた」と言われている。[13]

このような市民的脱国家体の成長は望ましく、さらに促進されるべきだが、その限界や危険性を自覚することも必要である。人権ＮＧＯの人権観の欧米中心主義的偏向に対する批判にはすでに触れた。この種の批判には、社会経済的権利や発展への権利を口実にして市民的・政治的権利の蹂躙を合理化する「アジア的価値論」の主張など、斥けらるべきものもあるが、「人権先進国」という欧米諸国の欺瞞的自己聖化――これはオリエンタリズムと密接に結合し、皮肉にもアジア的価値論自体がそれに加担している――に囚われる危険から、人権ＮＧＯも決して免疫化されているとはいえない。[14]この「知の覇権」の問題は、女子割礼を野蛮な風習として断罪する欧米のフェミニストに対する非欧米世界のフェミニストの、ポストコロニアル的視点からの批判によっても提起されている。[15]環境保護についても富める諸国民の生活の質の既得権化という既述の問題に加え、その自然観・生命観の「環境十字軍」的押し付けという問題がある。

このような「知の偏向」の基礎には「力の偏向」がある。「グローバルな市民社会」を語ることが流行になっているが、資金と人材の供給、またメディアへのアクセスなど情報資源の点で、国際的NGO・NPOについても先進諸国に拠点を置く市民社会組織がやはり優越的な影響力をもっている。かかる組織が環境・人権などグローバルな価値についての自己の関心と解釈に基づいた要求を国際政治において実現できるだけの実力を蓄えたとき、途上国の人々の生活はそれによって大きな影響を受けるが、その活動に対して実効的な批判的統制力を行使できるのは、途上国住民ではなく、活動資源の主たる供給源である先進国住民であるというずれが生じる。政治的答責性を欠いた覇権的外圧の行使という既述の市場的脱国家体の問題性は、国境を越えて活動する市民的脱国家体にも孕まれているのである[16]。市民的な脱国家体が国家主権を掘り崩すほど影響力を強める「グローバルな市民社会」は、現代世界における富・資源の分配の圧倒的な格差という現状のラディカルな変革を伴わないかぎり、世界中の市民が対等に連帯して世界政治に参与する社会というより、言説資源に富む豊かな市民集団が自らの大義と価値観に基づいて、言説資源に乏しい他の民衆の生活を国境の壁を越えて統制しうる社会になるだろう。

かかる格差の現状のラディカルな変革を世界政府によって実現しようとするのは、問題の解決どころか問題の拡大再生産につながることをすでに見た。権力のグローバル化と脱国家体による権力拡散との以上のような問題点をふまえるなら、諸国家の現実の経済的・軍事的な実力格差を、弱小諸国の拒否権を保障する主権対等原則により規範的に是正する機能をもつ主権国家並存秩序の重要性が再評価されるだろう。主権を法の支配や人権と対置するのは最も有害な誤解である。政治道徳の基礎理念としての主権は、国際社会に人権原理を含む法の支配を覇権的恣意に対して貫徹する規範的な企ての一部なのである[17]。この企てを実現するには、国際的な「村八分」、すなわち互酬性のネットワークからの排除という共同体的制裁を実効化する「脆弱性の共有」によって結合した諸国家が相互の行動を監視し統制するような「諸国家のムラ」を、環境・人権・安全保障など世界公共財を協働して供給し、統制力の主体と客体のずれを狭めて権力の民主的答責性や民主的自己統治の基盤を確保するシステムとして形成する必要がある[18]。諸国家のムラではいかなる国家も「村八分」の外圧に抗しうる自足性をもたず、またあらゆる国家がこの「外圧」を行使するプロセスに等しく参与できる。現在の国際社会の実態はこれから乖離しているが、だからこそこれを公正な国際社会に向けた改革実践の規制理念に据えなければならない。市民的脱国家体やさまざまな国際レイジームは、このシステムを基礎にし、それを補完するものとして位置づけられるとき、はじめて脱覇権的な仕方でグローバルな価値実現に貢献しうる。

諸国家のムラにおいて国家は個人のアイデンティティの排他的源泉ではない。それは

「絶対的権力は絶対的に腐敗する」というアクトン卿の法則を超国家体や脱国家体にも冷静に適用したとき見えてくるもの、すなわちグローバルな権力制御問題の最適解が示す権力分配の基礎単位である。グローバル化は最も身近な集団への帰属意識から世界市民的連帯に至るまで個人のアイデンティティの重層化を要請する。国家は多くの個人のアイデンティティの重要な一部であり続けるとしても、離脱不能な地平などではない。しかし、このことはグローバルな集権化と権力拡散の双方がもつ危険性を抑止するための権力配置の基礎単位としての国家の重要性を再認識する必要を忘却させるものであってはならない。

国境は個人の精神と活動の限界ではなく、世界に渦巻く恣意と暴力の奔流を制御する堰(せき)である。個人は越境できる。しかし、それは境界があるからである。内部と外部の境界を廃絶した世界には、移動の自由はあっても越境の自由はない。そこではすべてが内部化されると同時に外部化され、個人は離脱も制御も不可能な疎遠な力の磁場に封じ込められるだろう。境界は開かれるためにこそ、存在しなければならないのである。

第Ⅲ部　多元性を開く普遍

第4章　国民国家の生成と変容

――テクストからの展望

はじめに

国民国家秩序とは多元性を開く普遍的秩序形成への一つの歴史的企てである。諸国家の関係を律する主権対等原則は、政治的に自立した対等な諸民族の多元的共存を理念として個別国家の恣意と横暴を制御する一つの普遍主義的原理である。多元性を包容する普遍として「帝国」の理念を再評価する動向もあるが、「帝国」は自己の外部に存在する他者の規範的対等性を承認できず、外部的多元性を内部化しようとする衝動に駆られている。国民国家が、自己を超えた普遍的な原理の下に他者との多元的共存を受容し、いわば多元性を自己の外部に開くのに対し、「帝国」は自己を普遍と措定して普遍を簒奪し、世界の多元性を自己の内部に封鎖しようとする。かかる「帝国」の支配から国民国家並存秩序への移行は近現代世界の基本動向の一つであった。

しかし、多元性を開く普遍へのコミットメントは国民国家の対外関係だけでなく、対内関係にも規範論理的には及ぶものであった——例えば対外的な民族自決権の主張は対内的な少数民族の自治権の承認を論理的に要請する——にも拘わらず、現実には、国民国家は多元性を包容する「帝国」の「対内的寛容」とは対照的に、特定の民族文化の一元的支配を普遍の名の下に対内的に貫徹し、事実として存在する内部的多元性を隠蔽抑圧する傾向と結合した。国民国家のこの内部的同化圧力は厳しく批判され、外部的多元化と内部的多元化を両立させるような国民国家秩序の再編の方向が模索されている。本章ではこのような国民国家秩序の生成と変容に、問題の核心にふれると私が考える四つのテクストの批判的読解を通じて、照明を当ててみたい。

1　二つの啓蒙、二つの国家観
——アダム・スミス『道徳感情論』

われわれの祖国愛は人類愛からひきだされるとは思われない。前者の感情は後者からまったく独立であり、ときに、われわれに後者に反するように行為する気持ちさえもたせるように思われる〔中略〕。

われわれは自分たちの国をたんに人類の大社会の一部として愛するのではない。

われわれはそれを、それ自身のために、一切のかかる考慮から独立に、愛するのである。人間の情愛の仕組みを自然の他のあらゆる部分の仕組みとともに考案したかの叡知は、人類大社会の利益がもっともよく促進されるのは、各個人の主要な注意を、かかる利益の中でもかれの諸能力と理解の範囲内に最もよく収まるような特定部分にむけることによってであろうと判断したように思われる〔中略〕。

それぞれの独立国家は、多くのさまざまな階層や社会集団に分割されていて、そのおのおのは、それ特有の諸権力、諸特権、諸免除をもつ。各個人はとうぜん、かれ自身の特定の階層または社会集団にたいして、他のどんな階層や社会集団にたいしてよりも多くの愛着をもつ〔中略〕。

ある国家が、それを構成するさまざまな階層と社会集団にわけられている様式に、そして、それらのそれぞれの諸権力、諸特権、諸免除についてなされてきた特定の配分に、その特定の国家のいわゆる国制が依存する。

それぞれの特定の階層または社会集団が、それ自身の諸権力、諸特権、諸免除を、他のあらゆる階層または社会集団の侵蝕にたいして維持する能力に、その特定の国制の安定性が依存する〔中略〕。

それらのさまざまな階層と社会集団のすべては、それらが安全保障と保護を負うている国家に依存している。それらがすべて、その国家に依存し、その繁栄と維持に役立つためにのみ設立されるということは、各階層・各社会集団の最も党派的な成員によってさえ認められた真理である。しかしながら、国家の繁栄と維持が、かれ自身の特定の階層または社会集団の諸権力、諸特権、諸免除の、なんらかの縮減を必要とするということを、かれに納得させるのは、しばしば困難でありうる。この党派性は、ときには不正であるかもしれないが、だからといって無用というわけではないだろう。それは革新の精神を阻止する。それは、その国家が分割されているさまざまな階層と社会集団のあいだの既成の均衡を、なんであれ維持する傾向がある。そして、それはときに、その時点で流行し人気があるかもしれない統治の諸変更を妨げるようにみえるが、他方で、じっさいには、それは全体系の安定と永続に貢献しているのである〔中略〕。

その公共精神がひとえに人情と慈愛によって促進されている人は、既成の諸権力と諸特権を、個々人のものであっても尊重するであろうし、国家が分割されている大きな諸階層と諸社会集団のものであれば、なおさらであろう。かれがそのどれかを、ある程度乱用されているものとみなすとしても、かれは大きな暴力なしには絶滅しえないことがしばしばであるものについては、これを過度に走らせないことで満足するであろう〔中略〕。

反対に、体系家は自分では非常に賢明なつもりになりがちであり、自分の理想的な統治計画の想定された美しさに魅惑されるため、そのどの部分からのわずかな偏差も我慢できないことがしばしばである〔中略〕。

かれは、自分が、ひとつの大きな社会のさまざまな成員を、手がチェス盤のうえのさまざまな駒を配置するのとおなじく容易に、配置できると想像しているように思われる。チェス盤のうえの駒は、手がそれらにおしつけるもののほかにはなんの運動原理ももたないが、人間社会という大きな「チェス盤」においては、あらゆる個々の駒が、立法府がおしつけようとするものとまったく違ったそれ固有の運動原理をもつということを、かれは考慮しない〔中略〕。だから、彼らの改革の大目的は、それらの障害を除去すること、貴族層の権限を縮小させること、諸都市、諸属州の諸特権を奪い去ること、国家のなかの最大の諸個人と最大の諸階層をともに、もっとも弱くもっとももとるにたらない諸個人、諸階層とおなじくらい無力にし、かれらの諸命令に反対しえなくすることである〔中略〕。

賢明で有徳な人は、どんなときにでも、かれ自身の特定の階層や社会集団の利益のために、かれ自身の私的利益を犠牲にすべきだという気持ちをもっている。かれはまた、どんなときにでも、この階層や社会集団の利益を、それが従属的な一部をなすにすぎない国家ないし主権の、もっと大きい利益のために犠牲にすべきだという気持ちをもっている。したがって、それらの下級の諸利益はすべて宇宙のもっと大きい利益のために、すなわち、神自身が直接の管理者であり指導者である、思慮と知性のあるすべての存在からなる大社会の利益のために犠牲にされるべきだということについても、かれはひとしくそうする気持ちをもつべきだろう〔中略〕。
しかしながら、宇宙という偉大な体系の管理運営、すなわちすべての理性的で分別ある存在の普遍的な幸福についての配慮は、神の業務であって人間の業務ではない。人間に割り当てられているのは、ずっとつつましい部門であるが、かれの能力の弱さや理解の狭さにははるかに適切なもの、すなわち、かれ自身の幸福について、かれの家族、かれの友人たち、かれの国の幸福についての配慮である。

(水田洋訳を一部変更)

近代国家と啓蒙とは「共犯者」とみなされてきた。近代国家は、諸領邦主・諸貴族・教会・自治都市・ギルドなど、自らの身分的諸特権を「暴君討伐論」にも見られるほどの抵抗力をもって保守してきた多かれ少なかれ自立的な社会的諸勢力の権力基盤を掘り崩し、分立割拠するこれらの社会的諸勢力の間の抑制と均衡によって保持されてきた中世的秩序を解体して諸権力を主権に一元化することによって、すなわち「集権化」によって成立した。啓蒙は、かかる中世的身分制秩序を合理化してきた神学的世界像を破壊し、君主の俗権を利用しつつもその肥大化を抑制してきたカトリック教会の精神的権威を掘り崩すことによって、近代国家に至る集権化過程に知的触媒を提供した。

近代国家と啓蒙はカトリック教会の覇権という「敵」を共有することによってのみ連携したわけではない。積極的な価値理念においても両者には通底するものがあった。近代国家の集権化がもたらした身分制秩序からの個人の解放が、理性による因習からの個人の解放という啓蒙の理念と即応したのは単なる偶然ではない。近代国家が依拠する「主権」の論理と啓蒙がコミットする普遍主義的な「人権」原理とは、現在、対立的に捉えられがちだが、実は両者の間には密接な内的結合関係が存在するのである。

第一に、中世的システムにおいては諸個人は身分によって束縛されると同時に、身分に応じた既得権を享受し、多様な社会層の間の権力の分散と相互抑制を通じて、かかる既得権を侵害する国家権力の専制化の危険から保護されていた。人権原理は国家権力の専制化に対するこのような身分制的保護膜の機能的代替物であり、身分の特権を人間の権利へと普遍主義的に再編したものである。近代主権国家は個人から身分制的保護膜を剝奪することの代償として、人権という新たな保護膜の形成を承認することなしには、自己の専制化の脅威に対する人々の不信と不安を和らげえなかったのである。

第二に、一層重要なことだが、人権原理は近代主権国家の専制化の危険に対する制御装置であるだけでなく、後者の積極的存在理由をも提供している。中世的身分制秩序は、たしかに個人に一定の保護膜を提供したが、それは同時に諸個人を身分差別の鉄鎖で縛り、種々の中間的社会権力の抑圧に対して無防備化した。このような社会的な差別や抑圧に対して個人の人権の保障を貫徹するには、かかる差別・抑圧の温床たる中間的諸権力を統制するだけの強い主権国家が必要である。近代主権国家などという恐ろしく危険なリヴァイアサンをなぜわざわざ創出する必要があるのかという問いに対しては、人権の実効的保障を国家主権の単なる制約原理としてだけではなく、積極的正当化根拠として援用することによってのみ答えうる。近代社会契約説がホッブズも含めて、自然権を国家設立の正当化根拠にしたのはそのためである。

近代国家による主権の発見ないし発明と、啓蒙による人権の発見ないし発明との、この共源性・共振性を最も鮮明に示したのはフランス革命である。自由・平等・友愛という普遍的理念を掲げ、身分の特権ではなく人間の権利の保障を謳う啓蒙の言葉で正当化されたフランス革命は、同時に、トクヴィルが洞察したように、旧体制たる絶対王制の下で既に進行していた「集権化」の過程をより徹底的に貫徹するものであった。普遍的理念のトリアーデのうち、「友愛(fraternité)」は博愛というより同胞愛を含意し、自由や平等という普遍主義的原理に比べれば特殊主義的な響きをもつが、これは、自由かつ平等な人間の権利という普遍主義的価値の実現にコミットした国家体制への忠誠の共有による市民の連帯を意味し、彼らを身分的断絶を超えて結束させ、革命の遂行に干渉する外敵に対して一致団結して勇猛果敢に闘うことのできる「国民」へと統合する理念である。友愛は普遍主義的人権原理と近代主権国家の国民統合の連結器であると言ってよい。

しかし、近代の主権国家形成・国民国家形成に対して、その知的触媒となることだけが啓蒙の唯一の在り方ではなかった。同じく「啓蒙」の名を後に与えられながら、フランス革命のうねりに乗る啓蒙とは異質な同時代の知的運動があった。いわゆる「スコットランド啓蒙」をデイヴィッド・ヒュームらとともに担ったアダム・スミスは、冒頭の『道徳感情論』からの抜粋部分が明らかにしているように、国民統合のための忠誠の共通の優越的焦点たることを標榜する近代国家に対して一応の敬譲を示しながらも、その主権的統合の論理を、旧き国制の多元主義的権力分散の生理によって制約させようとする「保守的」な抵抗姿勢を保持している。

スミスの「共感理論」は「公平な観察者(the impartial spectator)」の共感・是認を得られるか否かに道徳判断の指針を求めるもので、理念化された審判者たる傍観者の中立的・反省的な「不偏性(impartiality)」を判断の公正性の条件として重視するその視点は、我々を自己の特殊利害や偏愛から離脱させるとともに、我々の周囲にいる現実の他者がしばしば陥りがちな偏狭さや狂信のような情動に対しても批判的距離をとらせる。その結果、公平な観察者は「内なる人(the man within)」あるいは、「胸の内なる理想人(the ideal man within the breast)」とも呼ばれ、自己の自然的欲求からも現実の特定共同体の通念からも自立した批判的自省主体としての高次の自己と重ねあわせられる。この方向の延長線上には、普遍的ロゴスに帰依した個人の内的自立を求めるストア哲学のコスモポリタン的個人主義があり、実際、スミスはストア哲学者たちへの共感を隠さなかった。しかし、他方で、彼は普遍人類的連帯にまで論理的に貫徹されるような高次の批判的・理性的自省による自己の特殊利害や偏愛の克服を、神ならざる現実の人間に期待することの困難性を自覚している。さらに、かかる自覚をもたずに、様々な階層・社会集団の特殊権益を均衡させた旧き国制を普遍的理性の指示する計画に基づいて根本的に変革しようとする「体系家(the man of the system)」を、理性の倨傲によって社会秩序を破壊する者として批判したのである。

スミスは独立国家が対峙し抗争する世界を想定し、自国のために敢然と生命を捨てる軍人の勇気を称賛さえしているが、彼が擁護する国家は、人権のような普遍主義的原理を自立的な封建的諸力の抵抗を排して社会に貫徹するという近代的な意味で「主権的」な存在ではない。むしろ、その「国制(the constitution)」はかかる諸力の多元的均衡を保持するための集団的特殊権益の配分機構である。モンテスキューの権力分立論は近代主権国家の統治作用としての立法・行政・司法の間の「三権分立」よりもむしろ、社会的実体としての諸身分・諸階層の間の勢力の抑制均衡を想定していたが、スミスの「国制」もこれと同様な中世的立憲主義の名残をとどめている。「国制」が配分する諸階層・諸社会集団の既得権益は多少の不正や乱用を伴っても秩序の安定のために保護されるべきであり、むしろ、かかる不正な特権を廃絶するための国家権力による社会改革の貫徹こそが、理性の倨傲による専制として排除されなければならないのである。

このようなスミスの国制観は、ハイエクがフランスの啓蒙的合理主義、英国の哲学的急進主義、社会主義などに通底する「構成的合理主義」と対置して、スコットランド道徳哲学派に見た「進化論的合理主義」に基づく市場社会擁護論にも還元できない。スミスの「国制」が国家権力の専制から保護しようとしている社会とは、新規参入に開かれた自由な市場的競争を核とする自生的秩序ではなく、むしろ、市場的競争を制限する「封建的」諸特権をも享受する諸階層・諸集団の勢力均衡から成る自生的秩序である。『道徳感情論』と『諸国民の富』の整合性をめぐるアダム・スミス問題は、前者が重視する共感が後者が重視する利己心を包摂するものであるとすることによって解決されたとみなすのが通説だが、前者が包摂する利己心は、市場的競争を動機づける個人の利己心というより、自己の帰属階層・帰属集団の既得権益に固執する利己心であり、市場原理との緊張を孕むものである。ここに、なお未解決のアダム・スミス問題がある。

アダム・スミス問題をスミスの二大主著の論理的整合性を論証することによって解決しようとするのは、あまり意味のないことかもしれない。『道徳感情論』自体が非合理性と利己性を孕んだ現実社会に生きる人々の共感という磁極と、反実仮想的な規範的理念化により構成された公平な観察者の共感という磁極の間で揺れており、両者を整合化する明快な理論を提供しているわけではない。彼は「体系の美」と自ら呼んだこの世界の精妙な仕組みの理解への欲求は強くもっていたが、自己の思想の原理的一貫性に固執する「体系家」ではなかったのである。むしろ、彼の思想の「矛盾」を、彼が生きた現実社会の「矛盾」の反映として理解する方が適切だろう。彼が生きた社会の現実の「矛盾」は、なによりもまず、絶対王政から議会主権確立の過程で集権化と国民国家形成を進めながらも、身分的階層構造と封建的権力分散構造を長らく残存させ、このような社会構造に、硬性成文憲法に立脚した近代的な立憲主義的人権保障とは異なる、コモン・ロー的な法の支配の実効性を依存させていた英国の「矛盾」である。

しかし、もう一つの社会的「矛盾」を彼の思想の背景的動因に加えることができるかもしれない。それは、イングランドの主導による国民国家的統合過程で、自らの言語と文化の独自性を侵犯された少数民族社会の一つたるスコットランドの知識人としてのスミス自身が背負わされた矛盾、すなわち国民統合による経済発展等の利益と文化的なアイデンティティないし自尊の喪失との矛盾である。彼の言う「国制」はこの矛盾を調停する方途でもあったと言えるかもしれない。「国制」がその諸特権を保護する集団として彼は「諸階層(orders)」と「諸社会集団(societies)」を挙げているが、スコットランドのような少数民族社会を彼が後者に含めていたと考えることは決して不自然ではない。

そう言えば、フランス革命の理性の専制を批判し、英国型「国制」を擁護したもう一人の重要な保守主義の思想家エドマンド・バークも、アイルランドという英国に統合された少数民族社会出身の知識人であった。普遍的「人権」理念により正当化されたフランス革命以後の強力な主権国家形成過程は、封建的諸特権を廃棄する集権化だけでなく、独自の言語文化をもつブルターニュ、バスク、オクシタニー、コルシカなどの少数民族社会の自治の縮減とフランス語中心の国民国家への同化主義的統合をも促進した。普遍主義的人権原理は封建的社会構造とともに文化的多元性をも廃棄する同化の思想でしかありえないのか、身分制的・部族社会的制約からの個人の解放と文化的多元性の確保とを接合するような人権理念の再編はいかにして可能なのか、現代の多文化主義が突き付けるこのような問題を、スミスは解決しえていないとしても既に提起していると言えるかもしれない。

2　ナショナリズムの象徴学
——ベネディクト・アンダーソン『想像の共同体』

ナショナリズムの理論家たちは、しばしば、次の三つのパラドックスに、苛立ったとまでは言わないにしても、当惑させられてきた。その第一は、歴史家の客観的な目には国民が近代的現象とみえるのに、ナショナリストの主観的な目にはそれが太古からの存在と見えるということである。ついでその第二は、社会文化的概念としてのナショナリティ(国民帰属)が形式的普遍性をもつ現代世界では、だれにも性別があるように、だれもが国籍をもつことができ、もつべきであり、もつことになるのに対し、その概念の具体的顕現形態となると、「ギリシャ的」国民性は定義上他に類のないものであるというように、御し難い個別性をもってしまうことである。そして、その第三は、ナショナリズムが「政治的」な力をもつにも拘わらず、「哲学的」には貧困で支離滅裂だということである(中略)。

こういう問題が起こるのは、我々が無意識のうちに、大文字のNで始まるナショナリズムの存在を(中略)実体化して、その上で「それ」を一つのイデオロギーとして分類しようとするからである(中略)。つまり、国民(ネーション)と国民主義(ナショナリズム)は「自由主義」や「ファシズム」の同類としてよりも、「親族」や「宗教」の同類として扱った方が話は簡単なのだ。

そこでここでは人類学的精神で国民を次のように定義しよう。国民とは想像された政治的共同体、しかも本来的に限定され、かつ主権的なものとして想像された政治的共同体である。

国民が想像されたものだというのは、どんな小国の成員でさえ、自己の同胞のほとんどを知らず、彼らと会うことも、彼らについて聞くこともないにも拘わらず、各人の心の中には共同の聖餐のイメージが生きているからである〔中略〕。

国民は限られたものとして想像される。なぜなら、たとえ一〇億の生きた人間を擁する最大の国民ですら、可塑的ではあれ限られた国境をもち、その国境の向こうには、他の国民がいるからである〔中略〕。

国民は主権的なものとして想像される。なぜなら、国民の概念は啓蒙主義と革命が神授の階層的王朝秩序の正統性を破壊した時代に生まれたからである〔中略〕。成熟を見た諸国民は自由であることを、そして「神の下に」であったとしても、直接に〔神に媒介されずに〕自由であることを夢見るものだ。この自由を担保し象徴するのが主権国家である。

最後に、国民は一つの共同体として想像される。なぜなら、国民の中にたとえ現実には不平等や搾取が横行するにせよ、国民は常に、深い水平的な同志的連帯として心に思い描かれるからである。過去二世紀にわたり、何百、何千万もの人々が、かくも限られた想像力の産物のために、人を殺すというよりもむしろ自らすすんで死んでいった。これを可能にしたのは、つまるところ、この同胞愛であった。

（白石隆・白石さや訳を一部変更）

近代国家を担う「国民」が生物学的基盤や対面的交流によってではなく、想像力が産出する紐帯によって結合された「想像の共同体」であり、しかも、この想像力の絆は「架空」のものではなく、そのために多数の人々が戦って死ぬことを可能にするほど強い現実的な動員力をもつという、アンダーソンのこの広く援用されるテーゼは、啓蒙的国家観・国民観によって自覚的に先取りされていると言える。近代主権国家を正当化した「革命的」啓蒙思想においては、既述のように、国家は自然権を基礎とはするが自然的与件ではなく、既成の秩序をラディカルに批判し改造しうる理性的主体としての人間の作為によって創出されるものであった。かかる国家を担う「国民」もまた、「血と土」のような自然的紐帯で結ばれた共同体ではなく、人権のような普遍主義的価値原理へのコミットメントによって連帯する市民の共同体として新たに創出さるべきものであった。自由のために連帯して祖国を守るこのような市民の軍隊こそ、傭兵や隷従的臣民から成る軍隊よりもはるかに愛国的で勇敢な戦闘集団たりえたのである。

したがって、ナショナリズムの自己意識を復古主義・特殊主義・没哲学性に還元し、それを外的観察者から見たナショナリズムの近代性・形式的普遍性・政治的能動性と対置させて、その逆説性に当惑する「ナショナリズムの理論家たち」は、近代市民革命を梃子として国民国家形成を推進する過程でナショナリズムの自己意識自体が孕んだ近代性・普遍主義・哲学性の契機を捨象していると批判されよう。この観点から言えば、ナショナリズムの逆説性は、むしろ、自己意識において近代的・普遍主義的・哲学的な理念にコミットしたナショナリズムが、客観的現実においては、部族的好戦性・自民族中心的偏狭性・政治的便宜主義に転じてしまった点にある。アンダーソンがナショナリズムをイデオロギーとしてではなく、親族や宗教と同系のものとして扱うことを提唱するとき、彼は「理論家たち」の当惑の基礎にある、ナショナリズムの自己意識の前近代性の前提を引きずっている。しかし、この自己意識を構成する想像力の内的構造を分節するとき、彼は近代主権国家によって担保され象徴された政治的自由の希求や水平的な同志的連帯という革命的啓蒙のモチーフに言及せざるをえず、自己のナショナリズム理解の混乱を露呈している。

アンダーソンの誤謬は、ナショナリズムが単一のイデオロギーではないという正当な指摘から、ナショナリズムはイデオロギーではないという不当な結論を引き出す「飛躍論証(non sequitur)」を行った点にある。ナショナリズムは多様なイデオロギーと結合したが、やはりイデオロギーであった。イデオロギーのもつ観念的に抽象化された動員力に頼らずに、想像の共同体としての国民国家を立ち上げることはできなかったのである。しかも、このイデオロギーは、身分的諸特権を廃棄ないし縮減する近代国家の集権化され「合理化」された統治機構を正当化しうる近代的な意味でのイデオロギーであった。

たしかに「自由主義」だけでなく「ファシズム」もナショナリズムと結合した。しかし、後者もまた近代的なイデオロギーだったのである。ナチズムがドイツ国民の広汎な下からの支持を調達できたのは、その偏狭なアーリア人種優越思想によってだけでなく、計画指令経済の下で労働者の雇用を保障し、富の「平等主義」的再分配を図る国家社会主義の(ある程度実現された)約束によってであった。アーリア人種優越思想でさえ、所与としての血の共同体の保存の思想というより、生と性に対する科学的な操作・統制により人間改造を図る優生学という、近代合理主義の暗部と結合していた。戦前戦中の日本の「神権天皇制」も、「ファシズム」と呼べるか否かは別としても、「自由主義」とは異なる近代的なナショナリズムのイデオロギーであった。「一視同仁」・「四民平等」などと謳われるような、「天皇の下の平等」に基づく身分制的断絶を越えた「一君万民」的連帯の理念は、多分に虚構を孕んでいたとはいえ、廃藩置県を敢行し、民衆に「血税」の支払いを受容させるような、国民国家的統合の推進の正統性承認を調達するために不可欠だったのである。戦時統制経済体制においては、ソ連型社会主義を部分的に摂取した国家社会主義モデルによる国民統合も図られた。

ナショナリズムはイデオロギーであったが、もちろん、イデオロギーだけで説明できるものではない。そもそも、なぜ、そのようなイデオロギーに基づく国民国家形成が必要だったのか。なぜ、そのようなイデオロギーが、現実化された面においても現実との齟齬を隠蔽した面においても、実効性をもちえたのか、あるいは、もちえなかったのか。

こういった問いに答えるには、一定の歴史的文脈の下でナショナリズムの現出・発展を促した社会学的要因の分析が必要である。アンダーソンがこのような社会学的分析の必要性を主張していたのであれば、イデオロギーの理解の不用性やイデオロギーの無力性をそれは証示しないという留保の上で、その主張を認めてよい。問題は彼の社会学的分析の的確性だが、残念ながら私にはそれほど解明力があるとは思えない。

存在論的真理に接近する特権的手段を与えた宗教、階層的・求心的秩序を自然化した宇宙論的摂理に依拠する王制、予兆とその成就を非因果的同時性によって結合するメシア的時間、こういったものが衰退した時代に、それらに代わって、人間の生(と死)に意味、確実性、均質的な時間の秩序、そして救済を与える想像の共同体として国民国家が出現したというナショナリズムの文化的ルーツに関する彼の議論は、国民国家を過剰に宗教化・形而上学化するものであり、国民国家の社会学というより、その詩学である。いずれにせよ、宗教的・王制的な世界像が衰退した後の空白を埋めたのが、なぜ国民国家という意味と時間の管理システムであって、他の何かではなかったのかは説明されていない。

「出版資本主義(print-capitalism)」の議論はもう少し社会学的リアリティをもつように見えるが、資本主義と印刷技術の収斂による「国民的出版語(national print-language)」の形成と普及が国民意識の起源をなしたという主張は、因果関係を転倒ないし上滑りさせている。出版語が国語を形成し、国語が国民意識を形成したのではなく、国民意識を形成する社会的統合過程が一定の言語に「国語」としての公的地位を付与し、「国語」としての公認がその言語に出版市場における競争優位性ないし独占力を与えたのである。印刷技術の進歩とともに発展した出版資本が「国語」をつくったのではなく、国家が「国語」をつくったのである。資本主義がレレヴァンスをもつとすれば、国語なるものを公定せざるをえないような国民国家の現出の要因の説明においてであろう。

南北アメリカ、西欧、中東欧、ロシア、アジアなど各地域におけるナショナリズムの生成についてのアンダーソンの歴史的展望は種々の興味深いエピソードを提供しているが、総じて、現象としてのナショナリズムの多様性の機知に富んだ記述にとどまり、一般的・構造的要因を深く掘り下げているとは言えない。彼の国民意識の系譜学は国民を偶発的な発明品として脱構築することに主眼があり、なぜ、一定の歴史的段階において「国民」なるものが発明されなければならなかったのか、なぜ、この発明がわずか二世紀の間に世界規模で広く受容されたのか、その「必然性」、この言葉が強すぎるとすれば、「発明の母たる必要のありか」を十分に説明していない。

付言すれば、アジアの旧ヨーロッパ植民地におけるナショナリズムが、宗主国によって植民地統治のためにつくられた教育機構・行政機構の中を「巡礼」する知識人・官僚など植民地指導層の間で、本国のナショナリズムの対抗的模倣として形成されたとする彼の見方は、アジア諸社会の内発的要因を無視し「我々がアジアにナショナリズムを教えた」とする欧米中心主義を依然引きずっている。系譜学的思考は「確実な存在」の系譜の偶発性を暴く一方で、系譜の起点にある「根源的」偶発性を一種の神的な奇蹟として特権化し、後続する偶発性をその「派生的」変奏とみなす系統的階層化の罠にはまる傾向を内包していると言えるかもしれない。実際、『想像の共同体』増補版に付した新たな章の一つで、アンダーソンは初版において、アジア・アフリカの植民地世界における公定ナショナリズムが一九世紀ヨーロッパの王朝国家のそれをモデルにしたものとみなす誤謬を犯していたことを認め、それを是正する議論を展開している。ただ、ナショナリズムは旧世界ではなく新世界にまず現われたことを強調する一方、南北アメリカの「クレオール・ナショナリズム」のヨーロッパ的性格を依然重視している。曰く、「北アメリカにおいても南アメリカにおいても、クレオールは、ヨーロッパ帝国主義の怪物に抵抗した他の多くの人々のように、その物理的撲滅あるいは隷属を怖れる必要はなかった。かれらは結局のところ、「白人」で、キリスト教徒で、スペイン語か英語を話す人々だった。かれらはまた、西方帝国の経済的富がヨーロッパの支配下に引き続きおかれるとすれば、仲介者として宗主国に必要な人々であった。したがって、かれらは、ヨーロッパに従属してはいても同時にヨーロッパを絶望的に怖れる必要のない、唯一の重要なヨーロッパ外的集団であった」（増補版邦訳三一六―三一七頁）。

アンダーソンは前記引用箇所の中の省略した部分において、ナショナリズムを国民の自意識の覚醒ではなく、国民の発明であるとするアーネスト・ゲルナーの主張に言及し、基本的に自分と同じ視点に立つものとしながらも、「発明」を「創造」と「想像」にではなく、「捏造」と「欺瞞」になぞらえることで、「国民」よりももっと「真実」の共同体が存在することを想定していると批判する。そして、対面的接触に基づくとされる原初的村落をも含めてすべての共同体は想像されたものであり、「共同体は、その真偽によってではなく、それが想像されるスタイルによって区別される」とする。この言明は問題を解明するよりむしろ隠蔽している。共同体を区別するのは真正性の有無か想像のスタイルか、が問題なのではない。国民国家という共同体の想像のスタイルが他の共同体のそれを凌駕して普及することを可能にし、要請した社会的リアリティの構造的特性は何かが問題なのである。アンダーソンのように、国民共同体の想像のスタイルと近代小説の表現スタイルとの「時間」の均質化における相同性を指摘したりすることで、この問題が解明されるわけではない。実は、アンダーソンが批判したゲルナーは国民を「捏造」されたものと規定して満足したわけではなく、アンダーソンの著書(初版)と同年(一九八三年)に出版され、ナショナリズムに関するもう一つの標準文献となった彼の著書において、まさにこの問題に正面から取り組んでいるのである。次にゲルナーの言葉を聞いてみよう。

3　ナショナリズムの社会学
——アーネスト・ゲルナー『民族とナショナリズム』

アダム・スミスがあれほどまでに主張したように、高度の生産性は複雑で洗練された分業を必要とする。絶えず成長する生産性は、この分業がただ複雑であるばかりか、永続的に、かつしばしば急速に変化することを求める〔中略〕。その内部におかれた人間は、一般的には一生同じ地位に安住するわけにはいかなくなるし、何世代にもわたってと言えるほど安住できることなど、まったくまれである〔中略〕。

この新しい種類の社会的流動性の直接的な帰結は、ある種の平等主義である。近代社会は平等主義的であるが故に流動的なのではない。流動的であるが故に平等主義的なのである。さらに、近代社会は望むと望まざるとにかかわらず流動的でなければならない。なぜなら経済成長への凄まじく抗し難い渇望を充足するために、これが必要だからである〔中略〕。

読み書き能力の普及と計算的、技術的および全般的な知的素養の高水準化が、それ〔産業社会〕が機能するための前提条件の一部である。その成員は流動的で、ある活動から別の活動へと移る用意があり、かつそうでなければならず、新しい活動ないし職業の手引きや指示にもついていけるような汎用性ある技能を訓練されていなければならない。仕事を進めていく上で、彼らは数多くの他人と絶えず意思疎通しなければならず、しかも、その他人とは事前の面識・交際がないことも多いため、コミュニケーションは文脈依存的なものよりもむしろ、明示的なものでなければならない〔中略〕。したがって、これらのコミュニケーションは共有され標準化されたた同一の言語媒体と書法によらなければならない。この社会的熟達を保証する教育制度は大規模になり、また必需であり〔中略〕、その顧客の範囲は社会全体に拡大する。この体制内での諸個人の他者による代置可能性は、社会の他の部分と少なくとも同程度に、ことによるとより一層強く、教育機構に妥当する〔中略〕。

文化はもはや苛酷で威圧的な束縛によって維持されている社会秩序の単なる粉飾や確認や正統化ではない。文化は今や、必須の共有媒体、生き血、いやむしろ最小限の共有された空気であり〔中略〕、ある社会にとって、文化は成員みんながその中で呼吸し、話し、生産できるものでなければならず、それ故、それは同一の文化でなければならない。さらに、それは今や大文化ないし高文化(読み書き能力と訓練によって支えられた文化)でなければならず、もはや多様化され地域的に拘束された、識字能力のない小文化や小伝統ではありえない。

しかし、この識字的素養のある統一化された文化が実際に実効的に生産されていること、教育の所産がまがいものや規格落ちではないこと、これを保証する何らかの組織体が存在しなければならない。これができるのは国家だけである。教育機構の重要な部分が私的な機関や宗教組織に委ねられている国々においてさえ、国家がこの最重要な産業、すなわち、生存能力のある有用な人間の製造業における品質管理を引き受ける〔中略〕。

ナショナリズムが、頑迷な文化的「権力欲」から同質性を押し付けるというのは事実ではない。逆に、同質性への客観的必要性がナショナリズムに反映されているのである。近代産業国家は流動的で識字能力があり、文化的に標準化され互換可能な住民を得てはじめて機能しうるということが、すでに論じたように事実だとするなら、かつての田舎の文化的隔離地からスラム街の坩堝(るつぼ)に吸い込まれていった、読み書きできず半ば飢え死にしかかった住民たちは、自前の国家をもつ文化のプールあるいは国家を獲得するように見える文化のプールに編入されることを切望する。そこでは、完全な文化的市民権、すなわち初等学校や雇用その他すべてへのアクセスを後に約束されるのである。

（加藤節監訳を一部変更）

マルクシズムの正統理論によれば、資本主義の発達はブルジョワジーとプロレタリアートという二つの普遍的階級に世界を分断し、「万国の労働者の団結」による世界同時革命が無階級共産社会をグローバルな規模で実現するはずであった。しかし、第一次世界大戦は先進資本主義諸国のプロレタリアートと社会主義政党がいともたやすくナショナリズムに呑み込まれてしまうことを証明した。社会主義諸国の間でも、ソ連はスターリンの「一国社会主義」体制への移行により、衛星国家をソ連の社会主義体制を防衛するための塹壕として利用し支配する国家的エゴを剝き出しにし、中国はソ連の干渉に反発して独自路線をとった。ベトナム戦争後は、ベトナムがカンボジアを侵略し、中国がベトナムを「処罰する」ために侵攻するという社会主義国家間の戦争が勃発し、アンダーソンをして「交戦当事国のいずれもこの流血沙汰をマルクス主義特有の理論的観点から正当化しようという試みをなんら行っていないという点で、世界史的意義をもっている」と評させた。正統マルクシズムにとっては、このようなナショナリズムの跋扈は、歴史の発展法則に逆行する「反動」にほかならないが、ゲルナーにとってはこれは農耕社会から産業社会への移行という人類史の巨視的発展の必然的帰結である。

産業化の進展が人々の階層的・職能的な「流動性(mobility)」を促進し、これが広汎な通用性をもつ高水準のコミュニケーション能力を基礎とした柔軟な技能習得能力や生活環境変化への適応能力の普及を要請する。その結果、身分的に固定された階層制をもつ農耕社会においては一握りの特権層に独占されていた識字的素養をもつ高文化が、大規模な公教育機構を配備する組織的権力とコスト負担能力をもつ国家による言語文化の品質管理と普及を通じて標準化・大衆化され、国語・国文化へと変成される。かくして身分的断絶を越えて標準的言語文化の共有により統合された国民国家が成立する。このようなゲルナーの議論は、階級対立の深化ではなく、国民統合の進展こそが資本主義的経済発展の帰結だとする点では、マルクシズムと対立しているが、この全過程の原動力を「経済成長への凄まじく抗し難い渇望」に求める点では、生産力の発展を社会の下部構造の最も基底的な契機とするマルクシズムの史的唯物論の視点を継承しているとも言える。

ゲルナーの注目すべき独自性は二つある。第一に、彼はスミスの分業論を引いてはいるが、産業社会における生産力の発展が、単なる分業の精緻化・複雑化とそれに応じた人間技能の特化にではなく、分業の永続的な再編可能性に依存しており、したがってまた、絶えざる技術革新による経済的な地位・活動形態・組織形態の変動に適応しうるだけの柔軟な可塑性と汎用性のある人間の学習能力・コミュニケーション能力の養成と普及に、すなわち「普遍的高文化」に依存していることを洞察した。ポスト産業社会論者たちが唱えるような人間の知識の持続的開発と集約的利用の経済における基幹的位置は、ゲルナーによれば、産業社会そのものに既に内包されている。第二に、彼はこのような「普遍的高文化」の形成を求める産業社会の圧力を国民国家的統合の促進要因とし、「普遍的高文化」が十全にではないにしても、人々に「夢を見続けさせる」程度には実現した生活向上と社会的上昇の機会拡充の約束が、国民統合を人々に「切望」させた側面を重視し、国民統合を単に国家権力による文化的同質性の「押し付け」とみなす見方を斥ける。かかるゲルナーの議論は、国民共同体という想像の様式が、なぜ近代においてかくも急速に広く普及しえたのかについて、アンダーソンよりもはるかに見通しのきく説明を与えている。しかし、あまりに歯切れのよいその説明は、いくつかの重大な疑問・異論も喚起する。

第一に、国民国家的統合は文化的・民族的な多数者＝主流社会にとっては「切望」されたものだったとしても、現代の多文化主義の理論家たちによって指摘されているように、文化的・民族的少数者のすべてでないにしてもかなりの部分にとっては、強制的な文化的同質化であった。多数者の積極的受容が国民統合の実効性を支えたという事実は、固有の言語と文化を剝奪された少数者に対する抑圧の事実の意義を瑣末化するよりもむしろ強調する含意をもつ。

第二に、産業化が孕む「普遍的高文化」の形成圧力は既存の国境の中で自足する必然性をもたない。産業化が孕む流動化による平準化の論理の究極的帰結は、エリートだけでなく大衆が単一の世界語を話し、職業・事業機会・教育機会・居住地などを求めて世界中を自由に移動しながら交流することで共通のコスモポリタンな文化を形成し、単一の世界政府の統治に服するようなグローバルな統一国家である。しかし、多様な国民国家が併存する近代世界秩序は自己をかかる統一国家にいずれ解消さるべき過渡的形態とはみなしていない。自国の勢力圏の拡大を求める熱烈なナショナリストでさえ、このコスモポリタン国家を根無し草の世界として拒否するだろう。アンダーソンの言うように、「国民は限られたものとして想像される」のである。

他を同化する自己拡大だけでなく、他から自己を差異化する自己限定により自己を確立し保守するというナショナル・アイデンティティの特質は、産業化という経済的要因だけでは説明できない。これを説明するには、人々の尊厳や主体性の政治的基盤、とりわけ民主的自己統治の実効性の条件を考察する必要がある。

第三に、ゲルナーの議論はマルクシスト的階級対立論の破綻を説明しうるが、別の階層理論に転化して自己破綻する潜勢を孕んでいる。産業化の進展は階層分化を伴いつつも、階層間流動性を高めることにより、平等主義的で文化的同質性をもった国民共同体の形成を促進すると彼は考えたが、経済活動の技術的・制度的基盤の高度化とともに社会的上昇のために要求される文化的リテラシーも高度化し、その要求水準を満たすだけの教育投資や生活環境を提供できるのは一定レヴェル以上の社会層に限られるため、結果的に階層間流動性が低下し、能力主義的・業績主義的競争システムの準身分制化が進行するという問題を先進産業社会は抱えている。

「二つの国民」などと言われるように、閉じた社会層はそれぞれ独自の下位文化を形成して他の社会層から自己を識別分離し、相互に反目や冷淡な無関心を深める傾向もある。階層差別は人種差別や民族的少数者差別と重なることも多く、この場合には階層間の亀裂はさらに深まる。産業化は普遍的高文化を要請するのと同じ動力によって新たな文化的階層断絶をも促進しうるのである。これを放置すれば、同じ一つの国民という想像の共同体は人々の同一化と忠誠を動員する力を失うだろう。これを回避するために、先進産業諸国は社会保障・再分配・職能開発支援・積極的差別是正措置など種々の介入を行わざるをえず、実際に行ってきた。しかし、このことは、国民という想像の共同体の支配力が、産業化の経済的惰力のみによって規定されているのではなく、それを制御するような国家の積極的な政治的役割に、したがってまた、かかる役割を要請し正当化する政治的イデオロギーにも依存していることを示している。

「近代社会は平等主義的であるが故に流動的なのではない。流動的であるが故に平等主義的なのである」というゲルナーの言明は、「近代社会は流動的であるが故に平等主義的であり、平等主義的であるが故に流動的であり続けうるのである」という言明に修正されなければならない。

4　リベラル・ナショナリズムと多文化主義の接合
――ウィル・キムリッカ『固有語による政治』

民族的アイデンティティが近代において強固であり続けたのは、一つには、「人民」の重要性をそれが強調したことが、階級を問わず、すべての個人に尊厳の源泉を提供したからである。人々の固有語で営まれる大衆教育や大衆民主政は、尊厳を付与する民族的アイデンティティへのこの移行を具体的に顕現するものであった。人民の言葉の使用こそが、政治共同体が人民のものであり、エリートのものではないことの確証である。したがって、ほとんどの人が固有の自国語に対して、既に自分が熟達した言語を使えるという純粋に手段的な利害を超えた、深い情緒的愛着を抱くのは、何ら驚くべきことではない。コスモポリタンたちは固有語への人々のこだわりを、負わされた集団的アイデンティティへのリベラルではない愛着の証拠と見る傾向があるが、このこだわりはそんなものではなく、自由かつ平等な市民的地位という啓蒙的諸価値への深い愛着を反映しうるのである〔中略〕。

啓蒙的コスモポリタンとリベラルなナショナリストとの係争点は、それゆえ、かなり限定されている。最も基本的な対立は、思うに、言語権や公的休日や自治権といったものを通じて、民族的アイデンティティを保護し肯認する国家の役割に関わっている。啓蒙思想家は国家を民族的な文化やアイデンティティの擁護者としてではなく、単に個人的自由の保護者としてのみ捉えた。しかし、リベラルなナショナリストにとっては、民族文化の持続的な生存可能性を保護すること、より一般的には、人々の民族的アイデンティティを表出することは、政府の正当にして不可欠の任務である〔中略〕。

この基本的な対立は移住に関する別の副次的な対立に導く。ほとんどの啓蒙的コスモポリタンは本質的に「開いた国境」政策であるもの、すなわち、国境を越えた自由な移動への無制限の権利を支持した〔中略〕。しかしながら、リベラルなナショナリストにとっては、既述のように、自由移動の便益と自らの民族文化の生存可能性を確保する願望との間の調整(トレード・オフ)が存在する。目下のところ、ほとんど常に、移民は国民社会にとって、文化的にも経済的にも豊饒化の源泉であった。だが、それは移民の数が限られ、移住を認められた人々は現存国民文化への統合を奨励されているからである。開いた国境政策は、しかるに、何千万もの新たな移民が現存の国民的諸制度の統合能力を超えて入国する事態をもたらしうる。これはとりわけ民族的少数者にとって憂慮すべき問題(例えば、先住民の伝統的な父祖の地への移民の入植など)となる。リベラルなナショナリストの見解では、諸国家は移民の数を制限し、現存する民族的諸文化の生存可能性を保存するために彼ら移民の統合を奨励する正当な権利をもつ〔中略〕。

啓蒙的コスモポリタニズムとリベラルなナショナリズムの多くの共通点、自由と平等という普遍的価値への両者が共有する帰依を考えれば、リベラルなナショナリズムはコスモポリタニズムの再定義を内包すると言った方がいいだろう〔中略〕。

コスモポリタニズムは、外人嫌悪の拒否、寛容への帰依、遠い異郷の地の人間の運命への配慮に示されるような精神状態として最も良く理解されるものである。私が論証しようと試みたように、リベラルなナショナリストがかかるコスモポリタン的な徳目を体現できない理由はない。

（井上達夫訳）

国民国家に何らかの歴史的使命があったとしても、もはやそれは使命を終え、新たな千年紀において、あるいはこの新世紀において、死滅する定めなのか。あるいは死滅すべきなのか。国民国家の終焉を説く声は二つの方向から響いてくる。一つは国境の外から、国境を融解させるグローバリズムの波動とともに伝わってくる声であり、もう一つは、国境の中から、国民という想像の共同体の同化主義的統合圧力に反旗をひるがえす多文化主義の蜂起の喊声（かんせい）である。二つの声はしばしば共鳴する。国際的・広域的なトランスナショナル・レイジームによって国民国家の主権を縮減ないし解体しようとするグ

ローバリズムの圧力に、多文化主義は国民国家の同化主義的抑圧からの文化的・民族的少数者の救済と解放のよすがを求めようとする。

このような動向を背景にして見るなら、上に引いたリベラル・ナショナリズムの擁護の声が、現代における多文化主義の最も精力的な論客の一人として名高いキムリッカによって発せられているのは不思議に思えるかもしれない。しかし、普遍人類的連帯の促進という光明の下に照らし出されたグローバリズムは、市民の実効的統制の及ばない外的な経済的・政治的諸力に国家の政策選択を著しく制約させることによって、民主的自己統治の基盤を掘り崩し、人々の自尊・アイデンティティ・自律性の基盤となる固有の言語と文化によって支えられた生活形式の多様性を、覇権的文化の浸潤的影響力に対して無防備化し平準化するという暗部をもつ。しかも、グローバリズムのかかる暗い諸力に対しては、国民文化として自己を規定する主流派文化集団以上に、主流派集団によって既に固有の言語と生活基盤を侵食されてきた文化的・民族的少数者の方が、はるかに脆弱である。このような事態を見据えるなら、キムリッカの声は奇異には響かなくなるだろう。

リベラル・ナショナリズムがリベラルであるのは、キムリッカにおいては、単に自由と平等という啓蒙的価値へのコミットメントをそれが共有しているからではない。彼にとって、リベラルであることは、国家の文化的中立性という不可能事の標榜の下に主流文化に少数者を同化する自己欺瞞を超えて、文化的多様性の包容を、少数者の文化的生活基盤を積極的に保護するための多文化主義的「集団別権利」の保障にまで貫徹し、さらに、自発的移民のような「エスニック集団(ethnic groups)」と区別された先住民などの「民族的少数者(national minorities)」には言語権や自治権をも承認し、同化主義を真に超えた統合の在り方を追求することをも含意している。かかる多文化主義的権利を彼はリベラリズムがコミットする自由と平等という価値と対立するものとしてではなく、かかる価値を文化的・民族的少数者にも実質的に公平に保障するために正当化可能なものとして擁護している。彼はこのような自己の立場を、同じくリベラル・ナショナリズムを提唱するヤエル・タミールと対比して明確化するために、後者が文化的・民族的少数者の権利に関して曖昧さを残し、国家を特定民族集団の所有物とみなして民族的少数者を疎外する傾向を秘めている点を批判している。

キムリッカのリベラル・ナショナリズムは多文化主義を包含する意味でリベラルである一方、ナショナリズムを再編して擁護するものでもある。まず、移民のようなエスニック集団は主流社会への統合を自発的に望んだとみなされ、言語権や自治権は認められない。たしかに、政治的代表促進のための議席割り当て、衣食住・休日・宗教的象徴儀礼等の慣行の尊重、多数派の偏見を克服するための教育カリキュラム改革・積極的差別是正措置・メディアの差別的ステロタイプ規制、公用語習得までの経過措置としての母語による教育や公的サーヴィスの提供など、「受容権(accommodation rights)」とも総称される集団別権利が彼らに保障されるが、これらは、彼らが多様な文化的アイデンティティを保持しつつも対等な存在として主流社会に受容され、主流社会の諸制度に実効的に参画することを可能にし、それによって彼らの主流社会への統合を促すための権利である。

さらに、民族的少数者への強い言語権や自治権の付与も、多数派集団が享受している自己の固有語による社会構成文化を維持発展させる権利を、分離独立が現実的に不可能な状況に置かれた少数民族集団にも公平に保障するためのものであり、ナショナル・アイデンティティを解体するのではなく、むしろ異なったナショナル・アイデンティティの対等な共存を図っている点で、国民国家の廃絶ではなく、複数の国民の共有物への国民国家の再編であると言える。キムリッカは個人の自律・分配の公正化としての社会的正義・民主的な熟議と自己統治などの啓蒙的価値を実効的に保障する上で、国民国家が果たしてきた役割を重視し、国民国家を解体したグローバルな政治経済体制では、かかる価値がかえって侵食される傾向があることを自覚しており、多様な民族が同じ国土に共存せざるをえない状況に即応した国民国家の再編を図ることで、その長所を維持し発展させようとしている。

このようなキムリッカの議論は、自由・平等・民主主義という「啓蒙的価値」への忠誠を保持しつつ、文化的・民族的多様性を公正に包容できるような国民国家体制の再編の条件を、グローバル化の熱に浮かされることなく、冷静かつ現実的に解明しようとするもので、共鳴するところが少なくない。しかし、彼の議論の「現実性」が孕む「保守性」は指摘しておく必要がある。彼は同一の国家の領土に住む多様な文化的・民族的集団間の関係の公正化・対等化に関心を集中させ、国境を隔てて生きるこのような集団の間の格差の公正化という問題には十分な配慮を払っていない。既存の諸国家の間の圧倒的な格差をもった資源分配の「現状(status quo)」の不正を問題化せず、むしろ、それを所与として前提して議論している。

「開いた国境」政策に対するキムリッカの批判は、彼の議論のこの「保守性」が孕む問題性を露呈している。彼の批判の理由は移住者の「自由移動の便益」とホスト社会(多数者・少数者を含む)の「民族文化の生存可能性」とのトレード・オフの必要性であるが、これは問題の立て方そのものが公正を欠く。ホスト社会の民族文化の「豊饒化」に役立つ範囲でしか移民を認めないとするなら、トレード・オフはそこには存在しない。さらに、より重要なことだが、国境を開くと「何千万」もの移民が流入するとしたら、このことは国境の外にいる人々の生の条件がいかに悲惨か、国境の内外での生の条件の格差がいかに壮絶かを示している。これらの人々の多くの部分は単に移動の自由を享受するためにではなく、自分たちの母国でもはや得られない「生存可能な民族文化」の保護空間の代替物を求めて、あえて住み慣れた土地を捨ててくるのである。本当に深刻なトレード・オフの問題は、個人の移動の自由と民族文化の生存可能性への願望との間にではなく、民族文化が健全に生育するために必要な資源と環境に対して、国境を隔てた人々がもつ対立競合する要求の間に生じている。移民規制の問題は自国内の文化的・民族的均衡の確保という観点からだけではなく、国際的資源分配の公正化の問題の一環として考察されなければならず、文化的・民族的対立を馴化できるだけの豊かな経済的・自然的資源を享受する国家は、苦境にある諸国からの移住圧力に対して、名目的譲歩以上の犠牲を払って応答する責任がある。

このことは国際的正義の実現のために、国民国家秩序を解体し世界政府を樹立しなければならないということを含意しない。世界政府の実現可能性は別としても、弱小国の拒否権としての主権を廃絶した世界政府においては、前章でも指摘したように、かつての超大国の覇権的支配がかえって強化される恐れがある。国際的正義の原則とその実行のための国際的協力体制の在り方の決定過程に世界各地の人々の民主的熟議が影響力をもつことを可能にするための媒介として、国民国家はやはり重要な存在理由をもつ。しかし、国民国家の内的編成原理(多文化主義的に再編されたそれ)の正統性は、現存する諸国家の間の資源分配の公正性を含意せず、後者の視点からの批判的再吟味を経てはじめて国民国家秩序は対内的にも対外的にも正統性を確保できることを自覚していなければばならない。物理的国境の公正な開放度を誠実に論議しうるために、外部化された他者の要求への我々の倫理的感受性の地平をなす精神の国境は、完全に開放されていなければならない。この精神の国境が閉ざされるなら、多文化主義的に再編された国民国家も、単一民族のエゴを一組の民族連合体の拡大されたエゴに転換したものにすぎなくなる。そのとき、国民国家秩序は対立する諸民族のエゴの間の勢力均衡に依存した「暫定協定(modus vivendi)」として事実上存続するかもしれないが、倫理的には死滅するだろう。

〔テクスト出典〕

アダム・スミス『道徳感情論』A. Smith, *The Theory of Moral Sentiments*, ed. by D. D. Raphael and A. L. MacFie, Oxford U. P., 1976, pp. 229-237〔水田洋訳、筑摩書房、一九七三年、四六四―四七二頁〕.

ベネディクト・アンダーソン『想像の共同体――ナショナリズムの起源と流行』B. Anderson, *Imagined Communities, Reflections on the Origin and Spread of Nationalism*, 2nd ed., Verso, 1991, pp. 5-7〔白石隆・白石さや訳、増補版、ＮＴＴ出版、一九九七年、二二―二六頁〕.

アーネスト・ゲルナー『民族とナショナリズム』E. Gellner, *Nations and Nationalism*, Basil Blackwell, 1983, pp. 24-38, 46〔加藤節監訳、岩波書店、二〇〇〇年、四一―六四、七七―七八頁〕.

ウィル・キムリッカ『固有語による政治――ナショナリズム、多文化主義、市民権』W. Kymlicka, *Politics in the Vernacular: Nationalism, Multiculturalism, and Citizenship*, Oxford U. P., 2001, pp. 218–220.

第５章　多文化主義の政治哲学

――多文化共生への三つの思想戦略

１　多文化主義の問題性

前章冒頭で、自己を普遍と措定して多元性を自己の内部に封じ込めようとする「帝国」の理念に触れた。この「帝国」への意志を現代世界においてなお体現しているのはアメリカ合衆国である。この国家は外部に対しては、本書の序文や第Ⅱ部で示したように単独主義的・覇権的専横にふける一方、自己の内部体制については、貨幣に刻むがごとく「多から成る一 (*e pluribus unum*)」として多様な民族的・文化的出自をもつ人々の自由かつ対等な共生を保障しているという自己理解をもつ。しかし、近年の多文化主義の思想と運動の発展はこの自己理解の欺瞞性を暴きつつある。

私はアメリカ研究の専門家ではないので、多文化主義がアメリカのアイデンティティにいかなる変容をもたらしているかについて論じるのに必ずしも適任ではない。ただ、米国やカナダ――以下、アメリカ合衆国について「アメリカ」ではなく「米国」という表記を使わせていただく――の政治思想・法理論の分野において台頭している多文化主義が、リベラリズムの基本原理に向けて近年加えている批判や再編の試みには関心をもっている。この面で多文化主義が提起している政治哲学的な問題を大づかみに整理することならできそうである。米国という社会の理想と現実のギャップはともあれ、「リベラルな立憲民主主義の伝統」がこの社会の政治的自己理解の主要な部分を構成している以上、[1]この「伝統」に対する多文化主義の挑戦を検討することは、米国におけるアイデンティティの変容といった主題の解明にも何ほどかの貢献となりうるだろう。

「多文化主義(multiculturalism)」という言葉はいまや広く流通しているが、それだけに、人によってその意味・用法にはズレがあるようである。「移民国家」「人種の坩堝から人種のサラダ・ボウルへ」等々の標語で自己を理解する米国を多文化主義の先進国とみなす人々もいれば、先住民に対する侵略・虐殺・強制的同化の歴史をもち、長らくWASP文化が支配的だったこの国を多文化主義の反面教師とみなす人々もいる。したがって、この言葉の概念的整理をする必要があるだろう。もっとも、本章で試みる概念整理はあくまで冒頭に触れた私の問題関心を反映したものであって、この言葉の多様な用法に対する中立公平性は標榜しない。

いま多文化主義というと、例えばエスニック・ステロタイプを含む表現の規制を求めるPC(ポリティカル・コレクトネス)運動とか、大学などのコア・カリキュラムの中に、シェイクスピア、ゲーテ等々のヨーロッパ世界の古典やユーロセントリックな「世界史」だけでなく、先住民、アフリカ系米国人、ヒスパニック、アジア系移民などマイノリティ集団の文化・歴史などの教育も加えることを求める運動などのイメージを抱く人々も少なくないだろう。しかし、政治哲学的重要性をもつ多文化主義の要請は、差別的表現の排除や多文化教育といった問題を超えて、米国の政治体制の根幹の見直しに関わっている。

例えば先住民や宗教的・文化的マイノリティ集団が、自分たちのコミュニティの自治の確立によって自分たちの文化を守ろうとする際、移動の自由を認めると、文化的な自治は骨抜きになる可能性がある。最終節で例示するような自分たちのメンバーの離脱の問題もあるが、主流派文化の住民の参入も脅威となる。主流派住民が大勢移住し彼らが当該コミュニティの中でも多数派になってしまっては、政治的自治をそのコミュニティが保持しても、マイノリティ集団は自文化固有の生活形式を守るための政治的梃子を喪失するだろう。この場合、マイノリティ集団が自分たちのコミュニティへの主流派住民の移住を制限することは認められるのか。例えば、「白人」とか「自宗派以外の者」の居住を許可制にする規制が許されるのか。主流派住民の移住は認めるが、彼らに土地所有権は認めないとか、そのコミュニティの自治に関しては主流派移住者の選挙権を制約するといった制限は許されるのか。実際、米国でもカナダでも先住民のコミュニティについては、非先住民の移動の自由・所有権・投票権についてこの種の制限を課す権能を多かれ少なかれ認めている。しかし、このような制限は集団的範疇による「逆差別」の一種だとする批判もあり、個人の自由・平等を基本に据え、宗教・人種等の類別による差別を排除するという従来型の「リベラル」な立憲民主主義の根本的建前との間に緊張関係を孕んでいる。(2)

たしかにアフリカ系米国人への人種差別に対しては、これまでもメディカル・スクールやロー・スクールなどへの入学、教職・専門職・公務員への就任等において、一定の逆差別的措置——「逆差別(reverse discrimination)」という表現はやや批判的なトーンを含むので、「積極的差別是正措置(affirmative action)」とか「優先的取扱(preferential treatment)」という表現が一般には使われている——が、論議を呼びつつも容認されてきた。しかし、これは奴隷制など歴史的不正の遺産に根差す社会的差別に対する補償であると同時に、社会的にプレスティージのある地位を占める被差別人種の割合の過少さと彼らへの偏見との悪循環を断ち切るための政策的措置であり、あくまで、このような目的を達成するまでの暫定的な措置であると理解されてきた。これらの措置は現在では既に目的を達し、存続させるとかえって人種的な偏見や反目を増幅するとして、見直す動きも出ている。性差別解消のための優先的取扱も、基本的に同様な暫定性をもつと言えるだろう。

これらの積極的差別是正措置は暫定的に人種や性別による差別化を行うが、その終局的目的は偏見やステロタイプを解体し、人種隔離や性別分業を解消すること、すなわち、帰属集団の差異を捨象した諸個人の統合の実現である。被差別者を「同じ人間として尊重し受容する」ために、偏見を是正する優先措置を一時的に採択する。「カラー・ブラインド」な、あるいは「ジェンダー・ブラインド」な社会統合をゆくゆくは実現するための手段として、膚の色や性差に着目するのである。したがって、個人の自由・平等を基本に据えるリベラルな立憲民主主義の原理とこれらの差別是正措置との調和を図ることはさほど困難ではない。

文化的マイノリティ集団への優先措置についても、平等な同胞市民としての統合を望む新規参入移民に対する排斥的差別の克服を目的とするような場合は、人種差別や性差別に対する是正措置と類比的に考えることができよう。しかし、多文化主義の根本的関心、すなわち主流派文化と異質なマイノリティの文化的アイデンティティの尊重が問題になる場合には事情が違ってくる。自らの文化的アイデンティティの保持に固執するマイノリティ集団、特に先住民や言語的マイノリティ集団にとっては、「同じ人間なのに偏見によって差別されること」以上に、「異なっているのに同化されること」の方が深刻な問題である。しかも、かかるマイノリティ集団が多数派の文化や言語に同化・吸収されてしまう危険は恒常的に存在する。文化や言語の選択は基本的に個人の自由な選択に委ねるべきだとする「従来型リベラル」の立場は、多文化主義の観点からは、マイノリティに対する次のような恒常的な同化圧力を無視する点で不適格であるとされる。(3)

現実には米国で英語が公用語の地位を与えられているという問題がまずあるが、仮にバイリンガリズム、マルチリンガリズムが公的領域で徹底されたとしても、社会生活においては就職機会、高等教育機会、情報支配力等の点で、多数派の文化・言語が圧倒的に有利な地位をもち、マイノリティの文化・言語を選択するのは大きなハンデを背負うことを意味する以上、将来を夢見る若者に後者の選択を期待するのは難しい。「文化の自由市場」はマイノリティの文化・言語を消滅させる方向に構造的に歪曲されているのである。この構造は恒常的なものである以上、多文化主義は文化的・言語的マイノリティのアイデンティティの保持のための積極的是正措置なり優先的取扱をかかるマイノリティの恒常的権利として承認することを要請する。

かかる多文化主義の立場は、マイノリティの主流社会への統合を求めるより、むしろそれへの同化を拒否すること、マイノリティの文化的自己保存のために個人の自由や平等に一定の制約を課す集団的権利の恒常的な承認を求めることにおいて、被差別集団の主流派社会への同化統合のために暫定的に優先的取扱を容認する従来の積極的差別是正措置の枠を超えている。「分離すれども平等(separate but equal)」の原理を否定したブラウン判決(一九五四年)以来の人種融合による差別の克服の試みに対して、近年、米国でもその実効性を疑う批判が高まっているが、多文化主義の視点は、実効性の問題を超えて、人種融合政策の基礎にある統合主義的な平等観念を差別解消のパラダイムにすることと自体に対する原理的批判を含んでいる。

以上、統合主義的な差別是正措置との対比において多文化主義の特異性・問題性を瞥見した。このような多文化主義はいかなる政治哲学に立脚しているのか。本稿ではリベラリズムとナショナリズムという競合する思想範型との対比によって、多文化主義の政治哲学的な位置付けを試みてみたい。

2　アイデンティティの三極構造

「多様な文化的出自をもつ人々の共生を図る」ということであれば、多文化主義はリベラリズムと変わらないように見える。文化的差異と連動するような宗教的・民族的差異による差別の是正は、人種差別や性差別の是正よりも古くから、リベラル・コーズの主要な部分をなしてきた。それにも拘わらず、多文化主義の論客の多くはリベラリズムの超克や再編の必要を説く。他方、デラシネ(根なし草)的な個人の自由ではなく、文化的な共同体を維持しようという点では、多文化主義はナショナリズムとも通底するように見える。しかし通常、両者は鋭く対立している。民族主義的なアイデンティティの主張とエスニシティの主張は、一体どのような関係にあるのか、こういう疑問が当然出てくる。そこで、リベラリズムとナショナリズムという二つの「似て非なる」対抗者との比較によって多文化主義を性格付けることが、その思想的位置の理解に資するだろう。

ちなみに、リベラリズムの対抗思想として、また多文化主義とも交錯する思想運動としては、個人の政治的・倫理的主体性の陶冶の場として共同体の再生を図る「共同体論(communitarianism)」が、現代の米国やカナダにおいて台頭している。しかし、共同体論は基礎単位としての共同体を国民国家や、国民的公共性へと人々を媒介するエスニシティ横断的な自治的共同体に求めるか、あるいは国民的統合に対抗するエスニックな文化的共同体に求めるかによってナショナリズムと多文化主義に分解される[4]。したがって、ここではやはりリベラリズム、ナショナリズム、多文化主義の三本の軸で考えてみたい。

表1はこのような観点からの多文化主義の性格付けの試みである。既述のように、多文化主義の概念は多義的に使われているので、以下の性格付けは決して様々な見解に対するフェアネスを標榜しない。多文化主義の政治哲学的な特異性と問題性を鮮明に浮かび上がらせるために、私自身の観点からあえて「図式化」を試みたものである。

この表では、基礎的なアイデンティティの単位をどこに置くかという点に、三つの思想範型の根本的な差異を求めている。リベラリズムは「個人性(individuality)」を、ナシ

表1　文化政治のトゥリアーデ

		リベラリズム	ナショナリズム	多文化主義
アイデンティティの基礎単位		Individuality	Nationality	Ethnicity
受容問題	文化的多様性の包摂	P	N	P
	マイノリティの人権保障	P	N	P
関与問題	国家の文化的中立性	P	N	N
	個人権に対する文化的制約	N	P	P
統合問題	マイノリティの政治的統合	P	P	N
	文化単位の分権的自治	N	N	P

ヨナリズムは「民族性ないし国民性(nationality)」を、多文化主義は「エスニシティ(ethnicity)」を、それぞれ基礎単位とする。この三者の対抗関係を「文化政治のトゥリアーデ(the triad of cultural politics)」と呼ぶことにしたい。

この対照図式においては「多文化主義」だけでなく、「リベラリズム」や「ナショナリズム」についても、一定の「理念型」的な純粋化ないし単純化がなされている。実際には、個人の自律の条件たる「選択の文脈」として文化を捉えることでリベラリズムと多文化主義の統合を図るキムリッカからの立場[5]や、国民統合の基盤を「血と土」や「民族文化」にではなく公共的な政治原理に求めることでナショナリズムをリベラルな価値や文化的多元性と両立させようとする「公民的ナショナリズム(civic nationalism)」[6]や、国民文化の性格をめぐる批判的論争への持続的コミットメントを重視する「リベラル・ナショナリズム」[7]のような立場も存在する。しかし、このような「混淆」ないし「総合」の試みを的確に位置づけるためにも、まず、三つの思想範型を理念型的に識別しておくことが必要だろう。以上のような観点から、文化政治のトゥリアーデの各項の特質とその関係について敷衍したい。

リベラリズムは様々な文化や帰属集団が個人のアイデンティティにとってもつ位置や重要性は、その個人の自己解釈に依存するとみなす点で、基本的なアイデンティティの単位を個人そのものに置く。共同体論はリベラリズムが「負荷なき自我(the unencumbered self)」――何ものにも制約されない選択能力をアイデンティティの基盤とし、自らの選択を指導する内的原理を欠いた自我――の観念にコミットしていると批判するが、これは的確ではない。リベラリズムは自己の恣意に左右されない妥当性をもつ文化的価値へのコミットメントが個人のアイデンティティの不可欠の一部をなす可能性を承認する。しかし、リベラリズムにおいては、かかる価値が自己の生にとってもつ含意を探求し、競合する他のアイデンティティ構成的価値に対するその比重を熟慮し査定する究極の責任主体はその個人である[8]。

ナショナリズムはナショナリティ、すなわち、一つの国家に統合され歴史・文化・言語を共有するとみなされた国民共同体への帰属を個人のアイデンティティの最も基底的・優越的な構成要素とする。ナショナリズムは個人のアイデンティティの複合性を必ずしも排除しないが、異なったアイデンティティ基盤への忠誠の相剋が生じた場合、自らが帰属する国民共同体への忠誠を優越させようとする。ただし、国民共同体への忠誠は、政治的支配層や国家権力への無批判的盲従と同じではない。ナショナリズムは国民共同体の歴史・文化に敬意を払わない権力に対する「下からの抵抗」の基盤になりうるし、アトム的に孤立した諸個人を国民共同体の共通利害への配慮によって連帯させ、集団的自己統治の主体へと陶冶することにより、民主主義の基盤ともなりうる(9)。

これに対し、多文化主義の基礎的アイデンティティ単位はエスニシティである。エスニシティはナショナリティとどう違うのか、または同じなのかは、微妙な問題である。アイデンティティの複合性を認めつつもその相剋の解決を個人の自己解釈に委ねきらず、特殊な文化的共同体への忠誠を優位に置く点では、多文化主義はナショナリズムと通底する(多文化主義を自称しながらアイデンティティの相剋の解決を個人の自己解釈に「委ねきる」者もいるだろうが、この種の多文化主義はリベラリズムに回収されるだろう)。しかし、同一の国家の内部にこのような文化的共同体たるエスニシティが複数共存することの承認を求め、単一の国民共同体へそれらを同化吸収すること――すなわち、多数派文化集団にエスニック・マイノリティを同化すること――を拒否する点で、多文化主義はナショナリズムと鋭く対立する。しかし、この対立はエスニシティとナショナリティの本質的な相違を示すものだろうか。エスニシティとは「小さなナショナリティ」に過ぎないのではないか。この問題を少し考えてみよう。

キムリッカは本稿で言うエスニシティの中に、「小さなナショナリティ」にあたるものと、そうでないものとを区別している。彼の用語法では、前者が「民族的マイノリティ(national minorities)」で、後者が「エスニック集団(ethnic groups)」である。前者は被征服先住民や国民国家形成競争の敗者たる「国家なき民族(stateless nations)」から成り、後者は故国を自己の意志で離れ、個別分散的に移住してきた自発的移民をパラダイム・ケースとする。民族的マイノリティは、キムリッカの言う「社会構成的文化(societal culture)」、すなわち、領域的に集中し、政治・経済・教育・宗教・余暇など人間活動全般を包摂し、かかる広範な活動領域に関わる諸制度の中で使用される固有の言語を中心とする文化である点で、支配的な多数派民族と変わらない。主流派民族と民族的マイノリティとの関係は、国民国家間の対立と妥協を単一国家内に持ち込んだものである。したがって、民族的マイノリティには固有言語使用権や強い自治権が認められる。他方、自発的移民は、移住しようとする国家がもつ社会構成的文化への参入を自ら望んだとみなされるため、かかる権利は認められないが、公用語を使用し、その社会の基本的政治原理に忠実である限りにおいて、宗教や儀礼・祝祭日・衣食住などの生活習慣に関する自己の文化的遺産を保持する権利――「多習俗権(polyethnic rights)」と呼ばれる――は認められる[10]。

キムリッカのこの区別には様々な疑問が向けられよう。例えば、カナダのケベック州のフランス語社会は先住民と同様、民族的マイノリティとして扱われるが、英語系住民との植民地主義的侵略競争の「敗者」を先住民と同等に――フランス語使用を移民等に強制する特権を考えれば、同等以上に――保護さるべき「文化的弱者」とみなすことができるのか。これは先住民の観点から見て問題性を孕むのは当然だが、それだけでなく、民族的マイノリティと区別された「エスニック集団」として固有言語使用権を否認される非フランス語系・非英語系の後発移民との関係においても疑問を生む。先住民の社会構成的文化を破壊して自らの社会構成的文化を樹立した植民地主義者の末裔とその同系移民が、相対的に彼らより分散的で「侵略性」の弱い他の移民以上に自文化・自言語保護に関する強い特権を享受するというのは、いささか奇妙な「居直りの論理」である。この居直りの論理がフランス語系住民に許されるとするなら、なぜ他の移民がケベック州内の一定地域に集中的に移住して同じ居直りの論理に訴えることが許されないのか。この疑問はキムリッカだけでなく、チャールズ・テイラー(本章注4掲載論文参照)など、ケベックのフランス語文化保存のための特権付与を容認する論客一般に向けられうるものである。

キムリッカの区別のより根本的な問題は、それが多文化主義が保護するエスニシティの内部分類にのみ関わっていて、ナショナリズムが求める「大きなナショナリティ」への統合に対抗する文化的単位としてのエスニシティの存在論的基盤の問題を十分解明していないことである。この問題は次のような疑問として呈示できるだろう。民族的マイノリティの存在を否定して「単一民族神話」を押し付けるナショナリズムを多文化主義は批判するが、この批判は民族的マイノリティ自身の文化的アイデンティティ形成にも向けられないか。ナショナリズムの存在論的無根拠性への批判は多文化主義にも送り返されないか。

ナショナリティが「想像の共同体」、すなわち作為的に形成されたにも拘わらず人々の意識を強固に支配する現実的な虚構であるということは、しばしば指摘されている。[11]国民国家形成の過程で、言語と文化を異にする様々な集団が強制的に同化統合され、共通の「国語」と「国史」と「国民性」をもつ「単一民族」の神話が、すなわち「新しいくせに古いふりをする」共同体の物語が産出され、流通させられる。ナショナリティに対するこのような「脱構築」は多文化主義の根拠としても援用される。その場合、国民文化に統合された下位文化としてのエスニシティは「想像の共同体」ではなく、実在的基盤をもつことが前提されている。ナショナリティは押し付けられた虚構であるのに対し、エスニシティは自然的ないし歴史的実体であるという両者の区別が、後者の尊重要求を正当化するとされる。しかし、ナショナリティに対する「脱構築」はいかにしてエスニシティの手前で立ち止まることができるのか。エスニック集団や民族的マイノリティの文化的アイデンティティなるものもまた、内部の差異を隠蔽抑圧する同化権力の産物ではないのか。

この疑問に対する一つの応答は、文化の実体化の克服にこそ多文化主義の狙いがあるとする立場である。例えば、J・タリーは、内部的統一性と固定的本質をもった文化が衝突しあうような文化の「ビリヤードボール・モデル」に代えて、様々な文化が内的多様性をもちつつ相互的に作用・干渉しあって変容し、見る角度によって相貌が変わる「不思議な多重性(strange multiplicity)」をもつとする「相的(aspectival)」な文化概念を提示している。文化の複数性ということだけなら、国境に沿った文化の棲み分けを求めるナショナリズムもこれを承認している。タリーによれば、ナショナリズムの誤謬――リベラリズムと共同体論にも彼は同じ誤謬を帰するが――は、文化の複数性の否定にではなく、一つの政治体の中での複数の文化の対等な相互承認と相互作用を不可能にするような排他的・固定的本質を文化に帰する実体化思考にある。文化の実体化を排し、文化の内的多様性と相互作用・相互変容の契機を強調するために、彼は「多文化主義」よりも「間文化主義(interculturalism)」という言葉を選ぶ。彼はあらゆる文化的アイデンティティに同化権力の臭いを嗅ぎ取ってこれを脱構築しようとする多くのポストモダン的傾向の論者からは距離をとり、先住民をはじめとするマイノリティ集団の文化的アイデンティティを脱実体化的に再構成することで擁護しようとする。[12]

しかし、このような間文化主義の視点は多文化主義をリベラリズムとナショナリズムに両極分解する潜勢をもつ。文化の内的多様性と可変性の承認は、文化のどの相が自己のアイデンティティにとって基底的意味をもつかの解釈を個人に委ね、自文化の伝統への盲従ではなく批判的吟味によるその発展的継承の自由を諸個人に承認するリベラリズムへの接近を含意するだろう。また、異文化間の相互作用・相互浸透の強調はナショナリズムの再編への道をも含意する。たしかに、従来のナショナリズムは支配的文化集団に先住民や他の文化的マイノリティを同化統合する傾向が強かったが、相互変容的ナショナリズムなるものも国民国家形成の一つの可能性として考えられる。これは、既存の様々な文化集団が一つの国家の対等な構成集団として相互承認すること、そして、各文化集団が自己を変えず他者のみを変えようとするのではなく、むしろ相互的な作用・交渉による相互変容を通じて新たな共通の国民文化――多様なエスニシティを解消する同一性ではなく、かかる多様性を貫通する共同性としてのナショナリティ――を形成することを求める。[13]（言語に関しては、この種のナショナリズムは先ずは合意による共通言語採択――多数派集団の母語が選ばれるとは限らず、各集団に対して「中立的」な外来語や、古代語の現代語化、「クレオール」的混成言語の形成などもありうる――を求め、それが困難な場合は、公用語を地域的に差異化する領域的多言語主義ではなく、全国民に複数の公用語の実効的な使用能力の習熟を要請する脱領域的多言語主義を採択することになるだろう。)「共通」という表現に本質主義的発想の残滓があるというなら、タリーが哲学的に依拠するヴィトゲンシュタインに倣って、諸文化の「家族的類似(family resemblance)」による結合の形成と言い換えてもよい[14]。文化を固定的・閉鎖的実体として捉えず文化間の相互作用を重視するなら、このような相互変容的ナショナリズムの可能性を原理的に排除することはできないだろう。

エスニシティとナショナリティの異同について、ここで問題を整理してみよう。エスニシティを「小さなナショナリティ」として承認することで「大きなナショナリティ」に対する対等な権利を付与しようとするなら、エスニシティはナショナリティと同様に内なるマイノリティを同化する権力と化す。他方、エスニシティを脱実体化された文化概念と結合することにより本質主義的なナショナリティと区別する間文化主義の視点は、「リベラルな個人主義への回帰以上のもの」であろうとするなら、ナショナリティの解体にではなく、エスニックな諸文化の相互変容により新たに形成される国民文化としてのナショナリティの脱実体化的な再編に導く。

結局、エスニシティとナショナリティとの間に、両者の相違を絶対化するような存在論的断絶があるわけではない。多文化主義とナショナリズムとの対立は、エスニシティとナショナリティとの存在論的断絶によるというより、むしろ、国民国家形成が主流派文化集団によるマイノリティの同化ないし排除によってなされてきたという歴史的背景、約一万五千とも言われる政治的承認を求めるエスニックな文化集団がすべて独立国家を形成することが現実的には無理だという状況[15]、この状況への応答として相互変容的ナショナリズムは原理的に可能だとしても、現実政治においては主流派によるマイノリティの同化の隠蔽合理化のレトリックとして利用される危険性、ないしそのような危険性へのマイノリティの拭い難い疑念など、歴史的・政治的な諸要因による。この対立を鮮明にするために、対等な相互変容的プロセスの産物という「理想的形態」ではなく、主流派による同化圧力の産物という「歴史的現実態」としてのナショナリティに立脚するものとしてナショナリズムをここでは性格付けておきたい。

以上、アイデンティティの基礎単位をめぐる多文化主義・リベラリズム・ナショナリズムの対抗関係を一般的に性格付けた。次に、多文化主義の思想的位置をさらに明確にするために、文化政治の一連の問題群に即して、この対抗関係の錯綜した含意を解きほぐしてみたい。

3 対立連携の錯綜——問題複合の解析

まず、係争点となる六つの主要な問いを立ててみたい。表1では、このそれぞれに対する応答が「積極的(P：Positive)」か「消極的(N：Negative)」かによって、三つの立場の対立連携関係を示している。以下、この点について説明しておこう。この応答の差異は"all or nothing"という二者択一的な意味での肯定と否定ではなく、より積極的にコミットし促進しようとするか、留保・限定・制約を加える消極的な態度をとるかという程度の差だと考えていただきたい。

この六つの問題は、それぞれ二つずつ三組の問題群に分かれる。最初の「受容問題」群は国家による文化的マイノリティの受容に関わる。「多様な文化的出自をもつ人々を国家の内部に対等な資格で包容するか」、「民主的に形成された多数意志によっても奪いえない人権をマイノリティの人々に認めるか」という二つの問いから成る。第二の「関与問題」群は特定文化の保護への政治の積極的関与の是非に関わり、「国家を文化的に中立なものとして捉えるか」、「特定文化の保護を個人の権利行使に対する正当な制約根拠として承認するか」という二つの問いを含む。最後は、文化的な差異への権利と政治統合の要請との比重に関わる「統合問題」群で、「全体政治社会への忠誠を下位文化集団への忠誠に優越させるようなマイノリティの政治的統合を図るか」、「文化を単位としたマイノリティの分権的自治を認めるか」という問いを包含する。私見では、受容問題群ではリベラリズムと多文化主義が連携してナショナリズムと対抗し、関与問題群ではナショナリズムと多文化主義がいわば「同床異夢」的に提携してリベラリズムと対立し、統合問題群ではリベラリズムとナショナリズムが多文化主義への警戒心を共有するという、三つどもえの錯綜した対立連携関係がある。

受容問題について見れば、国民国家を一つの文化共同体として形成しようとするナショナリズムが文化的マイノリティを抑圧しがちなのに対し、リベラリズムは多文化主義の運動が勃興する前から、文化的マイノリティの受容を大義としていた。これは米国の文脈では、宗教的マイノリティに対する差別抑圧や、文化的出自を異にする新移民に対する排斥運動など、しばしば「民主的立法」の形をとって暴発する多数の専制に対して、宗教的自由の保障や「平等保護」の保障を司法審査制によって貫徹するリベラルな立憲主義的人権保障の伝統が重要な歯止めとして機能してきたことに示される。[16]

しかし、文化的出自による差別の廃止や多数の専制に対するマイノリティの人権保障を超えて、マイノリティ文化の積極的保護のために国家の介入を要請するかという「関与問題」に関しては、多文化主義とリベラリズムは緊張関係に立つ。これは、従来のリベラリズムが国家の宗教的中立性を求める政教分離原則の延長線上で政治と文化の関係を捉えたため、多様な文化に対して国家は中立性を保持し、文化を選択する個人の権利に干渉すべきでないという想定に立ち、特定文化保護のために個人の権利に制約を加えることに対し消極的な姿勢をとってきたからである。多文化主義はこの国家の文化的中立性の想定を幻想として批判する。[17] 国家の宗教的中立性は文化的中立性を含意しない。何よりも公用語の存在は公用語以外の言語を母語とする文化集団を不利な立場に追いやる。宗教的中立性が宗教に無関心な世俗文明を促進するとする見解もある。米国について言えば、ユダヤ・キリスト教文明を基盤にした「見えざる国教」の支配を指摘し国家の宗教的中立性さえ否定する見解もあるが、[18] この点は措くとしても、英語の覇権は言うに及ばず、業績主義的・競争主義的メンタリティ、社会的・地理的移動への積極性、自動車中心で資源・エネルギーを蕩尽する消費文明など、俗に"American way of life"と呼ばれるような独特のライフ・スタイルが支配し、それに適応できない人々は周辺化されている。多文化主義は文化的中立性を標榜するリベラルな国家において事実上周辺化される文化的マイノリティの言語・文化遺産・生活形式などを保護するために、カルチャー・ブラインドな無差別性を超えて様々な規制や助成、優遇措置などを要請する。

もっとも、文化と政治のリベラルな区別が事実上裏切られてきただけでなく、原理上も破綻していると言えるか否かについては論議の余地がある。別著で私が論じたように、多文化主義が要求するような周辺化されたマイノリティ文化の保護のための優遇措置は、当該文化の卓越性を理由にしてではなく、主流派文化とマイノリティ文化との間の「競争条件」の不公平な差異を是正する正義の観点に立つことによってより的確に正当化することができ、政治と文化の区別の基礎にある正義と善き生の特殊構想とのリベラルな区別と両立するだけでなく、かかる区別を前提しているという反論がリベラリズムの立場からは可能である。[19] 多文化主義をリベラリズムに包摂する一つの思想回路がそこにあるが、これについては次節でまたふれる。

この関与問題に関しては、皮肉にも多文化主義はナショナリズムと接合することになる。ナショナリズムもリベラリズムにおける国家の文化的中立性の想定を根無し草的コスモポリタニズムとして斥け、共通の歴史と言語に埋め込まれた共通の国民文化の維持発展を国家の正統な任務とみなし、この目的のために個人権の制約も辞さないからである。ナショナリズムと多文化主義の違いは優先的に保護さるべき文化にされるのが、主流派文化か周辺化されたマイノリティ文化かにある。しかし、この相違も相対的なものである。ある国家の主流派が自分たちの「国民文化」がグローバルな「文化の競争市場」で一層強力な他国の異文化によって侵食され、周辺化されつつあると信じ、かかる異文化の流入を阻止したり、自国内でかかる異文化を享受・実践する諸個人の権利を制約しようとするとき、彼らの論理は多文化主義のそれと酷似することになる。例えば、フランスにおいて、ハリウッド映画のビデオの輸入が規制されたり、移民を排斥しようとする右翼が「差異への権利」に訴えるという事態はこの事情と関連している。たしかに、主流派文化の「脆弱性」の主張は多くの場合、疑わしいものだろう。しかし、ある国家の主流派文化が本当に他の大国の文化的覇権によって脅かされているとしたら、多文化主義が文化的マイノリティ保護のために要求しているのと同じ優遇措置をナショナリズムが主流派文化のために要求することを、多文化主義は原理的に拒否しうるのか。これは多文化主義にとって厄介な問題である。主流派文化を「救済」する優遇措置はマイノリティ文化への同化圧力をも高めうるからである。

最後に、統合問題に関しては、リベラリズムとナショナリズムは方式は異なるが、ともにマイノリティの政治的統合を促進し、この点で多文化主義と衝突することになる。リベラリズムはナショナリズムのようにマイノリティを主流派文化の伝統的生活形式に同化吸収することによってではなく、むしろ、文化的マイノリティが自律・寛容・人格の平等など、文化的多様性を貫通するとみなされた共通の政治原理への忠誠を誓い、公共的空間に対等な資格で参加することを促すことによって、その政治的統合を図る。マイノリティが自己の文化的アイデンティティの擁護を理由に、自集団内部の異端者や被差別階層を抑圧するとき、国家が介入してこれを制御することを要請する点で、リベラリズムは共通の政治的原理への忠誠を下位文化集団への忠誠に優位させる。キムリッカのようにリベラリズムと多文化主義の統合を図る論者も、主流派の同化圧力に対するマイノリティの「対外的保護(external protections)」を要請する一方、マイノリティ集団内部でのかかる抑圧や差別――彼の用語では「対内的制約(internal restrictions)」――の正統性を否認する点で、マイノリティのリベラルな政治的統合にコミットしていると言える。[20]

しかし、多文化主義がリベラリズムと原理的に対抗するラディカルなオールタナティヴとして自己を貫徹しようとするなら、個人の自律や平等が文化横断的な普遍的妥当性をもつという想定を否定せざるをえないだろう。また、伝統的な価値を批判的に吟味する個人の反省能力の陶冶は、主流派文化よりも脆弱化されたマイノリティ文化に対して一層破壊的な帰結をもつ危険も憂慮されるだろう。このような観点からは、文化的同化と区別されたリベラルな政治的統合は、ナショナリズムにおける文化的同化による政治的統合に柔和な仮面をかぶせたものとみなされることになる。

ただ、ナショナリズムを斥け、自律・寛容・人格的平等などのリベラルな価値をも相対化する多文化主義も、マイノリティと主流派との集団間平等を重視する限り、マイノリティの政治的統合の問題を完全には無視できない。例えば、外敵の侵略に対して自国を防衛しなければならないとき、平時において平等な集団的権利を享受したマイノリティは、防衛のための犠牲・負担——良心的兵役拒否の場合の代替的役務も含めて——を平等に負うことを拒否できるのか。拒否できないとしたら、かかる負担・犠牲を厭わない責任感の基盤として何らかの程度の自国への忠誠心の育成がマイノリティにおいても必要とならないか。また、マイノリティと主流派との文化的自己実現機会における不平等は政治的・社会的差別だけでなく、経済的格差によることが多い。この格差を是正するために主流派住民や「豊かなマイノリティ」から「貧しいマイノリティ」への再分配を要請する場合、主流派住民や「豊かなマイノリティ」がこの再分配の負担に同意しうるためには、彼らが他国民に対する以上に強い相互扶助の絆で結ばれた「配慮の共同体」の仲間として「貧しいマイノリティ」を受容しうることが必要だろう。かかる再分配には、植民地主義的侵略や奴隷的搾取、社会的差別等々、主流派によるマイノリティへの不正な加害への賠償の論理で正当化できる部分も少なくないだろうが、文化的自己実現機会の格差是正のための再分配がそれに全面的に還元されるわけではない。特に再分配の正当化理由だけでなく、その受容の動機づけ要因を考えたときに、賠償の論理を超えた「配慮の共同体」としての同胞意識が必要になるだろう。マイノリティを文化的に同化することなく、ここに示唆したような忠誠心や同胞意識を生み出すような仕方で政治的に統合することはいかにして可能か。これは多文化主義に課された問題である。

統合問題は分権的自治の在り方にも関わる。ナショナリズムが文化的マイノリティの自治に警戒的なのは言うまでもない。マイノリティの文化的同化や国民国家への運命共同体的な帰属意識の促進にとって、かかる自治は妨げになるとみなされるからである。リベラリズムは集権化された巨大政府を警戒し、分権的自治の重要性を承認するが、かかる自治の単位としては必ずしも文化的マイノリティを想定してはいない。離脱の自由、移動の自由を確保するリベラリズムの視点からは、自治的共同体のパラダイムはやはり、多様な文化的出自をもつ人々から構成される開かれた地域社会であろう。領域的に集住した「民族的マイノリティ」への強い自治権付与を要請するキムリッカのようなリベラルな多文化主義者は文化的自治を承認しているが、彼もまた既述のように、離脱の自由の保障を求めるだけでなく、個人の自律に対する「対内的制約」を斥けている点で、マイノリティの文化的自治に重要な留保を付している。

多文化主義の視点からは、エスニシティ横断的、文化横断的に分権的自治の単位を構想するリベラリズムの発想は、一見、異文化共生を求めるようであるが、実際には、一定領域で文化的マイノリティが多数派を構成して自らの文化を再生産する政治権力を獲得することを妨害し、文化的マイノリティを様々な地域社会の内部においても周辺化しておくことで終局的に主流派文化に同化吸収しようとする策略とみなされる。この疑いを促す要因がたしかに米国の歴史には存在する。そこでは中央集権政府の強大な権力に対するリベラリズムの警戒は、権力分立制とともに、州が強い自治権を留保する連邦制の内に体現されているが、この連邦制は基本的には文化単位の自治を排除する同化主義的政策と統合してきた。例えば、米国が対メキシコ戦争後獲得したテキサス、ニュー・メキシコ、カリフォルニアなど、南部の新領土に州としての法的ステイタスを承認したのは、これらの地域において既住のスペイン語系住民に対し英語系移民が多数派となってからである。フロリダについては、先住民・非英語系住民が少数派になるように意図的な境界設定もなされた。米国は多民族国家の典型であると言われているけれども、多文化主義の観点から見れば、これまでのところ、きわめて同化主義的な国家だったのである。[21]

ただ、リベラリズムは同化主義的な分権的自治しか承認できないわけではない。「対内的制約」へのリベラルな歯止めを課した上での文化的自治という既述のキムリッカの構想だけでなく、レイプハートの「多極共存型」ないし「コンセンサス型」民主政モデルにおいて例示されたような「非領域的連邦制(nonterritorial federalism)」、すなわち、教育・言語など文化問題に関しては領域的に分散した異文化集団についても政治的決定権限を分割する機能的な分権システムもリベラル・デモクラシーの制度デザインとして可能である。[22]しかし、文化的自治が内部の異端抑圧の口実にされる危険に対してはリベラリズムは警戒の姿勢を崩さない。米国がマイノリティ保護を自治権付与という形よりもむしろ、連邦裁判所の司法審査制という、文化共同体の自治にも介入しうる集権的な人権保障システムに主として委ねてきた背景には、やはりこのようなリベラリズムの影響があるといえるだろう。

以上、多文化主義、ナショナリズム、リベラリズムが拮抗する文化政治のトゥリアーデの錯綜した関係を考察することにより、多文化主義の政治哲学的な位置付けを試みた。この考察を通じて多文化主義の洞察とともに問題点や限界にも照明を当てたつもりである。最後に、多文化主義が米国の基本的価値の問い直しを迫っていることを示す一つの象徴的な事例に触れ、それがリベラリズムの再編にとってもつ意義を考察することにより、本章を締め括りたい。

4　自律と多様性

米国社会は「逞しき個人主義(rugged individualism)」の牙城として、個人の自律の尊重に深くコミットするとともに、「移民国家」としての自己理解に基づき、多様性の包容も重視してきた。さらに重要なのは、この自律と多様性という二つの基本価値が両立し調和すると信じられてきたことである。自律は多様性の条件であって、諸個人が自己の生き方を自律的に探求することを保障することにより、他者と異なった個性的・独創的な生活実践がなされ、多様性が開花する。逆にまた、多様性は自律の条件であり、多様性があるからこそ、生き方の選択の自由が実質的に保障される、と。

しかし、自律と多様性の予定調和の信仰は、多文化主義の問題において動揺してきている。マイノリティ文化が自律と相容れない価値にコミットしている場合、自律と文化的多様性とは直接衝突する。しかし、このような場合でなくとも、個人の自律の十全な保障は文化的多様性を生み出すよりもむしろ、若者がマイノリティ文化を離脱して、より刺激的でチャンスの多い主流社会に自己を同化させることを促すのではないか。キムリッカは文化を特定の生き方の選択ではなく、生の選択肢に意味を供給する「選択の文脈」と捉え、マイノリティ文化の保護を自律の実質的保障条件とみなして、リベラリズムと多文化主義の統合を図ったが[23]、マイノリティ成員の自律の条件としてのみマイノリティ文化を保護するなら、結局、離脱によるマイノリティ文化の消滅を促進するだけではないか。主流社会からの「侵略的」移住を制約するだけでは、離脱による同化を防ぐことはできない。主流社会の同化圧力からマイノリティ文化を守るには、マイノリティの成員が自律性を陶冶し行使する機会をある程度制約することもやむをえないのではないか。

自律に対するこのような制約を認めるか否かは異論のあるところだが、自律と多様性の相剋を直視させ、両者の優先関係や統合の方途について根本的な再考を米国社会に——また、この二つの価値にコミットしてきたリベラリズムに——迫っている点で、多文化主義の問題提起は重要である。この問題提起を孕む象徴的事例として、一九七二年にウィスコンシン州対ヨーダー事件において米国連邦最高裁判所が出した判決がある[24]。これはアーミッシュ共同体の伝統文化の保護と子供の自律性の陶冶に関わる義務教育との葛藤が問題になった事例である。

アーミッシュは一六世紀スイスの再洗礼派の流れを汲む移民に由来し、いろいろな分派があるが、[25] ここで問題になったのは、オールド・オーダー・アーミッシュと、コンサーヴァティヴ・アーミッシュ・メノナイト・チャーチという、アーミッシュの伝統的な信仰と生活様式に忠実な二つの宗派である。ウィスコンシン州では普通のグレイドスクールが八年、そのあとハイスクールが四年あり、州法により、ハイスクールの二年間を含めた一六歳までが義務教育になっている。ウィスコンシン州グリーン郡に住むオールド・オーダー・アーミッシュの二人の子の親たちとコンサーヴァティヴ・アーミッシュ・メノナイト・チャーチの一人の子の親がそれぞれ、自分たちの子に一五歳と一四歳でハイスクールへの進学を止めさせ、州の義務教育法違反で罰金刑を下されたが、親たちは、その州法の彼らへの執行は宗教的自由を侵害し違憲無効であるとして争い、連邦最高裁はアーミッシュ側の主張を認めたのである。

このアーミッシュの人々は世俗世界の影響を避け、信仰と農業を中心にした自足的な共同生活を送っている。自然と調和して生きることが彼らの信念であり、テレビもなければラジオもない。電話や自家用車もない。家も全部自分たちの手で建設する。質素ながら堅実な生活基盤と強い共同体的結束をもち、政府の社会保障への依存を拒否するため、社会保障税の支払いも免除されている。子供の教育に関して、「アーミッシュ社会は非公式な実践学習を重視し、知性中心の生活よりも善良さを旨とする生活を、専門的知識よりも知恵を、競争よりも共同体の福祉を、現代の世俗世界への統合よりもそれからの分離を重視する」のに対し、ハイスクールの教育は「知識面・科学面の学業成績、自己の卓抜性、競争心、世俗的成功、〔アーミッシュの信仰を共有しない〕他の学生たちとの社交生活を重視する傾向」があるとみなされる[26]（〔　〕内は井上の補記）。

かかるハイスクールへの二年間の通学強制は、成人洗礼に備えてアーミッシュの信仰生活にふさわしい価値観と実践的技能を身につける訓練をしなければならない大切な思春期に、子供たちをアーミッシュの信仰と相容れない世俗的影響にさらしてしまい、アーミッシュの信仰生活を破壊する効果をもつから、彼らの宗教的自由を侵害し違憲であると彼らは主張した。州側はアーミッシュの親たちとの生活の場における協働を通じた非公式な実践教育では、子供が無知のままにされ、アーミッシュの共同体の外の市民社会でも生きていけるだけの十分な能力が養われないと主張したが、最高裁は、アーミッシュの信仰に対してハイスクール教育が重大な阻害効果をもつとし、またアーミッシュの実践教育が子供の社会性と自活能力を培うのに十分であることは法と秩序を遵守し生産的活動に従事してきたアーミッシュ共同体の歴史が証明しているとして、アーミッシュの親たちの主張を認めた。バーガー長官によって書かれた判決はさらにアーミッシュの伝統的生活形式と教育を次のように称賛さえしている。「実際、アーミッシュの共同体はジェファーソンの「逞しき自由農民(the sturdy yeoman)」の理想が求める美徳の多くをまれなほど体現し反映している。この自由農民こそ、ジェファーソンが民主社会の理想とみなしたものの基礎をなすだろう。〔一般社会からの〕彼らの特異な分離でさえ、我々が称賛し奨励することを宣明している多様性を具現するものである」[27]（〔　〕内は井上の補記）。

　他方、反対意見を書いたダグラス判事は、判決が争点になっていないとして斥けた親の宗教的自由による子の宗教的自由の制限の不当性の問題を取り上げている。「本日の判決によって危うくされているのは親の未来ではなく、生徒たちの未来である。もし親が子にグレイドスクール以上の教育を受けさせないでおくなら、子は我々が今日もつ新しい驚くべき多様性の世界への参入を恒久的に妨げられるだろう。子はそれが望ましい路であると決断するかもしれないし、反逆するかもしれない。我々が権利章典について、そして自分自身の運命の主人であることへの生徒の権利について語ってきたことに十全な意味を与えようとするなら、本質的なのは生徒の判断であって、彼の親の判断ではない。生徒が自分に対して権威をもつ人々によってアーミッシュの生き方に繋ぎ留められるなら、そして、彼の教育が切り詰められたものであるなら、彼の全人生が発展を阻害され、奇形化されるかもしれない」[28]。

　ダグラス判事の言う「自分の運命の主人である権利」、すなわち自律を子に保障することを重視するなら、子の教育は多数意見が考えるように単に民主社会の法と秩序を守り、アーミッシュの世界の外でも自活できる能力を養成するだけで十分というわけではなく、自分の共同体の外の世界を理解し、親から与えられた外部世界についての否定的なイメージを批判的に吟味する能力を子に培う必要があるだろう。他方、現代の世俗的産業文明の下で周辺化されたアーミッシュのようなマイノリティ文化集団は、主流社会からの子供への影響を遮断しない限り、絶滅に追いやられるという危機感をもっている。多数意見はこの危機感に理解を示した。ダグラス判事は子の自律の保障が「新しい驚くべき多様性の世界への参入」を可能にすると主張するが、判決はアーミッシュのようなマイノリティ文化を保存するための親の教育権の尊重こそが、「我々が称賛し奨励することを宣明した多様性」を保障すると宣明するのである。

アーミッシュ問題は特異な例外的事例とみなされがちであるが、ここには米国のリベラル・デモクラシーの基本価値の再考を迫る問題、すなわち個の自律と文化的多様性の相剋の問題が孕まれている。例えば、ウイリアム・ガルストンのような政治哲学者はヨーダー判決に刺激を受けて、自律と多様性の予定調和を想定する「標準的なリベラルの見解」を斥け、個人の理性的批判能力としての自律を根幹に据える「啓蒙プロジェクト」と、相互的寛容による宗教的・文化的多様性の包容を核にする「宗教改革プロジェクト」とを、リベラリズムの二つの対抗伝統として峻別対置し、後者に立脚して自律よりも多様性をリベラリズムの本質的な目的とする「多様性国家(the Diversity State)」を唱道している。(29)

以上、多文化主義とリベラリズムの緊張関係が米国社会の政治哲学的自己理解に与えている影響を例証するために、ヨーダー事件が孕む問題を呈示した。文化政治のトゥリアーデに関する本章での比較検討をふまえて、この問題についての私見を述べ、結びとしたい。本章で示した多文化主義の洞察と限界は次のような視角を開いている。すなわち、自律か多様性かではなく、自他双方の視点から受容しうべき公共的理由を政治的正当化に要請する正義の理念をリベラリズムの基盤とし、自律と多様性を正義理念によって媒介することにより、多文化主義の洞察をリベラリズムに取り込むと同時に多文化主義の「内なる抑圧」を制御することが可能かつ必要である[30]。この観点からは、子の宗教的文化的自律を犠牲にした親の宗教的文化的自律の追求は正義理念が含意する反転可能性のテスト——自他の立場・視点を反転させたとしても受容可能か否かのテスト——をパスせず、多様な文化を形成する人々の公正な共生の条件を損うものである。ヨーダー事件については、ダグラス判事の見解が自律を多様性に優先させるというより自律と自律の衝突の公正な調整を図るものとして、基本的には正当であると言うべきである。

これに関連して付言すれば、自律と多様性を対置するガルストンもマイノリティ集団の文化的自治を重視する一方、成員の参入・離脱の自由を実質的に保障するための制約を加えている[31]。またヨーダー判決に対するスチュアート判事とブレナン判事による補足意見の注で引用された専門家の証言が示しているように、アーミッシュ共同体から若者が離脱する傾向がある反面、新規参入者も継続的に迎えており、米国におけるオールド・オーダー・アーミッシュの全人口は判決時までの過去五〇年間、漸増傾向にあり、「アーミッシュの現成員の恐らく三分の二は同化された非アーミッシュの人々である」とされている。[32] 自律と多様性の安易な予定調和の想定は避けるべきだが、両者を両立不可能とする硬直した二項対立的な発想も克服さるべきことをこれは示唆している。自律と多様性の統合は原理的考察・制度的実験・機能的分析など様々なレヴェルの知見を動員して探求さるべき課題である。多文化主義の貢献は、この課題を真剣に受けとめる必要を人々に自覚させた点にあると言えるだろう。

第6章　フェミニズムとリベラリズム
――公私二元論批判をめぐって

はじめに

前章で検討した多文化主義は、リベラリズムが個の自由・平等のような普遍的価値の名において文化的差異を隠蔽抑圧してきたと批判する。これに対し、フェミニズムは、社会が男と女の本質的差異を捏造し、捏造された性差によって性差別を合理化し再生産するのをリベラルな普遍主義は放任し、あるいは追認ないし促進さえしてきたと批判する。すなわち、多文化主義がリベラリズムを〈同化〉による抑圧の合理化装置として批判するのに対し、フェミニズムは後者を〈差異化〉による抑圧の合理化装置として批判する。

しかし、この対比は表面的なものにすぎない。男女を貫通して存在する様々な差異の次元や、性別ステロタイプを超えた生と性の多様な在り方を、本質主義的・二分法的な性差のコードの一元的支配の貫徹により社会が隠蔽抑圧し、それにリベラリズムが加担してきたというのがフェミニズムの批判の核心である。そうだとすれば、フェミニズムもまた、多文化主義と同様、「ノーマルな存在」を規定する支配的範疇への包摂により人間存在の多様性を否認する思想としてリベラリズムを批判していると言える。したがって、「多元性を開く普遍」の思想としてリベラリズムを擁護し再定位するためには、フェミニズムの批判への応答も重要な課題である。本章では公私二元論批判に焦点を置いて、この課題に取り組んでみたい。

1　思想と現実の乖離——二つの応答

リベラリズムは普遍的人権を語ってきた。しかし、その母胎となった近代市民社会（およびその末裔たる現代産業民主主義社会）は、合衆国が一九二〇年にやっと参政権の性差別を連邦憲法によって禁止したことが象徴するように、「人権（the Rights of *Man*, les droits de l'*homme*）」と「男権」との等置を、単なる文法的偶然ではない制度的・社会的現実として永らく残存させてきた。法的差別が廃絶ないし縮減された後も、性別分業観は強固に社会の意識と実践を支配し、企業での雇用・昇進、公職・専門職の占有率、家事・ケア労働の負担などにおける大きな性別格差が存続している。セクハラのような、微視的権力や瀰漫的な性文化による女性差別も温存されてきた。

この思想と現実との乖離は、近現代社会の現実がリベラリズムという思想を裏切ってきたこと、したがってまた、現実を批判し改革していく指導理念としてのリベラリズムのポテンシャルが尽くされていないことを示すのか。それとも、リベラリズムという思想自体にこのような現実を再生産してきた責任があり、リベラリズムを超克することなしに真の性差別の克服は不可能であることを示すのか。フェミニズムとリベラリズムの関係をめぐる論議の主導動機はこの「選言的」な問いにある。

一方に、性差別の現実をリベラリズムの思想資源の貫徹ないし発展により克服しようとする「リベラル・フェミニズム」の立場がある。この観点からは、メアリ・ウルストンクラフトの『女性の権利の擁護(*A Vindication of the Rights of Woman*)』(一七九二年)やジョン・スチュアート・ミルの『女性の隷従(*The Subjection of Women*)』(一八六九年)などに思想的に触発された婦人参政権運動(Suffragism)や、現代においてもなお続く能力主義的競争原理の性別障壁を超えた貫徹を求める運動、さらには、高等教育・専門職・管理職・公的地位等において女性の可視性を高めるための積極的差別是正措置(affirmative action)の実践も、政治的自由や機会均等というリベラルな価値の貫徹ないし実質化を図るものとして解釈され、かつ正当化されうるものである(1)。

しかし、他方、一九六〇年代以降台頭してきたいわゆる「第二波フェミニズム」は、リベラリズムこそ女性差別・女性抑圧の現実を維持強化しておきながら、それを隠蔽理化してきたイデオロギー的主犯であるとして、これを厳しく断罪する。この立場からすれば、「リベラル・フェミニズム」なるものは形容矛盾であり、リベラリズムの思考枠組のラディカルな解体によってのみ、フェミニズムは真に女性解放の思想と実践たりうる。[2]

リベラリズムの再生・再編を課題としてきた私自身は、言うまでもなく、リベラル・フェミニズムに共鳴する。しかし、第二波フェミニズムのリベラリズム批判も、過剰に糾弾的なレトリックや、晦渋で曖昧な流行思想の語彙の濫用による議論の混乱・空疎化という負の側面も一部には見られるものの、それに応答することがリベラリズムの発展に資する重要な問題提起を含んでいると考える。このような問題提起として最も重要だと私に思えるものは、「個人的なものは政治的である(The personal is political)」という命題[3]に要約されるような公私二元論批判である。本章ではリベラリズムの公私二元論の意義を再考することによりこの批判に応答し、的確に理解されたリベラルな公共性観念はフェミニズムの批判に耐えうるようにリベラリズムを再編する基礎になるとともに、フェミニズムが自ら内包する危険性を制御し、受容可能性を高めるための資源にもなることを示したい。

2　ミルの女性解放論と改革実践の重層化
——飛躍論証が隠蔽する可能性

リベラルな公私二元論に対する第二波フェミニズムの批判は、様々な論者によって、ニュアンスや強調点の差を含みつつ展開されているが、その共通モチーフが以下の四つの命題からなる議論にまとめられることについて異論は少ないだろう[4]。いずれにせよ、本章では以下の議論を検討の対象にする。

(1)家族関係や性愛など親密な人間関係を公権力が介入できない個人的・私的領域として聖域化する公私二元論にリベラリズムはコミットしている。しかし、(2)この私的領域とされた空間こそ、女性に対する男性の家父長的支配や性暴力が日常的に実践され、性別分業観が再生産される現場である。その結果、(3)リベラルな公私二元論は私的領域における女性への差別・抑圧を放縦化すると同時に、公的領域の脱ジェンダー化された制度的外観によってかかる「私的」な差別・抑圧を隠蔽している。したがって、(4)フェミニズムはリベラルな公私二元論を破棄し、個人的・私的領域の隠蔽された権力性を暴露し、それと対抗する政治的改革実践をこの領域にこそ貫徹しなければならない。

この批判的議論においては、第一命題と第二命題が基本前提となって第三命題が、さらにそこから第四命題が導出されている。本節におけるミルの議論の検討の中で、また、本章末尾で明らかにするように、出発点の第一命題が決定的な誤解・誤謬を含んでいるが、ここでは、この議論が推論自体の誤り、すなわち、一つの「飛躍論証(non sequitur)」を含むことをまず指摘しておきたい。第一命題と第二命題の連言は第三命題を論理的に含意しない。仮に、リベラリズムが家族など私的とされた領域への公権力の不介入(ないし介入抑制)を要請しているということが真だとしても(これは反実仮想である)、そのことはリベラリズムがかかる領域における差別・抑圧を放置するのではなく、それを公権力の介入(のみ)によらずにむしろ教育や社会運動などを通じた意識・習慣の改革によって克服しようとする立場に立つことと完全に両立する。

実際、古典的リベラリズムの思想家の中で女性解放を最も精力的に唱道したミルは、法的差別の撤廃に加えてかかる社会的意識改革が女性解放のために必要であることを、現代フェミニズムの観点から彼の議論の最弱点とみなされる部分においても示唆している。彼は「政治的専制(political despotism)を弁護できないのとまったく同じ理由で家族における専制(despotism in the family)も弁護できない[5]」と明言して私的領域における女性への差別・抑圧の廃絶の必要を強調した。それにもかかわらず、ある箇所で「男性が職業を選ぶときと同じく、女性が結婚をするときには、家政と育児とを、自分の生涯のうちその目的のために必要な期間だけ、自分の尽力を第一に要求するものとして選択したと一般的には理解されるかもしれない」[6]と述べ、性別分業の自明視をここで露見させているというフェミニストの批判を招いている[7]。

しかし、問題の言明の数行後で彼は次のように述べている。「しかしながら、一般的規則を個別的相当性に合わせて自由に変える余地が最大限存在すべきである。ほかの仕事に例外的に適している才能のある女性が、結婚してもなおその天職につくのを何事であれ妨げるものがあってはならない。主婦の通常の仕事を十全に遂行することができなくなるのは不可避だろうが、その不足を他の仕方で補充できるよう相当な配備(due provision)がなさるべきである。これらのことは、もし一旦、世論がこの問題について正しい方向に向けられるようになったら、法の干渉なしに世論による規制に委ねられてもまったく危険はないかもしれない[8]」。

ここでミルは専業主婦業を結婚した女性の天職とみなすどころか、既婚女性が他の天職を追求するのを家事育児責任が妨げないよう十分な支援が提供される必要があること、また、それを「法の干渉(interference of law)」ではなく「世論による規制(to be regulated by opinion)」を通じて実現することを可能にするような「正しい方向」への、世論の変革の必要を示唆している。さらに注意すべき点は、最後の一文が "if once opinion *were* ……, *might*……"(イタリックは井上による)という反実仮想法で表現されていることである。世論のかかる変革がいまだ実現されていないのが現実であること、それどころか、普通の奴隷がもつ非番の時間さえなく、キリスト教国で女奴隷に認められた、主人による貞操侵犯を拒否する権利すらないという最悪の奴隷状態に置かれた妻を、最も獣的で残酷な男を含む無数の成人男子が所有してほしいままにできるのが彼の時代の現実であること、[9]それゆえかかる現実の下では「法の干渉」も必要であることを彼は承認していた(「彼の時代の現実」のかなりの部分はなお「我々の時代の現実」でもあろう)。「法の干渉」に代わる「世論による規制」が夫の暴虐から女性を解放し、彼女たちの社会進出・能力実現を支援する事態は、根本的な意識改革・因習改革の後でやっと実現されうる理想なのである。

現実から程遠いにもかかわらず、この理想をミルが追求するのは「法の干渉」だけで問題を抜本的には解決できないことを自覚していたからである。例えば次のように。「最近にいたるまで、法は家庭内の圧制がもたらすこのような極悪非道の極度にまで達する行為を実際上ほとんど罰せずに放置してきたが、ここ数年間、それらを禁圧しようと弱々しく試みてきた。しかし、その成果はあまりあがらず、多くをそれに期待することもまたできない。なぜなら、犠牲者を死刑執行人の権力の下に委ねておきながら、その残忍な行為を実効的に制御できるなどと想定することは理性と経験に反するからである」。[10]この認識はリアルである。法の「弱々しい試み」を強化することはできるし、すべきであるが、それでも夫婦生活を二四時間警察の監視の目にさらすことは執行コストの膨大さからいっても無理だろうし、かかるコスト負担が経済的に可能だとしても、夫婦の寝室まで警察に監視させるのは心理的あるいは倫理的にできないだろう。しかし、妻が夫に殴打され、殺されるのはしばしば寝室においてであり、「夫婦間強姦(marital rape)」は寝室の犯罪である。事後的制裁を強化して抑止効果を高めることはできるかもしれないが、完全な予防はそれだけでは無理である。いずれにせよ殺された妻は事後救済では救われない。

もちろん、暴虐な夫との離婚を容易にするための法改正や、妻の経済的自立の支援は必要であるが、ミルもこれは承認している。『女性の隷従』第二章で彼は妻を無権利・無能力状態に置いている当時の英国の離婚法・夫婦財産法の問題点を具体的に指摘し、その改善の必要を力説しているし、上に見たように、別の天職を求める既婚女性を支援するための「相当な配備」も要請している。このような法改正や法的支援は必要だとしても、「女性の隷従」の現状の抜本的な解決は「法の干渉」だけで実現できるものではないことをミルは見据えていた。[11]

以上の考察から次の点を確認できる。第一に、「他者危害原則」により個人的自由への法的干渉を限定しようとしたミルの思想は、第二波フェミニズムが批判するリベラルな公私二元論の古典的パラダイムとみなされているが、家庭という「私的領域」における女性の隷従状態を改善するための「法の干渉」をミルは排除していない。法的統制は

「政治的専制」だけでなく「家庭における専制」を抑止するためにも要請される。そもそも他者危害原則自体、法的干渉の正当化理由を限定するものであって、法的干渉の領域を限定するものではない。抑止さるべきなのは他者危害であって、それが起こるのが家庭の中か外かは原理的にはイレレヴァントなのである。これは上述の公私二元論批判の議論の第一命題がすでに誤っていることを示す。

第二に、これと関連するが、第二波フェミニズムが自己調整的・自生的秩序としての市場像とパラレルなものとしてリベラリズムに帰する「前法的」な「自然的調和の秩序」としての「私的家族(the private family)」像[12]もミルは明確に否定している。彼にとって、現実の家庭はこの牧歌的家族像とは程遠く、政治的世界と同様どころか、それよりひどい仕方で、権力による支配と搾取が吹き荒れる場であり、しかも、家庭における夫のこの専制的権力は法制度によって構成され、強化されたものである。ミルにとって女性の隷従の廃止のためにまずなさるべきことは、かかる夫の権力の法的支柱の廃絶であった。[13]

第三に、先の「飛躍論証」が看過している点だが、ミルは家父長的権力の法的基盤の解体や法的制約強化のための法制度の改革の重要性を認める一方で、法の力のみによって女性に対する差別・抑圧を根絶することはできないという意味での「法の限界」も認めていた。この「法の限界」を補充するのは「世論による規制」であるが、既存の支配的世論にはジェンダー・ステロタイプや性別分業観が根深く浸透しており、世論そのものを再定位するための社会的意識改革(フェミニストの言葉で言えば、「意識向上(consciousness raising)」)が必要になる。知的にも人間的にもミルの最良のパートナーであったハリエット・テイラーとミル自身とのヴィクトリア朝倫理を突き破る恋愛と共同生活実践、そして言論活動における連携は、このような意識改革のための実践の一部であった。もちろん、より多くの女性がかかる実践に参与できるためには、女性を強制収容所化した家庭に封じ込める夫の権力基盤を解体する法制度の改革が必要だとミルは考えた。彼にとって社会的意識改革と法的改革は前者が後者の限界を補い、後者が前者のルートを開くという相互依存関係にあったのである。

「女性の隷従」を廃絶するための法制度改革の重要性と限界をともに見据え、法制度改革と社会的意識改革の相互依存的連携を図るミルの以上のような立場は、改革実践の重層化と呼べるだろう。このような位相において説かれるリベラルな「法の限界」論は、第二波フェミニズムが公私二元論に結び付けて批判する放任主義的な法限界論とはまったく異なり、改革主義的法限界論とでも呼ぶべきものである。フェミニズムの公私二元論批判はこのような立場には妥当しない。逆にむしろ、改革実践の重層化の視点は、第二波フェミニズムに現在見られる危険な両極分解の傾向を克服する展望を開くうえでも重要な指針となるだろう。第3節でこの点に触れておきたい。

3 第二波フェミニズムの両極分解とその克服

ここで言う「危険な両極分解」の一方の極には、キャサリン・マッキノンやアンドレア・ドゥオーキンに象徴される法的統制極大化論がある。この立場はポルノグラフィーを「表現」ではなく女性を差別・抑圧する「行為」とみなした上で、刑事制裁こそ自制するが、懲罰的損害賠償や差止請求という民事的手段で、これを芸術性・文学性の有無に関わりなく撲滅しうる点にまで法的統制を強化して、ジェンダー・ステロタイプの社会的再生産の根を絶とうとする。[14]

他方の極には、ジュディス・バトラーのような脱規範化論がある。これは、ジェンダーやセクシュアリティの二項対立的範疇を構成する社会的な意味生産秩序の外部に立ってそれを変革しうるような主体も、その根拠となる価値理念自体も脱構築する立場から、法制度改革とその正当化をめぐる規範的議論に意義を認めず、性的意味秩序を改革するよりも、むしろパロディ的に攪乱する行為(例えばドラァグ・クイーン)に自由のわずかな可能性を見る。[15]

本章ではこの両極を詳細に検討する余裕はないが、次の点だけ指摘しておきたい。両極いずれも、ジェンダーが自然的与件ではなく社会的構成物であるという第二波フェミニズムの基本テーゼ――これはすでにミルも強調した正しい認識である――から出発しながら、一方はこの社会的構成物を法の力によって根絶しようとし、他方はこの社会的構成物が法をも同化吸収しているがゆえに、個人の記号的戯れのみが可能な抵抗の形態だとする。両者に共通しているのは、性差別の社会的現実に対して法制度改革がもつ重要性と限界の双方を見据えて、法の変革と主体の自己変容との相互依存的連結を図るミルのような改革実践の重層化の視点の欠如である。この視点を欠く結果、両極いずれも、フェミニズムのコースを自壊させる危険を孕んでいる。[16]

すなわち、法的統制極大化論は性的平等を社会に貫徹する上で法的統制とそれを執行する国家(自治体を含む)の政治権力を万能視し、男女を問わず、あるいは異性愛者・同性愛者さえ問わず、あらゆる個人の表現の自由やプライヴァシーを窒息させる「道徳警察国家」に突き進む危険を孕む。他方、脱規範化論はその思想的急進性の外観に反して、女性の社会的経済的な苦境や障害を除去するのに必要な法制度改革問題から目をそむけて象徴的・記号的な攪乱行為で自慰的満足を得ることにより、社会的差別の現状維持に加担してしまう危険を孕む。

このような「両極化」に対する批判ないし危惧は、私のようなリベラリズムの視点に立つ者からだけでなく、現在、第二波フェミニズムに基本的に共鳴する思想陣営の内部からも提起されている。法的統制極大化論に対して、ロナルド・ドゥオーキンのようなリベラル派の代表的な法哲学者が言論の自由を擁護する観点から厳しく批判したのは不思議ではないが、彼は、マッキノンらの運動が保守的道徳主義者に思想統制の機会を与えることを危惧する他のフェミニストからも、この点では支持を得たと報告している。[18]

またニコラ・レイシーは公私二元論批判の精密化を図る立場から、法的統制極大化論に対し的確な批判を展開している。彼女は、マッキノンらがポルノグラフィーなど私事とされてきた問題を政治化する必要性の承認が直ちにその法的規制の必要を含意すると考えるのは、政治的なものを国家による法的規制対象としての公的領域と等置する硬直した公私二元論の発想になおとらわれており、論争、ボイコット、対抗宣伝、ピケッティングなど、法的規制戦略とは異なった「法外的政治(extralegal politics)」の可能性を無視するものであると批判した。さらに、政治的論争への開放性としての公共性と、個人たる男女が他者の干渉を排除できる自己決定の場としてのプライヴァシーという公私概念の区別はフェミニズムにとっても不可欠とする観点から、法的統制極大化論を斥けている。[19]

他方、脱規範化論に対しては、近年、マーサ・ヌスバウムが辛辣な批判を向けている。彼女はバトラーの言説が曖昧で難解なレトリックを弄するだけで、自己の主張を明晰に定式化しそれを擁護する議論を提示する知的責任を放棄しているだけでなく、社会的ジェンダー構造に対して記号的・パロディ的攪乱のみが可能だとみなして、女性たちの現実的な差別・抑圧の問題を解決するための法的・社会的改革への公共的コミットメントも放棄しているとする。さらにパロディ的攪乱による抵抗についても、何に対して、いかなる理由で、何を実現するために抵抗するのかを明らかにするような規範的議論をバトラーが何ら提示しておらず、結局、抑圧構造の抜本的変革を断念する「危険な静観主義(a dangerous quietism)」(あるいは「当世風敗北主義(hip defeatism)」)に陥っているとする。[20]

ヌスバウムのこの批評が出たニュー・リパブリック誌の後の号には彼女に対してバトラーを擁護する種々のフェミニストたちの反論と彼女の応答も掲載されているが、[21] 反論の主調は彼女の批判のあまりに激越な破壊的トーンに反発して判官贔屓的にバトラーを擁護するもので、バトラーが抵抗の正当化根拠を示さず、改革目的となる代替的社会像を擁護する規範的議論を提示していないというヌスバウムの批判の核心部分に、的確に答えた反論はない。

法的統制極大化論と脱規範化論という危険な両極に対して、第二波フェミニズム(ないしその共鳴者)の内部から提起されてきたこのような批判は健全なものである。それぞれの批判は独立になされたものであるが、それらのベクトルの合成が示す方向は、これに即して先に見たリベラルな改革実践の重層化の視点である。レイシーが重視する「法外的政治」と、ヌスバウムが重視する法制度改革への公共的コミットメントは矛盾するものではなく、むしろ相補的に結合さるべきものである。実際、レイシーは法外的政治を法的政治を排除するものとしてではなく、政治の後者への還元に歯止めをかけるものとして提示しているし、ヌスバウムも法制度改革だけでなく社会的意識改革運動の重要性を承認しており、彼女がバトラーを批判する理由は単にバトラーが法制度改革を無視していることだけでなく、後者の制度外的な改革実践に対しても規範的指針を提示していないことにある。このような二つの批判は改革実践の重層化に収斂する。この収斂によってこそ、フェミニズムは法的統制極大化論という、行く手を塞ぐスキラの巨岩と、脱規範化論という、方向を見失わせるカリュブディスの渦の間の難所を、前者を避けようとして後者に呑み込まれたり、後者を避けようとして前者に座礁することなく、くぐり抜けることができる。

このように自らの危険な両極化傾向を批判的に自己修正する第二波フェミニズムの最近の理論展開には、リベラリズムとの生産的な連携可能性を見ることができる。最後に、この連携の発展のために要請される課題につき、若干付言して本章を結びたい。

第一に、家族を私秘性の領域として脱政治化するイデオロギーとしてのプライヴァシーと、個人の自己決定権としてのプライヴァシーを現代のフェミニズムが明確に区別し、前者を否定しつつ後者の女性にとっての重要性を強調していることは、リベラリズムとの連携を促進する動向である。しかし、「負荷なき自我」の観念をリベラリズムに帰してこれを批判するサンデルのような共同体論者の影響を受けて、プライヴァシーの共同体論的解釈に共感を示す傾向が現代フェミニズムになお見られる。[22] 共同体論的プライヴァシー論は一見同性愛者にも寛容を示すが、これは家族的親密性の価値の保障の反射的効果が同性愛家族にも及ぶだけのことで、「家族的親密圏」に介入しない形での法的規制による性的自己決定・自己表現に対する抑圧を排除しないだけでなく、まさに第二波フェミニズムが批判した親密圏としての家族の聖域化という問題性を孕んでおり、フェミニズムは共同体論のリベラリズム批判に対して慎重な批判的再吟味の姿勢をとるべきであろう。[23]

第二に、リベラルな公私二元論に対するフェミニズムの批判の飛躍論証を本稿は問題にしたが、実はこの論証の前提をなす上記命題(1)(第2節冒頭参照)がすでに決定的な誤謬を含んでいる。先に、ミルの他者危害原則は法的干渉の正当化理由の限定であって、干渉領域の限定ではないことを指摘したが、これは他者危害原則を超えた「正義の基底性」に立脚するリベラルな公共性概念自体に妥当する。この公共性概念に基づく公私二元論は公的介入からア・プリオリに免疫化された聖域を設定するものではなく、むしろ介入を正当化しうる理由を「公共的理由」に限定し、理由の公共性の基準を普遍主義的正義理念が含意する「反転可能性」要請(自他の状況だけでなく視点を交換したとしてもなお受容しうる理由であるか否かの相互批判的吟味の要請)の充足に求めるもので

ある。(24)

この公共性概念はあらゆる個人的問題が政治化される可能性をもつことを否定しないが、この可能性の有無を決するのは「力」ではなく「理」であり、この「理」は自己中心性を超えた他者の視点への配慮を要請する。もちろん他者の干渉を排除しうる個人の自己決定権は承認されるが、それは個人の主権的管轄領域が自然的与件として確定しているからではなく、自己の偏狭な宗教的信条・家族観・性道徳観等の他者への強要が欠く公共的正当化可能性を、自他の自己決定権の相互承認がもつからである。他方また、自己決定権の行使は他者に対し何らかの負の外部効果をもちうる以上、その限界は公共的理由に依拠した政治的議論による再吟味に常に開かれている。これに対し、絶えざる政治的再吟味の可能性は個人の生を不安に陥れる危険があるから限定さるべきだという反論もあろう。たしかに、何らかの限定は必要だろう。しかし、いかなる仕方で限定さるべきか、また、ある制度化された限定方式が不正な差別・特権・社会への費用転嫁などの現状の批判免疫化になっていないかが、やはり公共的正当化を志向する政治的議論によって吟味されなければならないのである。

このように再定位された公私二元論はフェミニズムもまた受容しうるものだろう。もちろん具体的現実的問題に関していかなる対応が公共的正当化可能性をもつかをめぐっては論争が不断に続くだろう。しかし、それはもはやリベラリズムとフェミニズムを分断する論争ではなく、両者を横断し、両者を繋ぐ論争になるはずである。

このような論争においては、ジェンダーという支配的な差異化コードが隠蔽抑圧した性差貫通的な、あるいは性差超越的な差異が様々な形で表出され、まさにそれゆえに、対立の構図は搾取する性としての男一般と搾取される性としての女一般の対立図式を超えて複雑化・多次元化するだろう。例えば、代理母問題については、代理母サーヴィスを利用する側が享受する拡充された「生殖過程の自己決定権」と代理母となる女性の身体および人格の尊厳とが衝突しうるが、生殖の自由の拡充の利益は男性だけでなく、キャリア追求の妨げとなる出産の負担・リスクを回避しながら自分のパートナーの、あるいは(体外受精技術によって可能にされるなら)自分自身の遺伝子を分有する子に恵まれたいと欲する女性によっても享受され、よりよき自己実現のため他者の生殖機能を買える「もてる者」と、生活のため自己の生殖機能を売らざるを得ない「もたざる者」との階級対立が女性の間においても浮上する。[25] かかるジェンダー貫通的な階級対立が孕む搾取を規制しつつ、代理母契約を「産む性」の負荷からの女性の解放を女性自身が支援するための実践として位置づけ受容するか、「産む性」としての女性の身体の商品化につながるものとして排撃するかは、フェミニズム内部でも見解が対立しうるだろう。

リベラリズムの内部でもこの問題に関する見解は対立しうるが、本章の考察が明らかにしたことは、代理母契約を純粋な私事として公共的論議のアジェンダからア・プリオリに除去するような立場にリベラリズムはコミットしていないということである。このような問題についても、生と性の多様な在り方の追求を尊重しつつ、一部の人の自己実現のための自由な実践が、そのコスト――経済的コストだけでなく身体と人格の尊厳の侵犯や愛着の犠牲のような人間的コストも含む――を転嫁させられる側から見ても公平として受容しうるような公共的な正当化可能性をもつか否かを批判的に吟味する姿勢を貫徹すること、人間的生の多様な諸形式の公正な共生枠組としての正義に「多元性を開く普遍」を求めるこの構えこそ、リベラリズムの基底的コミットメントであり、これはフェミニズムにも共有されえ、かつ共有さるべきものである。

第7章　普遍の再生

——歴史的文脈主義から内発的普遍主義へ

1　あるシュムポシオン

たしか一九八七年の初春の頃だったと思う。ボストンの当時開店して間もないある日本料理店で、ハーヴァード大学哲学科のジョン・ロールズ教授とトーマス・スキャンロン教授、東北大学文学部(当時)の岩田靖夫教授と私の四人で懐石料理を楽しんだことがある。ロールズ氏は周知のように、一九七一年に刊行された『正義論』で国際的・学際的に大きな反響を巻き起こした哲学者であり、スキャンロン氏は契約説的道徳哲学や表現の自由の哲学的基礎の研究で専門家の間ではよく知られ、高く評価されている学者である。岩田氏は言うまでもなくギリシャ哲学研究やレヴィナス研究などで著名で、我が国の哲学界で当時既に指導的な地位を占めていた。

このような三人の碩学に混じって、当時三〇代前半の駆け出しの法哲学研究者であった私が末席を汚す機会を得たのは、たまたま岩田氏とともに私がフルブライト・プログラムの援助で前年よりハーヴァード大学哲学科に客員研究員として滞在し、ロールズ教授やスキャンロン教授の講義・演習に一緒に参加した関係で、御三方の知遇を得たからであった。帰国を間近に控えた岩田氏がロールズ、スキャンロン両教授を晩餐に招待され、私も御相伴にあずかった次第である。

「学殖豊かで人格温厚」という形容は月並みすぎるかもしれないが、こんな形容を自然と使いたくなる三教授との会食は心地よく、印象深いものだった。私は拙著『共生の作法――会話としての正義』(創文社、一九八六年)において、人々が互いの異なりを尊重し受容しつつ会話を楽しむ宴としての"conviviality"を、その語源的意味通り、人間的共生の範型として捉える観点から、マイケル・オークショットの「社交体(societas)」理論とリベラルな正義論との統合を試みたが、このときの会食は私にとって、かかる共生の宴の作法を見事に体得しておられる三教授から実地訓練を受ける機会となった。

余談だが、このときの食材には魚や肉が含まれていた。一九九二年夏に学会報告のため再訪米した折、スキャンロン氏と再会し、ハーヴァード大学のファカルティ・クラブで昼食を御一緒させて頂いたが、彼が野菜サラダだけを注文したので、わけを問うと、私が面識を得る以前から彼は菜食主義者であったことを知った。先の会食だけでなく、ボストン郊外のベルモントにあった私ども一家の借家にスキャンロン夫妻を招待した折の料理にも肉が入っていたことを思い出し、背中に冷たいものが流れた。しかし、詳しく聞いてみると、彼は「社交的菜食主義者」――たしか"a social vegetarian"というような表現を使っていたように記憶する――であり、半分は健康のために、半分は良心のために菜食にしているが、イデオロギー的にこれを主張することはせず、特に他者の招待を受けるときは、相手を煩わせたり傷つけたりしないよう、うるさい注文をせず、肉が出されても拒まないことにしているとのことであった。安堵するとともに、倫理的・宗教的ファンダメンタリズムの情念が「動物の権利論」や菜食主義の思想の中にも流れ込み易い米国の精神土壌の中にあって、スキャンロン氏のこの自制的で寛大な態度は一つの興味深い「共生の作法」の実践だと、いささか我田引水的な感銘を受けた。

私自身について言えば、言行不一致の極みである。四〇歳を過ぎても(本稿初出一九九九年時点)未だ圭角（けいかく）がとれず、酒宴では――あるいは素面でも――議論好きの性癖が過熱し、まわりの人を辟易させてしまうことがままある。最近も、若い韓国の法哲学者を拙宅にお泊めした際、「アジア女性基金」の問題をめぐって激論し、異国の客人を徹夜させてしまった。幸い、彼との友情はこれによってさらに強まった(と私は思っている)が、一時間の仮眠で帰国の途についた彼の疲労を思うと慚愧（ざんき）にたえない。類は友を呼ぶというのか、私の敬愛する友人先輩諸兄にはこの宿業を共有している人々――固有名詞は控える――が目立つ。彼らとの宴ではいわば悪癖の相互承認がなんとか成立するのだが、心優しき普通の人々にとってはたまったものではないらしい。先の三教授との会食ではさすがに、この悪癖は出ずに済んだようだったが、一度だけ、私がロールズ氏に対してやや挑発的な質問をし、座を一瞬緊張させた(と今から思える)場面があった。

我々の会話ははじめは日本の食文化などという無難な話題に向けられていた。もっとも、土瓶蒸しのスープを皆が飲んでいるときに、そのベースの一部である鰹節の作り方について私がしたお喋りを、社交的菜食主義者スキャンロン氏は不快感を抑えながら聞いてくれたのかもしれない。そのうちやはり学問的な議論が始まり、ロールズ氏の理論がおのずと話題の中心になった。意見を交換した論点の一つは次のようなものであった。

既述の『正義論』の認識論的核心は、何らかの確実な根拠を措定して、そこから単線的に正義原理を導出しようとする「基礎付け主義(foundationalism)」を斥け、「反省的均衡(reflective equilibrium)」、すなわち、様々な抽象レヴェルの理論モデルや原理の定式化と個別的な良識的判断との多方向的なフィード・バックを通じて達せられた熟慮の均衡を正当化の条件とする点にある。しかし、この反省的均衡の概念は私にはどうにも捉えどころのないものであった。何をもって均衡成立ないし不均衡とするかについて、恣意的な操作可能性があるようにも感じられた。そこで、この点についての素朴な疑問をロールズ氏にぶつけてみたところ、彼はスキャンロン氏との間で以前交わされたロールズ理論の性格付けをめぐる比喩のやりとりを紹介してくれた。

具体的な経緯は忘れたが、あるときスキャンロン氏がロールズ氏に「あなたの理論には頸静脈(jugular)がない」と評したとのこと。"jugular"という言葉を聞いて私がきょとんとしていると、スキャンロン氏がそれは猟犬が獲物にとどめを刺すために噛み付く部分のことで、「急所」の謂だと親切に解説してくれた。ロールズ氏はこれを受けて、「そう、私の理論には頸静脈はない。その代わり、無数の毛細血管(capillaries)がある」と応えたそうである。

この比喩の応酬はなかなか巧みで、問題の核心を衝くように思えた。基礎付け主義からの脱却は、それさえ否定すれば全理論体系が崩壊してしまうような決定的な根拠への依存からの脱却を意味する。この意味での「無根拠性」を自認するロールズ理論は自己の恣意性を自認するどころか、致命的弱点となるような論理的急所の不在を誇ることになる。スキャンロン氏の比喩はロールズ理論のこのしたたかさを認める点では、一つの賛辞である。しかし、あらゆる優れたメタファーがそうであるように、それは両義性をもつ。

基礎付け主義を先駆的に批判した哲学者カール・ポパーは周知のように理論の検証可能性は否定したが、反証可能性はむしろ科学性の条件として要請した。もちろん決定的反証が可能か否かについてはクーンのポパー批判以来、科学哲学において論争のあるところだが、何らかの批判的コントロール可能性は学問的言説の生命であるように思える。

決定的反証を可能にするパラダイム横断的な方法論的ルールが仮にないとしても、あるいはむしろ、それがないとすればよけいに、それぞれの理論なりパラダイムはいかなる条件の下でなら自らの失敗を認める用意があるのかを、自らの観点から指定する知的責任がある。パラダイム間的真理を否定してパラダイム内的真理を語る者も、自己の言説の放縦化を避けようとするなら、自己のパラダイムそのものの内に埋め込まれた自己批判的統制原理を示さなければならない。

しかし、ロールズ氏の反省的均衡の概念は、単一の論拠に向けられた反論の効力を減殺するだけでなく、一体どういう条件の下でなら彼の理論を支える諸理由の均衡が破綻したと言えるのかを限りなく曖昧にしてしまうのではないか、という疑念をもたせる。どのような反論も暖簾に腕押し式にかわされてしまうようなのである。反省的均衡はいわば、いかなる攪乱的反論をも呑み込んで、自己を回復する魔術的執拗性をもつかのようである。先年(一九九四年)ノーベル賞を受賞した経済学者ハーサニーをはじめ、批判に対するロールズ氏の「弥縫(びほう)的」な応答に対する苛立ちをはっきりと示す論者も少なくない(1)。スキャンロン氏の「頸静脈がない」という比喩は、ロールズ理論のしたたかさへの賛辞であると同時に、批判的統制に対して自己を限りなく不透明化するその“elusive”な性格への苛立ちないし当惑も表現しているのではないか、そんな印象を私はもった。

「無数の毛細血管」というロールズ氏のメタファーは、かかる苛立ちへの応答として解釈できる。その理論が動員する多種多様な知的・思想的資源や諸直感は毛細血管のように複雑に絡み合い、全体として、多元的社会における持続的安定性をもった公正な協力枠組という彼の政治社会像に内実と生命力を供給している。個々の毛細血管は脆弱かもしれないが、それはこの理論複合体全体の生命力の強さと両立する。一部の毛細血管が切られたからといって、この「理論的身体」の生命が直ちに危殆に瀕するというわけではない。私はロールズ氏の比喩をこのような趣旨にとった。

この巧妙で意味深長な比喩の応酬に刺激されて、私の中で例の悪癖がいたずら心を発揮し、ロールズ氏に向かってつい余計な一言が口から出てしまった。「それでは、あなたの理論を殺す最善の方法は何でしょうか」("Then, what is the best way to *kill* your theory?") もちろん、冗談まじりの縁語的レトリックのつもりだったのだが、「殺す(kill)」という表現はやはり「きつかった」のかもしれない。ロールズ氏は即答しなかった。代わりに、スキャンロン氏が笑いながら、おどけた調子で「彼の理論の全身を水に沈めて窒息死させるのがいい」と応じてくれた。私の冗談の毒を別の冗談の毒で中和し、無害化してやろうとするかのように。岩田氏はだまっていたが、ロールズ氏の演習でしばしば無作法な長口舌に惑溺した私にやんわりと注意してくれたこともある氏のこと、このときも恐らく私の放言に対して、鈍感な私の代わりに冷や汗をかいていたか、度し難しとばかり呆れていたのだろう。しかし、やがてロールズ氏が茶目っ気のある微笑を浮かべて、格言風の口調でこう言った。

"You can not *kill* my theory. It will just *die* out."

この言葉に私は意表をつかれた。同時に、何とも名状し難い不思議な感銘を覚えた。十数年を過ぎたいまでも鮮烈に記憶しているほどである。「老兵は死なず、消え行くのみ」というダグラス・マッカーサーの有名なせりふのパロディを意識した面もあったのかもしれないが、冗談半分の物言いの中に、ある覚悟が秘められているように感じたのである。それは「哲学を超えて歴史と心中する決意」とでも呼ぶべきものである。

私がこのような印象をもった背景には、一九七〇年代後半以降の一連の諸論文で示されたロールズ氏の思想的変貌がある。それは一言で言えば哲学的リベラリズムから政治的リベラリズムへの転向である。『正義論』は基礎付け主義を斥けたが、社会契約説と合理的決定理論を結合させた合意説的正当化理論や反省的均衡のような認識論的立場に依拠して、その正義原理の哲学的な妥当性へのクレイムをなお保持していた。他方それは、リベラルな寛容論の伝統に立って、善の諸構想の多元的分裂を包容する正義原理を追求した。しかしその後ロールズ氏は、自己の正義論が前提する多元的社会では包括的・一般的な哲学的教説自体の多元的分化が不可避であるだけでなく穏当でさえあるという認識から、「寛容原理を哲学自体に適用する」必要性を承認し、「政治的リベラリズム」を提唱するに至った。これは、何らかの特定の包括的教説に依拠した哲学的妥当要求を放棄して、立憲民主主義社会の伝統が歴史的に形成した公共的政治文化に内在する基本的諸観念に立脚し、その制約の下で成立する多様な包括的諸教説の間の「重合的合意(overlapping consensus)」に、正義の構想の受容可能性と安定性の保証を求めるものである。この思想的転向は著書『政治的リベラリズム』[2]において、改めて集約的に表現されることとなった。

哲学としてのリベラリズムの死を宣告する一方で「我々の市民社会の伝統」への歴史的コミットメントを再強調するジョン・グレイの『ポストリベラリズム』[3]をはじめ、哲学的普遍主義から歴史的文脈主義への転向は、現代リベラリズムの一つの顕著な傾向となっているが、何と言ってもロールズ氏自身の転向が与えた影響が大きい。リチャード・ローティのようなネオプラグマティストもロールズ氏のこの転向を大歓迎し、それに便乗して「民主主義の哲学に対する優位」を主張している。

後述するように私はこのような傾向に対して批判的な立場をとっている。立憲民主主義や市民社会の伝統自体が対立競合する多様な解釈に開かれており、論争的な哲学的問題にコミットすることなしには自己の解釈を擁護しえないこと、さらに、哲学的普遍主義を排した歴史的文脈主義は、非欧米世界に人権や民主主義を「押し付ける」ような

「文化的帝国主義」を拒否するという謙虚さの外見に反して、人権や民主主義の「体現者」として欧米の歴史を聖化する一方、かかる価値に対する本質的な文化的不適格性を非欧米世界に帰するオリエンタリスト的な偏見を再生産していることなどが主な反論である(4)。

それにも拘わらず、「我が理論は殺されえず、死にゆくのみ」という先のロールズ氏の言葉に私が心を動かされたのはなぜだろうか。一つには、歴史に己の命運を預ける潔さ、「歴史とともに死ぬ覚悟」をそこに見た気がしたからである。しかし、この潔さと歴史にかこつけた自己保身とは紙一重である。様々な哲学や思想の闘争に対する「歴史の法廷」の審判者として、哲学の争いに対する超然性を標榜する倨傲は、哲学から歴史へ回帰する思想の陥穽である。「死」を受容する潔さと、自己保身のための超然化、両者の間の一線を守ることとは、極度の緊張を要する思想の綱渡りである。「殺されえないもの」のしたたかさへの希求と、「死すべきもの」のはかなさの受容、この二つの相反する構えを合一させる精神は、あえてこの危険な綱渡りを試みている。ユーモアに隠されたロールズ氏の危うい企ての緊張感に、私は自分が抱く懐疑や留保を忘れて揺さぶられたのだ。ボストンの日本料理店を出るとき、この「哲学を離脱しようとする哲学者」の言葉から受けた衝撃の意味を私はそんな風に捉え、反芻していた。

2　歴史的文脈主義の虚妄

あの夜のボストンの「饗宴」から一〇年以上の時間が流れた。哲学的普遍主義から歴史的文脈主義へという傾向はいまや抗い難い「時代の趨勢」になったかのようである。ポストモダン的脱構築やネオプラグマティズムの言説が、現在の一般的な思想市場においてどの程度の「シェア」を誇っているのかは知らない。しかし、それらが失墜させた、あるいはそれらが破壊攻勢の一翼を担った普遍的な原理の探求としての哲学の信用は、もはや回復不能であるかに見える。

法哲学・政治哲学の領域でも、普遍的原理としての正義や人権について語ることは、共同体論からは個々の政治社会の特殊的なるがゆえに内容豊かな共通善の伝統を解体するものとして、多文化主義からは多数派文化への少数派文化の同化の強制として、フェミニズムからは家父長制的「男権中心主義」の隠蔽合理化として、共和主義や参加民主主義からは政治的価値を選択する人民の主権性と自己統治への不当な干渉として、疑われ、批判されている。正義や人権原理にコミットしてきたリベラリズムも、ロールズにおけるように、かかる原理の哲学的正当化可能性・普遍妥当性のクレイムを放棄し、欧米立憲民主主義諸国の公共的政治文化に内在する重合的コンセンサスなるものに自己循環的・自閉的にすがろうとする傾向を見せつつある。普遍主義・合理主義の堡塁を守ろうとするハーバーマスでさえ、近年の彼の法哲学の大著『事実性と妥当性』において、実体的正統性原理の援用を回避し、民主的討議の「手続」に偽装して人権・平等・正義など実質的な価値を密輸入した「法の手続的パラダイム」に退却している[5]。

なぜ、現代の知は普遍的なものを語ることにこんなに懐疑的になってしまったのか。「なぜ」を語る前に指摘すべきなのは、この懐疑が孕む「脱哲学化」志向の欺瞞性あるいは自壊性である。普遍から文脈へ、哲学から歴史への退却は偽装工作にすぎない。歴史的文脈なるもの自体が多義的だからである。それは「前哲学的与件」などではなく、哲学的再解釈によって構成されたものである。複数のこのような解釈が歴史的文脈の意味をめぐって相克する。この解釈の競合に対しては、「どんな解釈も自由である、競合する解釈の間に優劣はない」とする解釈的相対主義をとるか、解釈の優劣を認め最善の解釈を選ぶ解釈的合理主義の立場をとるか、いずれかであろう。いずれの応答も哲学的普遍主義への回帰を不可避にする。

相対主義的応答は普遍主義の否定であるどころか、最も傲慢な種類の普遍主義への回帰である。この応答をする者は解釈論争を超越した「中立的」な傍観者の高みに自己を置いて「すべての解釈は等価である」というスイーピングな普遍的メタ言明の御託宣を、すべての現実的・可能的論争参加者に下している。解釈論争の参加者はどの解釈が正しいかについては対立しているにも拘わらず、いや、そうだからこそ、かかるア・プリオリな普遍的等価法則を主張するメタ解釈論を斥ける点では一致している。相対主義者は解釈論争の参加者すべてがこの点では間違っていることを「知っている」と標榜する。相対主義者だけが享受すると標榜されたこの「特権的な知」は歴史的文脈に根差すものではありえない。歴史的文脈の対立競合する解釈に通底する共通前提をそれは否定しているからである。相対主義が脱文脈的・超越的な知の所有をクレイムすること自体が自壊的であるが、この「知」の根拠を「いかなる論争的な解釈も真ではありえない」というような認識論的テーゼに求めるなら、相対主義はさらに決定的な自己論駁性をもつことになる。このテーゼはまさに解釈論争の参加者によって斥けられ、論争化されているがゆえに、自ら主張するところにより真ではありえないからである。

解釈の優劣を認める解釈的合理主義は解釈論争の参加者の視点により適合的である。歴史的文脈主義がこの立場に立つなら、競合する他の解釈に自己の解釈が優るとする理由を示さなければならない。これには二つの方法がある。一つは、歴史的文脈に埋蔵された「真の意味」の基層の発掘に成功したという標榜を自己の解釈の正当化理由にする方法である。これは、マイケル・ウォルツァーのような共同体論者が、ある社会の伝統の派生的意味をめぐる論争は、伝統に伏在すると措定されたその根幹的意味に関する共通了解に訴えて解消できると主張するときに採る方法である[6]。合理主義的性向をもった歴史的文脈主義者がこの道を進むなら、普遍主義の妄想としてしばしば槍玉に上げられる「プラトン的イデア実在論」と同様な過誤を犯すものと批判されよう。天空をも突き抜けた高みに輝くイデアの観照と、人間の歴史的実践という地盤の深層にしかと伏在すると信じられた「意味の鉱脈」の探索とは、「上昇」と「下降」というメタファーの違いこそあれ、意味の先在性についての強固な実念論的想定に立つ点では同じ穴のムジナである。プラトニズムを「天上の実念論」と呼ぶなら、この種の歴史的文脈主義は「地下の実念論」と呼べるだろう。地下の実念論は倒立したプラトニズムであり、プラトン的なイデアの体制を転覆させているが、その認識論的権威主義を世俗的形態で復活させている。それはプラトニズムの上空飛翔的想像力を欠いた鈍重な精神が、劣等感による怨念を晴らし代償満足を追求する方途、いわば鷹に対するモグラのルサンチマンの表現である。

地下の実念論への批判を避けようとするなら、歴史的文脈主義は別の解釈理論に立脚する必要がある。クワインの「根源的翻訳(radical translation)」からデイヴィッドソンの「慈悲の原理(the principle of charity)」へ、そしてさらにドゥオーキンの「純一性としての法(law as integrity)」と連なる理論展開は以下のような代替解釈理論を示唆する。(7)

それによれば、解釈さるべき実践の事実的与件に適合する解釈は複数存在するがゆえに、解釈とは事実として先在する意味の記述ではありえない。複数の解釈が事実的与件に「意味を成さしめる」がゆえに、我々は「最良の意味」を成さしめる解釈を選ばざるを得ない。ある解釈が他より優れているのは、それが「すでにそこにある意味の基体」を発見したからではなく、当の歴史的文脈を構成する伝統や実践を対抗解釈よりも理解可能性・全般的整合性・受容可能性・発展可能性の高いものとして立ち現れさせるからである。

かかる視点は解釈的再構成主義と呼びうる。歴史的文脈主義がこの方向をとるなら、相対主義と地下の実念論の袋小路から脱出できるが、歴史的文脈を超えて進むよう導かれ、結局、自己の立場を否定せざるを得なくなる。解釈的再構成主義によれば、解釈とは所与の社会的事実として存在する意味の発見・記述ではなく、人間の実践をより良き光の下に照らし出す行為である。それは人間の実践がすでに意味している何かの同定ではなく、人間の実践が不完全で矛盾と過誤に満ちているにも拘わらず敬意に値し発展的継承に値するとみなされうるために、意味すべき何かの再構成である。意味の同定は、既成事実と折り合いをつけつつ、より合理的なもの、より真なるもの、より価値あるものを求める我々の規範的判断に依存する。この規範的判断は、我々が白紙に返って再出発したとしたら我々の実践がとりうるであろう最善の形態に関する判断ではなく、我々の実践の歴史の最善の相貌に関する判断である。解釈は事実の記述でも、道徳的理想化でもなく、事実に制約された実践の規範的「最適化」である。かかる観点に立つなら、自己の解釈の対抗解釈に対する優越性の主張の正当化は、解釈される歴史的文脈の事実的与件への適合性だけでなく、それを超えた評価原理を必要とする。これは競合する解釈がその文脈に係留しようとする異なった規範的意義のいずれが「より良き光」かを査定する普遍的な評価原理である。もちろん、かかる原理は論争の的である。しかし、まさにそうであるからこそ、解釈者は自己の解釈を擁護するには普遍妥当要求をもった論争的な原理にコミットせざるをえないのである。歴史的文脈は普遍に媒介されずには、我々を導く自らの意味を開示できないのである。

例えば、ロールズが回帰しようとする米国の「立憲民主主義の伝統」を考えてみよう。この伝統の核心的意義をめぐっては、自己所有に基礎を置くロック的な自然権・抵抗権の思想の影響を基底に据えるリバタリアン的解釈、ニュー・ディール以降の福祉国家の発展や公民権運動の伝統を重視する平等基底的な(米国的意味において「リベラル」な)解釈、「公民的徳性(civic virtue)」を陶冶する様々な中間共同体の自治実践を重視する「共和主義的再解釈(republican reinterpretation)」(八〇年代以降台頭した「共同体論」もこれにコミットしている)、植民地主義的侵略の合理化とみなされた合衆国憲法を超えて、蹂躙された先住民と入植民との諸条約に遡源する間文化的な相互承認と合意形成の精神、すなわち条約立憲主義(treaty constitutionalism)の再生を図るジェイムズ・タリー[8]らの「文化承認の政治(politics of cultural recognition)」など、様々な解釈が対立競合している。ロールズだけでなく、歴史が哲学に代わりうると信じる人々に聞いてみたい。「我らが立憲民主主義の伝統」に依拠するのは結構である。しかし、一体、どの伝統、誰の伝統に依拠するのか。

多様な「包括的理説(comprehensive doctrines)」が正当化根拠を異にしつつも同じ「立憲的精髄(constitutional essentials)」を共有するという「重合的コンセンサス」に訴えるロールズの政治的リベラリズムの破綻はここで明らかである。そんなコンセンサスなど存在しないからである。同じ立憲的な原理や制度(例えばデュー・プロセスや司法審査制)の意義と射程についての解釈が分裂しているだけではない。そもそも何が「立憲的精髄」かの解釈自体が根源的に分裂しているのである。論争的なものを消去法的に除くというロールズの「回避の戦略」は問題の解決にならない。例えば、彼の「公正としての正義」の構想が提示した「格差原理(the difference principle)」(最下層の人々の地位の最善化を分配の制約条件とする原理)は激しい論難の的となったが、彼は政治的リベラリズムの展開においては、「安全ネット」を容認するリバタリアンも認める「社会的ミニマム」のみを「立憲的精髄」に含め、格差原理を明示的にそこから除去した。[9] これで果たして「重合的コンセンサス」は得られるだろうか。答えは明らかに否である。リバタリアンはこの転向を歓迎するだろうが、「公正としての正義」をニュー・ディールと公民権運動の精神の理論化として支持した平等基底的な「リベラル」たちはこれを「裏切り」として批判するだろう。

「すべての人を喜ばすことはできない(We cannot please everyone)」という当たり前のことをここで確認しているのではない。ロールズでさえこれは認める。彼が包容しようとする「多元主義の事実」とはあくまで「穏当な多元主義の事実(the fact of reasonable pluralism)」であって、異教異端の迫害をも辞さない狂信的な宗教的・道徳的ファンダメンタリズムなどは「穏当(reasonable)」でないとして、重合的コンセンサスへの参加資格を最初から否定されている。前述の対立が含意しているのは、ロールズが「穏当」と認める立場の間でさえ「立憲的精髄」についてのコンセンサスが欠如していることである。立憲的精髄の同定において、ロールズは対立競合する伝統解釈のうちの一つの解釈にコミットせざるをえず、したがってまた他の対抗解釈に対して、自己の解釈こそが「我らの伝統」をより良き光の下に照らし出すものであると判断する哲学的論拠を提示しなければならない。重合的コンセンサスの仮構に隠れることは、論争的な解釈にコミットしながら解釈論争を超越した中立的な高みに自らを置いて哲学的論証責任を回避する欺瞞的な工作である。これは先に見た「地下の実念論」のトリックとも通底している。

もっと言えば、「穏当」でないとされた偏狭なファンダメンタリズムの排除でさえ、哲学的正当化を必要とする。米国の根強いファンダメンタリズムの伝統をここで想起しよう。この国では一六九二年のセイラムの魔女狩りに象徴されるような狂信を秘めたピューリタンの宗教的共同体が入植史の起源をなし、一八世紀中葉でもニュー・イングランド一三州のうち七州までが「公定教会(established churches)」制度を保持し、一九一九年には、禁酒強制の憲法改正までなされ、近年でも「道徳的多数派(Moral Majority)」のような「原理主義ポピュリズム」がレーガン政権の支持基盤の一部となり、一九八六年にはバワーズ対ハードウィック判決において連邦最高裁が反ソドミー法を合憲と判示したのである。(10)ドゥオーキンのようなリベラルだけでなくサンデルのような共同体論者もこの判決を批判しているが、後者はプライヴァシーを自己決定権としてではなく家族のような共同体的親密圏の保護手段として正当化し、同性愛者のカップルにも家族的共同性の絆をもつ限りにおいてプライヴァシー保護を及ぼすもので、家族的コミットメントをもたない同性愛者は保護の対象外だし、ベッドルームの監視を伴わないような性的自己決定の道徳主義的規制は排除していない。サンデルの狙いはバワーズ判決の批判よりも性生活の自己決定権に対する批判にあり、ファンダメンタリズムの復権にむしろ手を貸すものである。

この「輝かしい」宗教的・社会的不寛容の伝統をもつ米国において、思想・良心の自由や表現の自由、プライヴァシーなど「リベラルな権利」を立憲的精髄に含めるとするなら、それは米国の伝統に内在する政治文化や基本的コンセンサスの名によってではありえない。宗教的・道徳的共同体を自由の基盤とすることこそ米国の立憲民主主義の原点にしてその最良の遺産であり、バワーズ判決はこの古き良き伝統を再生させるものだとする対抗的な伝統解釈をファンダメンタリストたちは提示するだろう。政治的リベラリズムは彼らの解釈が米国の伝統の「暗部」を拡大するものにすぎず、自らのリベラルな解釈こそがこの伝統を「より良き光」の下に照らし出すものであることを人間的自由についての哲学的理説を発展させることによって示さなければならない(ドゥオーキンの前記のバワーズ判決に対する論評はそのような哲学的な試みの一端を含む。それが成功しているか否かは別として、解釈を過去の制約の中での伝統の倫理的最適化の営為として理解する彼の「純一性としての法」の立場からすればこれは不可避の応答である)。

以上、歴史的文脈主義が陥っているトリレンマを示した。この立場は、相対主義という傲慢かつ自壊的な普遍主義に突き進むか、さもなくば「地下の実念論」という倒錯的プラトニズム――自己の論争的な伝統解釈をコンセンサスの仮構により批判免疫化するロールズの政治的リベラリズムの欺瞞も、その亜型として含まれる――に陥ること、そして相対主義と地下の実念論の過誤を克服するために、解釈的再構成主義に依拠するなら、これは哲学的普遍主義の媒介を、従ってまた歴史的文脈主義の基本的立場の放棄を要請することを見た。以上の議論により明らかにしようとしたのは次の点である。我々の歴史的実践の意味は、与えられた歴史的文脈における特定の共通了解には還元できない普遍的妥当要求をもった評価原理に依拠することなしには解明しえない。文脈は普遍によって、歴史は哲学によってのみ、その意味を開示できるのである。ここで本節冒頭の「なぜ」に戻ろう。なぜ、それにも拘わらず、現代の知は普遍から文脈へ、哲学から歴史へ退却したがるのだろうか。次節では、この知的退却衝動の源泉をなしている誤解・誤謬を批判的に摘出し、普遍の探求としての哲学の信用回復の方途を探ってみよう。

3　内発的普遍主義に向けて

哲学から歴史への退却衝動が現代の知に瀰漫するのは、普遍を語る哲学的言説が「いかがわしい」からである。しかし、この「いかがわしさ」の印象は、普遍主義、あるいは普遍の探求としての哲学に対する誤解(ないし曲解)による。これには「取るに足らぬ」ものから「取るに足る」ものまで様々あるが、ここでは現代思想を支配する四つの重要な誤解に基づく批判をとりあげ、それぞれ簡単に検討してみたい。この検討を通して、文脈感応的・文脈内発的な普遍主義——以下、簡単に「内発的普遍主義」と呼ぶことにする——の可能性と必要性を明らかにしたい。ここで言う内発的普遍主義とは、文脈内的な意味理解や正当化の可能根拠・規制理念として普遍への志向が不可欠であるとする視点である。それは、普遍への志向が文脈的意味の内在的理解や文脈的差異の尊重と両立することを示すだけでなく、さらに、普遍志向性の排除こそが特定の解釈図式の論争超越的固定化・特権化や単一の差異化コードによる文脈内的・文脈間的な差異と多様性の隠蔽抑圧に通じること、文脈的差異への十全な感受性・開放性は普遍志向性なしには不可能であることを示す。以下、四つの誤解に基づく批判への応答によってこの内発的普遍主義の四つの基本特性を明らかにしたい。

(1) 脱覇権的原理としての普遍

第一に、普遍と覇権の混同による批判がある。普遍主義は欧米中心主義だという批判などはその典型である。それによれば、特殊欧米的価値にすぎないものを普遍人類的な価値であるかのように偽装して非欧米世界に押し付け、人類の倫理的指導者としての欧米の覇権的支配を合理化する文化的帝国主義の戦略に、普遍を語る哲学は組み込まれている。この批判に対しては、それは擬似普遍(欧米的特殊性の普遍化)を斥けるというまさにそのことによって多文化・多文明共生の基盤となる真に普遍人類的な原理の探求にコミットしているという反論や、ある価値原理の出自が欧米にあることは、その妥当性が欧米に限定されることを論理必然的に含意しないという反論などがよくなされる。これらの反論にも一理あるが、ここでは異なった角度からこの批判の問題性を指摘しておきたい。

近年、この批判が「アジア的価値」の唱道者たちから人権や民主主義に向けられ国際政治の焦点になった。しかし、人権や民主主義を「特殊欧米的価値」とみなす言説そのものが、それが批判しているつもりのオリエンタリズムという欧米中心主義的な知の覇権に組み込まれているのである。欧米世界が人権と民主主義の擁護者という歴史的使命によって自己の「正のアイデンティティ」を確立するために非欧米世界を他者＝反自己として措定し、かかる価値原理と相容れない文化的本質を、非欧米世界にその「負のアイデンティティ」として押し付けることこそオリエンタリズムの核心である。それは人種差別・奴隷制・帝国主義的侵略・反ユダヤ主義・反セム主義・反共ファナティシズム・階級差別・性差別など、人権と民主主義に対する蹂躙に満ちた欧米世界の負の歴史と「現在進行形」の現実を隠蔽するとともに、アジア諸社会の内的多様性と動的な自己変成力を否定するヘーゲル以来の「アジア的停滞」論の偏見を、「経済は発展しても政治は発展しない」という形で再生産する。

「アジア的価値」論は、オリエンタリズムが押し付けたこのようなアイデンティティの相関図式を、正負の評価記号だけ逆転ないし無差別化して受容することにより、欧米の歴史的自己聖化に加担する一方、アジア諸社会の内的な差異と多様性を隠蔽抑圧する専制を合理化する。人権や民主主義という普遍的価値に立脚することは、欧米のオリエンタリズムとアジア的専制とのこの共犯関係を暴露し、欧米とアジア双方における権力の欺瞞を批判するとともに、両者を分断するのではなく横断する差異や多様性を認知し、それが生み出す葛藤の公正な包容のための原理の模索へと我々を導く。アジア諸社会は均質な文化的統一体などではなく、宗教的・文化的多様性が生み出す葛藤や個人主義と共同体主義の葛藤を自らの深刻な問題として内包しており、まさに自らの問題を解決するために人権や民主主義という普遍的原理を受容し発展させる必要を、すなわち普遍の探求に参加すべき文脈的・内生的理由をもつのである[11]。

他方、欧米社会も人権と民主主義を、既に達成されたと自己満足的に主張できるものとしてではなく、オリエンタリズム的心性によって抑圧されたその歴史的自己の暗き半面を暴き変革する持続的な自己批判の原理として、真剣に受けとめなければならない。前節で擁護した歴史的実践の解釈的再構成はその道徳的理想化ではなく、対立競合する両価的な歴史的諸力の存在の率直な承認に基づいてなさるべき事実的に制約された規範的最適化であることを想起すべきである。解釈者は自己の社会の歴史の暗黒面を共通了解や重合的合意の陰に隠蔽するのではなく、それを直視し、それを改善する基盤となる対抗的な歴史的資源を、自己の社会の批判的再編のための内生的原理として同定しなければならない。さらに、この意味で最適化された歴史解釈でさえ、歴史の道徳的理想化でないことが自覚さるべきである。解釈的再構成のための評価原理が哲学的な普遍妥当要求をもつことを私が強調したのは、まさにかかる評価原理が歴史的実践を理想化するように裁断さるべきではなく、歴史的実践のポテンシャルと限界を示すより大きな尺度として設定さるべきだからである。

(2) 反同化原理としての普遍

第二に、普遍化と画一化・同質化の混同による批判がある。「等しきは等しく扱うべし」という「正義(justitia)」の普遍主義的要請を杓子定規な画一形式主義とみなし、個々の事例に特有の事情を考慮して具体的妥当性を図る「衡平(aequitas)」をそれに対置させるという法哲学においてはお馴染みの議論は、この混同に基づく批判の古典的形態である。法の一般性を否定し、個別紛争の当事者による一回的・偶発的な法創造を提唱する最近の一部の法理論の動向も、この古典的批判の蒸し返しである。普遍化＝同質化という嫌疑は現代では別の観点からもかけられている。普遍的人権原理は権利主体として社会的・文化的規定性を剝奪された抽象的個人を想定することによって、個人の人格陶冶の文化的基盤を掘り崩すとともに、実際には支配的な多数派文化の産物にすぎない「通常人」を普遍的人格範型として万人に押し付けることにより、異質な少数派文化を多数派文化へ同化吸収させる、という多文化主義からの批判がそれである。

正義と衡平の対置については、衡平は正義のより良き「種」であって正義という「類」を超えるものではないとしたアリストテレスの分析がまずは妥当する。[12]「等しきは等しく」という正義の要請は「不等なるは不等に」を含意しており、個別のケースにおいて所与のルールが想定していなかった例外的事情が存在する場合に例外的な扱いをすることは正義の要請に反しない。衡平もまた、同様な例外的事例は同様に例外的に扱うという精緻化された類型化要請にコミットしているのである。しかし、より重要な点だが、正義の普遍主義的要請は単なる類型化や類型の精緻化の要請以上の意味をもつ。それは「普遍化不可能」な理由、すなわち自他の個体的同一性における差異に依存した理由による差別の排除の要請である。これは自己の他者に対する要求を「反転可能(reversible)」な理由、すなわち自他の立場が逆転したとしてもなお受容しうべき理由によって、自己の視点からだけでなく他者の視点からも受容しうべき理由によって正当化することへの要請、すなわち公共的正当化の要請を含意する。「他者の視点からも受容しうべき理由」とは単に「他者が受容するであろう理由」ではなく、その他者も自己の要求の公共的正当化要請に従うなら拒否できない理由であって、自他双方の恣意に対する規範的制約を盛り込んでいる。したがって、公共的正当化要請は単なるコンセンサス調達の要請ではない。むしろ、現実のコンセンサスが政治経済的実力に依存した交渉力の差異に基づく差別や搾取の合理化に堕していないかを吟味するテストになる。(13)

このような公共的正当化要請を含意する正義は、多数者がしばしば社会的コンセンサスの名において隠蔽抑圧する異質な文化的少数者の視点を多数者に認知させ、多数者がコンセンサスの名で擁護する制度や決定が、少数者の立場に置かれたとしても受容しうべき理由によって正当化可能か否かの反省的吟味を多数者に要求する。それは少数者に対する文化的同化の論理であるどころか、多様な文化集団の公正な共生枠組を模索する多文化主義にとって不可欠の理念を提供する。多数派文化は少数派文化より就職機会・事業機会・教育機会・情報支配力等々において有利な条件に置かれているがゆえに、「文化の自由市場」は少数派文化を淘汰する方向に構造的に歪曲されているとして、少数派文化の保護のために一定の「優先措置(preferential treatment)」を要求するような多文化主義の主張は、まさに正義の論理によって正当化されえ、かつこの論理によって正当化さるべきである。しかしまた、正義の制約は少数派文化集団が自らの内なる少数者に対して加える同化圧力に対しても貫徹される。ある文化的少数者が多数者に禁じたことを自らの内なる少数者に行うのも、「反転不可能」な差別だからである。

人権原理も正義の構想である以上、このような公共的正当化要請に従う。人権原理がいかなる文化的文脈からも離脱した抽象的個人を想定することによって、結局多数派文化の「通常人」範型を強制しているというのは誤解である。人権原理は「民族的・文化的出自を問わず誰であれ人権を享有する」とみなす点で「抽象化」の作用をもつが、これは「常軌化(normalization)」とは何の関係もない。むしろ、多数者に自らの文化的出自を思考実験的に離脱して、「我々が彼らだったとしたら」という少数者への反実仮想的な同一化を遂行させることにより、多数者の「常軌化」圧力にさらされる政治的に無力な少数者に、彼らが人間としての自尊を保つために最小限必要な拒否権を付与する必要を多数者をして承認させることが、人権原理の抽象化作用の意義である。これは正義の要請に直結している。正義と人権という普遍的原理は、多数派にも少数派にも自己の文化的アイデンティティを離脱不能な価値の地平として絶対化することを抑制させるが、これは文化的な差異への権利を否定するためではなく、逆に、差異への権利を自己と他者に等しく承認させるためである。

(3) 構成的解釈原理としての普遍

第三に、普遍性と確定性の混同による批判がある。これによれば、普遍主義とは先在するルールや価値原理によって人間の行動や判断を一義的に確定でき、かつ確定すべきだとする信仰であり、言語の意味が具体的な言語使用に先立って存在するという実念論的意味論と同じ誤謬を犯すものである。この信仰は他者の創造的な解釈の自由を排除しようとする意志であると同時に、自己の解釈の恣意を隠蔽しようとする意志である。「ルールに従うこと」の原理的不確定性を示したヴィトゲンシュタインの議論[14]はこの信仰を決定的に破壊したとされる。法理論・法哲学においても古くは「リアリズム法学」によって、近年では「批判的法学研究」によって「法的確実性の幻想」が批判されているが、これらの「普遍主義型法」の批判も同じ混同に根差す。

過去のルール使用行為に関する事実のすべてと整合するルール(ルール体系)の記述は無数に存在し、そのいずれが新しい問題に対して適用さるべきかは過去の実践のみに基づいて決定することはできないという、クリプキの解釈したヴィトゲンシュタインの逆説は、別段、特異な主張ではない。ヒュームの帰納法批判との同型性は明らかである。未知の言語の文法や意味論的ルールを、当該言語集団の言語使用に関する観察データのみによって確定することの不可能性を示したクワインの根源的翻訳論[15]も、基本的には同型の指摘である。このことが意味しているのは、ルールの解釈をめぐる論争は過去の事実の確認によっては決着できないということにすぎない。だからこそ、解釈は事実問題を超えて、過去のルール使用実践をより良き光の下に照らし出しうるような、規範的判断に依存した構成的(あるいは再構成的)性格をもたざるをえないのである。このことは、法や言語のようなルール使用実践だけでなく、価値志向性と価値不合理性が錯綜する人間の歴史的実践一般の解釈にもあてはまる。歴史を準拠枠にしようとするなら、過去の実践を形成した人々が歴史的事実としてどのような意図や目的をもっていたか――それは様々である――だけではなく、この実践にどのような目的・理念・正当化原理を帰すれば、現在の解釈者から見てそれが最も尊重に値する企てとして立ち現れるかを問わざるをえないのである。

この解釈的再構成主義の議論を補強するために、それに対して「批判的法学研究」の提唱者たちが法の文脈で向けている批判[16]に、ここで応答しておこう。この批判によれば、法実践は対抗イデオロギーや対抗利害の相克によって根底から分裂し、その正当化原理は根源的な矛盾を抱えているため、この実践を全般的に理解可能なものとする整合的な構成的解釈図式は存在しない。しかし、この批判は的を外している。実践が孕む事実的与件が分裂し混乱したものであればあるほど、その規範的再構成が必要だというのが解釈的再構成主義のポイントだからである。実践をより良き光の下に照射する正当化原理とは、立法過程・裁定過程等、現実の法過程に関与した人々が歴史的事実としてもつ対立競合する「意図(purpose)」ではなく、実定的法素材の理解可能性・擁護可能性を高めるために解釈者が構成する法の「主旨(purport)」である。批判的法学研究の議論は、法実践の与件のある部分が一群の正当化原理を一義的に指定し、他の部分が他のこれと両立不可能な正当化原理群をやはり一義的に指定し、さらにこれらの原理群の意味は相互に独立に固定されているがゆえにそれらを整合化する解釈はありえないとする前提に立っている。これは、法の「不確定性(indeterminacy)」の主張ではなく、実はむしろ法の意味の歴史的事実による「過度決定性(overdeterminacy)」の主張であり、意味の事実的確定性を想定する前クワイン的(あるいは前クリプキ的)誤謬を犯すものとして斥けられるだろう。

もっとも、批判的法学研究の批判は、法実践の道徳的理想化と解釈的最適化とは区別できず解釈論争は対立する社会理想を追求する政治的イデオロギーの抗争に還元されるという主張としても再定式化しうる。[17]しかし、これは解釈的再構成主義の否定ではなく、意味の事実的未確定性(underdeterminacy)という再構成主義の前提をその論理的限界点、すなわち、歴史的事実による意味の「完全な不確定性(complete indeterminacy)」にまで推し進めている点で、解釈的再構成主義の極限形態である。この完全な不確定性の主張は間違っていると私は考えるが、それはここでは問題ではない。ここで重要なことは、仮にこの主張が正しいとすれば、法実践の参加者は自己の政治的イデオロギーを正当化するために、歴史的文脈を超えた普遍的妥当要求をもつ哲学的議論を提示する必要と理由をそれだけ一層強くもつことになるという点である。したがって、批判的法学研究の批判は、解釈的再構成主義以前のナイーブな意味理論に立つものとして斥けられるか、あるいは、解釈的再構成主義の主張を極限化することにより歴史的文脈主義批判を一層ラディカルに遂行することになるかのいずれかである。批判的法学研究の「脱構築派」は哲学的普遍主義を斥け、歴史的文脈主義に退行する傾向を見せているが、[18]歴史的文脈主義がその隘路から脱出するためには、解釈的再構成主義に依拠せざるをえないことは前節で見た。

　歴史的文脈主義に対する批判において示したように、歴史的実践の規範的再構成をめざして複数の解釈が対立競合するがゆえに、その比較査定においてわれわれは普遍的妥当要求をもった評価原理に依拠せざるをえない。解釈が内包する普遍志向は過去の事実による現在の判断の支配への欲求や事実的確定性の偽装ではない。それは解釈者の創造性を否定も隠蔽もしない。むしろ、解釈は過去の事実の支配を超えた創造性をもたざるをえないがゆえに、それがまさに創造的な解釈であること、すなわち対抗解釈よりも深い次元でわれわれを啓発し鼓舞しうるような意義をもつものとして過去の実践を立ち現れさせていることをクレイムせざるをえない。このクレイムを正当化する責任を引き受けることに、解釈の普遍志向が存する。

ただし、過去の事実との整合性は、解釈を確定しないが制約する。批判的法学研究の主張の一解釈として述べた意味の完全な事実的不確定性の主張は誤りである。過去が排除する解釈は存在する。奴隷制がなかったとする米国史再解釈、ホロコーストがなかったとするドイツ現代史再解釈、南京虐殺がなかったとする日本現代史再解釈などは事実問題として却下されよう。したがって各解釈が対抗解釈に対する自己の優位の根拠とする評価原理は普遍妥当要求をもつが、この評価原理によって支持された解釈は実践を規範的に「最善の相」においてではなく、あくまで過去の遺産の制約内で規範的に「最適の相」の下に立ち現れさせる。例えば、歴史の規範的「最適化」は過去の罪責の隠蔽によってではなく、その自己批判的克服の呼びかけと応答としてわれわれの歴史を受けとめることによって遂行されるだろう。解釈の普遍志向性はこのような批判的自己吟味を媒介として、われわれの実践の「最適の相」が歴史的文脈に依存することを否定しない。また、それは普遍の脱覇権性に即して述べたように、オリエンタリズムが孕むような欧米社会の歴史的自己聖化の基盤を掘り崩すものであることも、この文脈で再強調すべきだろう。

(4)　反基礎付け主義の規制理念としての普遍

最後に、普遍志向と基礎付け主義との混同による批判を検討したい。この批判は普遍志向が「普遍的聴衆」の同意の獲得、すなわち異論の余地の全くない証明を判断の正当化条件として要求するとし、このような確実な証明は達成不可能であるとする。確かに、数学や論理学においてさえ、ゲーデルの不完全性定理により公理論的アプローチの限界が認められている以上、経験的判断や価値判断については確実な証明などなおさら不可能である。しかし、普遍志向はかかる基礎付け主義的な確実性の追求とは異なる。それはわれわれ人間の身の丈にあった別の正当化理論と結合可能である。この理論を「対話法」と呼んでおこう(これはソクラテスのディアレクティケーと通じるものをもつが、審問役にのみ固執する彼の権力欲からは自由である)。

対話法によれば、正当化とは「相手のある話」である。異論の余地のある判断であっても、現実に異論を唱える者がいなければ、正当化する必要はない。正当化とは他者の異論への応答であり、その意味で対話である。もちろん、異論を抑圧している場合は他者の沈黙は異論の不在を意味しない。異論を制された判断は制止された異論に対して正当化が必要である。対話としての正当化は、可能なすべての理性的存在者からのありうべき一切の異論をア・プリオリに排除できる証明を、自己の全信念体系に対して与えることではなく、現実の具体的な他者から具体的な異論を自己の特定の判断に対して提起されたときに、その他者に対して、彼ないし彼女が納得するような自己の判断の理由を示してその異論に応答することである。整理すると、(1)すべての判断を正当化する必要はない。争われた判断だけを正当化すればよい。(2)すべての人に正当化する必要はない。異論をもつ人にだけ正当化すればよい。(3)異論者は問題の判断に反対する具体的な理由を示さなければならない。すなわち、異論者はかかる反対理由の基礎となる自分自身がコミットした信念体系をもたなければならない。何も信じない包括的懐疑論者は異論を展開することもできないため、正当化の名宛人にする必要はない。(4)異論者がコミットした信念体系と応答者の信念体系の共通部分＝背景的信念は、争われた判断の正当化理由として応答者はその異論者に対して援用できる。異論者もまた応答者への再反論の理由としてこの背景的信念を援用できる。

この対話法においては、自己の判断に対する他者の異論は、その判断を争点化するというまさにそのことによって、その判断をめぐる自他の間の論議の共通基盤(背景的信念)を生み出す。しかし、この背景的信念は批判免疫化された根拠として固定されたものではなく、論議の文脈に相関的である。すなわち、何が背景的信念かは誰がいかなる判断をいかなる反対理由で争点化しているかに依存する。ある論議の文脈で背景的信念であったものが、別の文脈では争点化されるのである。したがって、正当化も論議相関的である。判断が正当化されているというのは、常に何らかの論議の文脈において正当化されていることであり、背景的信念の一部を争点化する別の論議の文脈では反駁される可能性がある。

この対話法的正当化理論は異論の余地のある判断に依拠することを排除せず、正当化の論議相関性を認める点で基礎付け主義と異なり、他方、背景的信念のあらゆる部分が原理的には批判可能であることを認める点で、支配的な伝統や社会通念を批判超越的根拠とするコンヴェンショナリズムとも異なる。またその正当化概念は論議相関的であるが判断主体に相対的ではなく、論争当事者に対する間主観的妥当性をもった理由による判断の正当化可能性を認める点で、さらに普遍妥当性の志向を保持する点で、相対主義とも異なる。この正当化理論は普遍志向と結合するが、それは普遍的聴衆の同意を正当化条件とすることによってではなく、普遍妥当性の追求を規制理念とすることによってである。正当化は論議相関性のゆえに普遍妥当性の達成と区別されるが、まさにそれゆえに普遍妥当性は我々の正当化実践にとって到達されざる理念としての規制力をもつ。

この規制理念を放棄するなら、我々の正当化実践は特定の論議の文脈を固定・絶対化してその中で自閉し、この文脈の背景的信念を争点化する新たな異論、新たな挑戦者を排除するという陥穽にはまってしまう。規制理念としての普遍妥当性は、論議相関的な正当化実践が正当化の文脈依存性による限界の自覚を失わず、批判的な論議開放性を保持し続けるための不可欠の条件である。

既述の普遍主義的正義理念は、この対話法的正当化理論に規範的な基礎と制約を与える。正義の公共的正当化要請は、他の論議参加者が共有しうる背景的信念への依拠を求めると同時に、論議に参加していない他者に対する普遍化不可能(反転不可能)な差別をその論議の背景的信念が含む場合には、その背景的信念の批判的再吟味を求める。対話法的正当化の論議相関性と論議開放性は正義理念によっても統合されうるのである。

以上、現代の知が突き付ける四つの主要な批判に対して普遍の探求の擁護を試みた。普遍志向は文脈的差異の認知を排除せず、むしろそれと不可分に結合していることを、それぞれの局面で示したつもりである。四つの擁護論が示唆するこの内発的普遍主義の視点を総括して、考察の結びとしたい。

(1) 人権と民主主義という普遍的原理は覇権的に捏造された差異を解体し、それが隠蔽抑圧してきた差異を解放するとともに、この差異の葛藤の公正な包容を図る。

(2)　普遍主義的正義理念が含意する公共的正当化要請は、普遍的人権原理と相俟って、文化的差異の公正な相互承認の枠組を構成する。

(3)　法・言語・歴史など人間の実践の解釈は、過去の事実によって一義的に確定されないからこそ、創造的解釈の比較査定のために普遍的評価原理が必要である。かかる解釈は歴史的文脈に依存しつつ、その規範的意義の最適化を図る。

(4)　普遍志向は基礎付け主義を排した対話法的正当化理論と結合する。両者の統合は正当化を論議の文脈の差異に相関させる一方、正当化実践の論議開放性を保障する。

約言すれば、普遍の追求は文脈を歪曲する覇権を解体し、多様な文脈の相互承認を保障し、文脈をよりよく意義付け、そして文脈を開放するために不可欠なのである。

注

序　状況から――「普遍の死」に抗して

（1）　Cf. N. Chomsky, *9-11*, Seven Stories Press, 2001, p. 40.

（2）　Cf. J. Derrida, "Force of Law: the 'Mystical Foundation of Authority'," in *Cardozo Law Review*, Vol. 11 (1990), pp. 920-1045〔堅田研一訳『法の力』法政大学出版局、一九九九年〕.

（3）　ただ、この「まっとうな視点」への接近についても批判的留保が必要である。他者を「交換もなく……規則もなく理由もなく調整的制御という意味での合理性もない贈与」を求める存在(Derrida, *supra* note 2, pp. 964-965〔堅田訳六三―六四頁、訳文変更〕)、すなわち利他的献身を一方的かつ不条理に迫る存在として捉えることにより、他者を絶対化するかに見えながら実は自己の慈善の対象として客体化し、かかる無償・無限の恩恵を他者に供与する主体として自己を再度神格化してしまっている点、利己性と利他性を超えた普遍主義的公平性をもった理由によって応答さるべき対等の人格として、公共的な規範的討議の対等のパートナーとして他者を認知する視点を欠いている点で、デリダの他者論・正義論は彼が影響を受けているレヴィナスのそれと同じ限界を抱えている。この観点からのレヴィナスの議論に対する批判として、拙著『他者への自由――公共性の哲学としてのリベラリズム』創文社、一九九九年、二二五―二三五頁参照。

（4） Cf. Derrida, *supra* note 2, pp. 963-972〔堅田訳五八―七六頁〕.

第1章　戦争責任という問題――「昭和末」の狂躁から

（1）『週刊新潮』一九八九年五月四・一一日号、一六三頁。

（2）何事にも例外があるのは当然だから、「幸いにして」というのは大袈裟だなどと思わないでいただきたい。「何事にも例外がある」という命題は、論理的には自己論駁的である。（もし、この命題が真だとすると、この命題自体にも例外があること、すなわち、例外のないものがあることになり、この命題は偽となる。）「世の中には例外のないものが必ずある」という命題は、恐らく、カントが恋した先験的にして総合的な真理の一つである。マスコミの醜態が「例外なきもの」の例にならなかったことを、マスコミ関係者は「幸い」とすべきなのである。

（3）『朝日新聞』（一九八九年四月三〇日）参照。

（4）この問題点の指摘は哲学者田島正樹氏よりの私信に負う。

（5）この点は田島氏も同意されている。

（6）一九八九年五月一五日に出版は敢行された。

（7）日本国民の死者数は、服部卓四郎『大東亜戦争全史』による。行方不明も含んでいる。死者三〇〇万という説もある。

（8）例えば、山本七平『昭和天皇の研究』祥伝社、一九八九年、第五章参照。

（9）中沢新一「草野球のたましい」『文藝春秋　大いなる昭和』一九八九年三月特別号、一五五―一五七頁参照。

（10）山本・前掲書（注8）二九五―二九六頁参照。

（11）問題の上奏ないし内奏は、いわゆる「近衛上奏」のことだと思われるが、この「上奏」の内容、および天皇がそれを拒否した理由については、岡義武『近衛文麿』岩波書店、一九七二年、二〇六―二〇九頁参照。岡によれば天皇が拒否した主な理由は、二・二六事件以来の皇道派に対する深い不信感である。

（12）念のために言えば、原爆招来と南京虐殺加担は支配層に対する国民の戦争責任追及と国民自身の対アジア戦争責任の象徴的事例としてのみ挙げられており、両者が一対一対応で関連付けられているわけではない。

（13）竹内好「近代の超克」『近代日本思想史講座』第七巻、筑摩書房、一九五九年、二五一―二五五頁参照。

（14）竹内好「日本とアジア」『近代日本思想史講座』第八巻、筑摩書房、一九六一年、三五三―三七三頁参照。

（15）大沼保昭『東京裁判から戦後責任の思想へ』有信堂、一九八五年参照。

（16）竹内・前掲「近代の超克」（注13）二五三頁。

（17）いずれにせよ、国際法学者小森光夫氏の御教示によれば、領土獲得意思を要件から排除するという意味での侵略概念の形式化は、一九二三年の国際連盟の相互援助条約案以来、国際法上の流れとしてすでにあり、上記侵略定義条約もその一環をなしていた。

（18）もちろん、この場合でも、沖縄における日本兵による日本国民虐殺のような、軍人犯罪による犠牲は明らかに不当な犠牲として認められるが、これは戦争自体の当・不当に関わりなく不当とみなされる犠牲であるから、それに対する責任は戦争責任の問題とは区別して論じられるべきである。

(19) ソ連については微妙な問題がある。日ソ中立条約を侵犯したソ連に一方的な戦争責任があると通常考えられているが、日ソ国境における日本側のいわゆる「関東軍特種演習」も当然問題にされなければならない。

(20) 家永三郎『戦争責任』岩波書店、一九八五年、一二三—一二七頁参照。

(21) いずれも、家永・前掲書(注20)一二三頁からの再引用。

(22) 鶴見俊輔「知識人の戦争責任」『中央公論』一九五六年一月号、五七頁。

(23) R・H・マイニア『東京裁判——勝者の裁き』(安藤仁介訳)福村出版、一九八五年(初版一九七二年)。

(24) 注(15)参照。

(25) 上山春平『大東亜戦争の遺産』第四版、中央公論社、一九七二年、一五七、一六七、一七九—一八〇、二〇八—二一五頁参照。

(26) 吉田満『戦中派の死生観』文藝春秋、一九八〇年、一三—二四頁参照。

(27) 林房雄『大東亜戦争肯定論』番町書房、一九六四年参照。

(28) 上山・前掲書(注25)六三—六七、七二—七七頁参照。

(29) 同書五二—五六頁参照。

(30) 同書一一—四七頁参照。

(31) 同書一一三—二一五頁参照。

（32）同書二二頁参照。
（33）同書五一頁参照。
（34）同書一四一―一五、二三頁参照。
（35）山本・前掲書（注8）参照。
（36）敗戦直後のインタヴューに答えた作家田村泰次郎の発言（『文藝春秋　大いなる昭和』一九八九年三月特別号、六六二頁）である。
（37）統帥権については、天皇親率といっても実は参謀総長・軍令部長の「輔翼」があり、天皇は直接作戦指令しなかったと主張されるかもしれないが、この理由で作戦計画の裁可を拒否する天皇の法的権限をも否定することはできないだろう。
（38）半藤一利「陛下ご自身による「天皇論」」『季刊アステイオン』一九八九年冬号、八三―八六頁、および岡・前掲書（注11）二二七―二二八頁参照。
（39）田島正樹氏による批判である。
（40）丸山眞男「戦争責任論の盲点」『戦中と戦後の間』みすず書房、一九七六年、五九七頁参照。
（41）この老人には残酷だが、しかし正当な一つの反問が聞こえてくる。「あなたは八三歳の現在まで生きてこられたからいいかもしれませんが、あのとき焼き殺された無数の子供たちはどうなるのでしょうか。あなたが感謝しておられる戦後の平和と経済的繁栄の恩恵を受けることも、この世界に自分たちの人生の跡を残すこともできずに、自分たちには責任のない国家の愚かな戦争によって犠牲にされた、あの無数の無辜なる幼い生命はどうなるのでしょうか」。

(42) 無辜なる犠牲者の問題に、ここでは一応目を閉じておく。

(43) この言葉は、戦争責任を厳しく糾明せずに過去と現在を批判的に切り結ぶ責任を放棄した戦後日本のアイデンティティ喪失状況についての吉田満の診断を表現するものである。吉田・前掲書(注26)一六頁参照。

(44) 『世界』一九八九年二月号の誌上対談における発言(二五頁)。

(45) 誤解のないように言っておけば、私は人間の世界が「馴れ合いの寛容」を一切排除してやってゆけるなどと、途方もないことをここで前提しているわけではない。世の中には目をつぶらなければならない馴れ合いの寛容があることぐらいは、「人生経験の浅い象牙の塔の住人」である私でさえ分かる。しかし、ここで問題になっているのは、「保守的査定」に従っても数百万ないし一千万と言われる数のアジアの人々を殺傷した侵略戦争の責任についての馴れ合いの寛容である。これに目をつぶれと言うことは、「誠実」とか「責任感」とかいう言葉の意味に絶望せよと言うことである。

(46) 福田恆存「自己批判といふこと」『福田恆存全集』第四巻、文藝春秋、一九八七年、一八八—二〇〇頁参照。

(47) 「男らしい」と「女らしい」という表現はジェンダー・ステロタイプという非難を受けるかもしれないが、ここではギリガン流の「権利(正義)の倫理」と「配慮の倫理」という二つの倫理観の対比(C. Gilligan, *In a Different Voice: Psychological Theory and Women's Development*, Harvard U.P., 1982〔岩男寿美子監訳『もうひとつの声』川島書店、一九八六年〕)を意味する隠喩として使用されており、倫理的態度の性差に関する経験的主張も規範的要請も含んではいない。例えば、「生物学的男性」が、性的自認として、「女らしさ」を求める権利をもつと私は考えるが、それと同様な意味で、これらの表現は性的偏見と切断されている。

（48）高橋和之「天皇の国事行為に思う」『世界』一九八九年三月号、一〇四―一一〇頁参照。

〔追記〕自己肯定と自己否定の罠

（1）井上達夫『現代の貧困』岩波書店、二〇〇一年（岩波現代文庫、二〇一一年）、第Ⅰ部参照。

（2）自粛騒動のさなか、庶民の代表を任じるある著名な落語家がテレビで「天皇の悪口を言う人は日本から出て行ってください！」と叫んでいたが、彼の怒りの表出はこの心情を象徴している。「天皇の悪口」は「日本人への侮辱」に他ならないがゆえに、反論ではなく日本からの追放に値するのである。

（3）加藤典洋『敗戦後論』講談社、一九九七年、七六頁。

（4）同書七一―九三頁参照。

（5）同書五五頁。

（6）石田雄『記憶と忘却の政治学――同化政策・戦争責任・集合的記憶』明石書店、二〇〇〇年、二六〇―二六三頁参照。

（7）同書二三〇頁（注94）。

（8）台湾については軍人・軍属の戦死者遺族と重傷者一人当たり一律二〇〇万円補償する議員立法が一九八八年に成立したが、これとて戦後四〇年以上経た後のことであり、補償額においても「日本人」との格差がある。

（9）J・ハーバーマス／E・ノルテほか『過ぎ去ろうとしない過去――ナチズムとドイツ歴史家論争』（徳永恂・清水多吉・三島憲一ほか訳）人文書院、一九九五年参照。

（10）主体と対象両面におけるこの責任切り詰めのトリックを明快に指摘するものとして、木佐芳男『〈戦争責任〉とは何か――清算されなかったドイツの過去』中公新書、二〇〇一年参照。

（11）同書二六―三七頁参照。

（12）ヴォルフガング・ヴィッパーマン『ドイツ戦争責任論争――ドイツ「再」統一とナチズムの「過去」』（増谷英樹ほか訳）未来社、一九九九年、一六六―二一四頁参照。歴史家論争ではハーバーマスとともにノルテら修正主義者を批判したハンス・モムゼンがゴールドハーゲン論争ではゴールドハーゲンを批判する側にまわったのは、歴史家論争の視野の限界を例証している。

（13）この点で、「自国の死者への閉じられた哀悼共同体」は「アジアの被害者の記憶」を自己のアイデンティティにとって非本質的なものとして排除する日本の「国民主体」を作り出すがゆえに、戦争責任の曖昧化につながるとする高橋哲哉の加藤批判は基本的には正当である（高橋哲哉『戦後責任論』講談社、一九九九年、一五一―一五六頁参照）。ただ、加藤は自国の死者への哀悼共同体は閉じられたものではなく、アジアの犠牲者へと広がる開かれたものだと反論するかもしれない。この反論に対しては、自国の死者への哀悼共同体が閉鎖的国民主体を当然に作り出すとするのではなく、「ねじれ」や「人格分裂」を戦争責任の曖昧化の原因とみなす加藤においては、それを克服するために統一的で強固な国民的主体を確立しようとする狙いがまずあって、自国の死者への哀悼共同体の形成はそのための手段として唱道されているにすぎず、目的とされたかかる国民主体が孕む強い自己肯定欲求こそが戦争責任を曖昧化する集合的記憶形成を促進すると応答する必要があるだろう。

(14) 大沼保昭「日本の戦争責任と戦後責任」『国際問題』五〇一号、二〇〇一年一二月号。

第2章　アジア的価値論とリベラル・デモクラシー——欧米中心主義をいかに超えるのか

(1) その典型的表現として、cf. F. Fukuyama, *The End of History and the Last Man*, Free Press, 1992〔渡部昇一訳『歴史の終わり』上下、三笠書房、一九九二年〕. もっとも、フクヤマの「リベラル・デモクラシー」の概念は、アジア的価値論の主唱国の一つたるシンガポールまで含む茫漠たるもの(cf. *ibid.*, p. 50)で、彼の楽天性はこのルースさによるところも大きい。本章の「リベラル・デモクラシー」の概念はもっと限定的である。その意味は本章全体(とくに第3節第2項「リベラルな多元主義に向けて」)の論述を通じて明らかにするが、一応「定義」すれば、「価値の多元的対立の下での共通の正統性基盤の確立を志向する観点から、政治権力の民主的統制を確保する一方、異質な個人や少数者の人権を保障するために、民主政に内在する多数の専制の危険に対しても立憲主義的抑制を図ろうとする思想的・制度的企ての総体」である。私のリベラリズム理解については、井上達夫『他者への自由——公共性の哲学としてのリベラリズム』創文社、一九九九年参照。

(2) Cf. E. Gellner, *Conditions of Liberty: Civil Society and Its Rivals*, Hamish Hamilton, 1994.

(3) 政治的に最も雄弁なのはシンガポール元首相リー・クアンユーとマレーシア首相マハティール・モハマッドである。リー・クアンユー「人権外交は間違っている」『諸君！』一九九三年九月号、マハティール＝石原慎太郎『「NO」と言えるアジア』光文社、一九九四年参照。

（4） もっとも、欧米諸国の保護主義や、環境・労働者の人権などに関わる社会的規制の国際的自由貿易体制への編入は拒否される。マハティール＝石原・前掲書（注3）六〇―六二、一一九―一二二頁参照。しかし、このような開発主義は欧米諸国も辿った経済発展の普遍的モデルであることが指摘されている。村上泰亮『反古典の政治経済学』上下、中央公論社、一九九二年、第六章・八章参照。

（5） 日本における注目すべき例として、大沼保昭『人権、国家、文明――普遍主義的人権観から文際的人権観へ』筑摩書房、一九九八年参照。

（6） この傾向については本章第3節第2項「リベラルな多元主義に向けて」で検討する。

（7） R. Falk, "Sovereignty," in J. Krieger (ed.), *The Oxford Companion to Politics of the World*, Oxford U. P., 1993, p. 851.

（8） この宣言に関する多角的な検討として、cf. M. C. Davis (ed.), *Human Rights and Chinese Values: Legal, Philosophical, and Political Perspectives*, Oxford U. P., 1995. 本宣言の以下の引用は、この書物の巻末付録に掲載された宣言全文による。

（9） Cf. *ibid.*, p. 205.

（10） *Ibid.*, p. 206.

（11） 人権のイデオロギー性のかかる積極的再解釈の一例として、川島武宜『日本人の法意識』岩波書店、一九六七年、二一―三一頁参照。日本人の権利意識の後進性に関する彼の比較法学的主張は、近年さまざまな方面から批判されているが、このことは権利観念の規範的対等化機能そのものについての彼の洞察の妥当性を損なうものではない。

（12）　国際政治学のリアリズムの系譜においては、国際関係はしばしば近代社会契約説が想定した「自然状態」、とくにホッブズのそれに擬せられて脱規範化されるが、国際関係と自然状態が類比可能なのは、むしろ両者が主権と自然権という相似した規範的前提に立つからである。強国は弱小国に対して、個人の自然権が他の個人に課すのと同様な規範的制約に服する。これはパワー・ポリティックスの礼賛者にとって福音ではない。

（13）　発展途上国に対する人権の有用性を示す文脈で人権と主権とのかかる連関を強調するものとして、cf. Onuma Yasuaki, "In Quest of Intercivilizational Human Rights: 'Universal' vs. 'Relative' Human Rights Viewed from an Asian Perspective," Occasional Paper No. 2, published by The Asian Foundation's Center for Asian Pacific Affairs, 1996, pp. 8 *et seq.*

（14）　近代立憲主義が「国家からの自由」だけでなく「国家による自由」の契機をも内包することを強調する立場から、この点を敷衍するものとして、樋口陽一『近代国民国家の憲法構造』東京大学出版会、一九九四年参照。

（15）　Cf. Davis, *supra* n. 8, pp. 205 *et seq.*

（16）　*Ibid.*, p. 206.

（17）　中華人民共和国国務院報道弁公室「中国の人権状況」『北京週報』四四号、一九九一年、八―四一頁。

（18）　リー・前掲論文（注3）。

（19）　同一四六頁。また、マハティール＝石原・前掲書（注3）一一三頁以下参照。

（20）　溝口雄三『方法としての中国』東京大学出版会、一九八九年、一二―一三頁参照。

(21) Cf. A. Sen, *Poverty and Famines: An Essay on Entitlement and Deprivation*, Oxford U. P., 1981; J. Dréze and A. Sen, *Hunger and Public Action*, Oxford U. P., 1989.

(22) Cf. A. de Tocqueville, *Democracy in America*, tr. by G. Lawrence, ed. by J. Mayer, Anchor Press, 1969, esp., Vol. 1, Part II, chap. 6, Vol. 2, Part II, chaps. 4-8.

(23) 申惠丰「人権条約上の国家の義務(一)、(二)」『国際法外交雑誌』九六巻一号、一―二四頁、九六巻二号、二六―七〇頁、一九九七年参照。私もパネリストとして参加した国連大学主催の共同研究プロジェクト「二一世紀における国連システム」の一環たるシンポジウム「人権実践の国際比較」(一九九九年一〇月一五―一六日、プリンストン大学)においても、二つのペーパー(R. Gavison, "On the Relationships Between Civil and Political (C-P) and Social and Economic (S-E) Rights"; C. Archbold, "The Incorporation of Civic and Social Rights in Domestic Law")で同旨の議論が展開されていた。

(24) Cf. J. Elster, "The Necessity and Impossibility of Simultaneous Economic and Political Reform," in D. Greenberg *et al*(eds.), *Constitutionalism and Democracy: Transitions in the Contemporary World*, Oxford U. P., 1993, pp. 267-274.

(25) 現代中国の公害と食糧事情については、『朝日新聞』(一九九七年一月二七日付)三頁(一四版)参照。労働争議については、郭道暉「法律の民主化――現代中国の立法における権利」、今井弘道・森際康友・井上達夫編『変容するアジアの法と哲学』有斐閣、一九九九年、二四九頁参照。

(26) 一九八六年の国連総会決議「発展の権利宣言」は、第二条で「人間個人が発展の中心的主体であり、発展の権利の積極的参加者および受益者であるべきである」とするが、他方、第一条二項では、「発展への人権はまた、〔中略〕すべての富および資源に対する完全な主権への人民の不可譲の権利の行使を含む」としている。

(27)　大沼・前掲書（注5）五—六章参照。

(28)　「シナは古代においてすでに、今日のような状態に達していた。というのは、客観的な存在と、それに対する主観的な運動との間の対立がまだないために、変化というものは一切なく、いつまでも同一のものが繰り返して現われるという停滞性が、われわれが歴史的なものと呼ぶものに取って代っているからである。」（ヘーゲル『歴史哲学』武市健人訳、上巻、岩波文庫、一九七一年、二三八頁）

(29)　Cf. E. Said, *Orientalism*, Georges Borchardt Inc., 1978〔板垣雄三・杉田英明監修・今沢紀子訳『オリエンタリズム』上下、平凡社、一九九三年〕.

(30)　Cf. P. Cohen, *Discovering History in China*, Columbia U. P., 1984〔佐藤慎一訳『知の帝国主義——オリエンタリズムと中国像』平凡社、一九八八年〕. ただ、コーエンには認識体制批判と価値体制批判との混同がある。

(31)　この転化の心理への鋭利な洞察として、cf. K. Anthony Appiah, "Identity, Authenticity, Survival," in A. Gutmann (ed.), *Multiculturalism: Examining the Politics of Recognition*, Princeton U. P., 1994, pp. 160-163.

(32)　「オーリオ・クッキー」の隠喩の政治的意義については、米国の政治思想史家R・モシャー教授（タルサ大学）の教示に負う。フィリピン等の民主化過程に対するリー・クアンユーの批判について、リー・前掲論文(注3)一四二―一四四頁参照。
(33) Cf. R. Dahl, *Democracy and Its Critics*, Yale U. P., 1989, chap. 17 (esp., Figure 17. 1 at pp. 236-238).
(34) たとえば、リー・クアンユーは欧米諸国が近年まで非民主的な差別や特権を残してきたことを指摘し(リー・前掲論文(注3)一四一―一四二頁)、マハティールはイスラームのスペイン統治がユダヤ教徒やキリスト教徒に寛容であったのに対し、「国土回復」後のキリスト教徒は非キリスト教徒を迫害したことを指摘している(マハティール=石原・前掲書(注3)九八―一〇〇頁)。
(35) リー・前掲論文(注3)一四五―一四八頁、マハティール=石原・前掲書(注3)一一二―一二七頁参照。
(36) 儒教=イスラーム提携論に対する同様な批判として、山崎正和『文明の構図』文藝春秋、一九九七年、一二一頁参照。
(37) Cf. S. Huntington, "The Clash of Civilizations?" in *Foreign Affairs*, LXXII (1993), pp. 22-49; *do.*, *The Clash of Civilizations: Remaking of World Order*, Simon & Shuster, 1997.
(38) 通常「儒教的」とされる徳目へのこのイスラーム政治家の側からの接近の例として、マハティール=石原・前掲書(注3)一一四―一一五、一二五―一二六頁参照。
(39) Cf. A. Lijphart, *Democracy in Plural Societies*, Yale U. P., 1977; *do.*, *Democracies: Patterns of Majoritarian and Consensual Government in Twenty-One Countries*, Yale U. P., 1984.
(40) Cf. B. Braude and B. Lewis (ed.), *Christians and Jews in the Ottoman Empire: The Func-*

tioning of a Plural Society, 2 vols., Holmes and Meier, 1982.

(41) Cf. W. Kymlicka, *Multicultural Citizenship*, Oxford U.P., 1995, pp. 156-158.

(42) Cf. Braude and Lewis (ed.), *supra* n. 40, pp. 18-23, 28-31; Kymlicka, *supra* n. 41, p. 157.

(43) これに関する論議の展望として、cf. W. Kymlicka (ed.), *The Rights of Minority Cultures*, Oxford U.P., 1995; Gutmann (ed.), *supra* n. 31.

(44) Cf. W. Kymlicka, *supra* n. 41; *do., Liberalism, Community and Culture*, Oxford U.P., 1989.

(45) Cf. J. Rawls, *Political Liberalism*, Columbia U.P., 1993, pp. xxiv f.

(46) 海老坂武『思想の冬の時代に――〈東欧〉、〈湾岸〉そして民主主義』岩波書店、一九九二年、四二―八一頁、樋口・前掲書(注14)一一四―一二六頁参照。

(47) Rawls, *supra* n. 45.

(48) この観点からのロールズ批判として、井上・前掲書(注1)三章参照、また、cf. M. Sandel, *Democracy's Discontent: America in Search of a Public Philosophy*, Harvard U.P., 1996, pp. 17-24.

(49) Cf. J. Rawls, "The Law of Peoples," in S. Shute and S. Hurley (eds.), *On Human Rights: The Oxford Amnesty Lectures 1993*, Basic Books, 1993, pp. 41-82. 本論文の論点を拡充したロールズの新著(*The Law of Peoples*, Harvard U.P., 1999)では "well-ordered hierarchies" に代えて、"decent hierarchical societies" という表現が使われているが、議論の骨子に変わりはない。

（50）Cf. J. Gray, *Post-Liberalism: Studies in Political Thought*, Routledge, 1993, pp. 238-250, 283-328.
（51）*Ibid*., p. 325.
（52）Cf. *ibid*., p. 327.
（53）Cf. *ibid*., pp. 247, 317.
（54）Cf. Rawls, *supra* n. 49, pp. 68-71.
（55）Cf. *ibid*., p. 61.
（56）Cf. Gellner, *supra* n. 2.
（57）*Ibid*., pp. 213 f.
（58）Cf. *ibid*., p. 199.
（59）Cf. *ibid*., p. 200.
（60）概観として、佐々木毅『アメリカの保守とリベラル』講談社学術文庫、一九九三年、二六―二七、五三―六三頁参照。宗教的文化的少数者に不寛容な社会的保守主義のレーガン時代における「公認」の象徴的な例は、反ソドミー法を合憲とした一九八六年のハードウィック対バワーズ事件における連邦最高裁判決である。
（61）批判的論評として、cf. R. Dworkin, *A Bill of Rights for Britain*, Chatto & Windus, 1990.
（62）展望として、井上・前掲書(注1)四章参照。この思想運動についてはすでに膨大な文献が蓄積されている。C・テイラー、M・ウォルツァー、A・マッキンタイア、M・サンデルなどが中心的論客として挙げられるが、この運動の哲学的観点と実践的動機を機知に富んだ対話編の形式で明快に示すものとして、cf. D. Bell, *Communitarianism and Its Critics*, Oxford U. P., 1993. さらに米国史の共和主義的再解釈の観点からこの運動の意義を明確に示すものとして、cf. Sandel, *supra* n. 48.

(63)　本章一三四―一三七頁参照。

(64)　Cf. Tocqueville, *supra* n. 22.

(65)　Cf. W. de Bary, *The Liberal Tradition in China*, Columbia U. P., 1983〔山口久和訳『朱子学と自由の伝統』平凡社、一九八七年〕.

(66)　Cf. *ibid.*, pp. 67-90〔山口訳一九五―二五〇頁〕.

(67)　たとえば、黄宗羲は政治や公共の事柄に積極的に関与する「公民的」な徳性を個人が陶冶することを強調したが、仏教・道教などの非儒教的信仰は迷妄として排撃し、宗教的寛容の価値は重視していない。黄宗羲（山井湧訳）「明夷待訪録」、山井湧『黄宗羲』講談社、一九八三年、一六五、二五二―二五三頁参照。この点では黄宗羲はロックよりルソーに近く、リベラルというより共和主義的である。「中国のルソー」と彼が呼ばれるのもこの意味であたっている。なお、ドゥ・バリーもその著書の日本語版序文で、自説へのさまざまな批判を紹介し応答している。山口訳三―三六頁参照。

(68)　Cf. A. Sen, "Thinking about Human Rights and Asian Values," in *Human Rights Dialogue*, IV (March 1996), p. 2.

(69)　ブッダ『ブッダ最後の旅――大パリニッバーナ経』（中村元訳）岩波文庫、一九八〇年、六四頁。

(70) 前田專學『ブッダを語る』日本放送出版協会、一九九六年、二二三—二二四、三三七—三四八頁参照。

(71) 中村廣治郎『イスラム——思想と歴史』東京大学出版会、一九七七年、一九五—二三一頁参照。

(72) 山崎正和『日本文化と個人主義』中央公論社、一九九〇年、三—九五頁参照。

(73) 丸山眞男『忠誠と反逆——転形期日本の精神史的位相』筑摩書房、一九九二年、一八—二七頁参照。「離脱(exit)」と「告発(voice)」というハーシュマン的用語(A. Hirschman, *Exit, Voice, and Loyalty*, Harvard U. P., 1970)は丸山のものではないが、忠誠と反逆の連関に関する彼の洞察の再定式化にも有効であると考える。

(74) 井上達夫「天皇制を問う視角——民主主義の限界とリベラリズム」『現代の貧困』(前掲・第1章追記注1)所収参照。

(75) Cf. W. de Bary, *Asian Values and Human Rights: A Confucian Communitarian Perspective*, Harvard U.P., 1998. 本書は新儒学運動の共同体主義的要素が国家の権威主義に還元されず、リベラルな批判精神と結合することを強調し、儒教的伝統を人権に対立させる権威主義体制の護教論を斥けている。

(76) Cf. D. Bell, "Democracy in Confucian Societies: The Challenge of Justification" in D. Bell, D. Brown, K. Jayasuriya, and D. Jones, *Towards Illiberal Democracy in Pacific Asia*, St. Martin's Press, 1995, p. 39.

(77) Cf. R. Dworkin, *Taking Rights Seriously*, Harvard U. P., 1977, pp. 169 f. *et passim*.

(78) 井上達夫「個人権と共同性――「悩める経済大国」の倫理的再編」『現代の貧困』(前掲・第1章追記注1)所収参照。

(79) 人権の現時点での相対的優位と必要性を認めつつも、対決的な欧米法文化との結合に人権の限界を見るものとして、Cf. Onuma, *supra* n. 13, p. 13. バンコク宣言は「人権の促進は、対決や両立不能な価値の押し付けによってではなく、協調とコンセンサスによって進めらるべきである」とする(Davis, *supra* n. 8, p. 205)。日本人の「訴訟回避傾向」を権利意識の希薄さと結び付けた川島武宜の議論も批判的啓蒙的観点に立つが、ここで問題にする比較法文化論的認識に連なる。川島・前掲書(注11)参照。

(80) 大木雅夫『日本人の法観念――西洋的法観念との比較』東京大学出版会、一九八三年参照。

(81) Cf. R. Dworkin, *supra* n. 77, pp. 168–177.

(82) これに関する最近の議論として、棚瀬孝雄編著『紛争処理と合意』ミネルヴァ書房、一九九六年参照。

第3章　グローバル化の両価性

(1) 米国主導の「テロ撲滅のためのグローバルな連携」の欺瞞性に対する最も鋭利な批判として、N. Chomsky, *9–11*, Seven Stories Press, 2001.

(2) この欺瞞を摘出するものとして、T. Pogge, "Priorities of Global Justice," in T. Pogge (ed.), *Global Justice*, Blackwell Publishers, 2001, pp. 6–23.

(3) これに依拠した覇権安定理論の紹介と批判として、村上泰亮『反古典の政治経済学』中央公論社、一九九二年、上巻一五九―一八九頁、下巻一六八―二〇九頁参照。ただし、国際公共財供給責任の負担を共有するレイジームの成長を覇権国理論の破綻とみる通説に村上も囚われているようであり、かかるレイジーム自体が超大国と先進諸国の集合的利害を他へのコスト転嫁によって追求することを合理化する覇権的システムになる可能性については十分検討されていない。

(4) J・S・ナイ『不滅の大国アメリカ』(久保伸太郎訳)読売新聞社、一九九〇年参照。

(5) 人権観・人権運動の欧米中心主義的偏向に対する近年の主要な批判の一つとして、大沼保昭『人権、国家、文明――普遍主義的人権観から文際的人権観へ』筑摩書房、一九九八年参照。

(6) たとえば、二酸化炭素や窒素化合物・硫黄化合物の排出規制強化を一群の諸国が協定により行えば、その温暖化抑制効果や酸性雨緩和効果は、協定に参加せず排出規制強化のコストを負担しない国にも及ぶ。また、政治的難民をある諸国が積極的に受け入れ保護すれば、人権侵害の緩和という「倫理的便益」やそれに伴う政治的緊張緩和などの「実際的便益」を、難民に対する母国の人権侵害に反対しながらその受け入れを拒む諸国も享受する。

(7) 「国際法の理念は互いに独立して隣り合う多くの国家の分離を前提している。このような状態はそれ自体すでに戦争の状態ではあるが……それでもなお、まさにこの状態の方が、理性理念によれば、他を制圧して世界王国へと移行していく一大強国のために、諸国家が溶解してしまうよりも、好ましいのである。なぜなら、法律は統治範囲が拡大するにつれてますます威光を失い、そして魂のない専制政治は、善の萌芽を根絶やしにしたうえ、最後には無政府状態に堕落するからである。……自然は諸民族の混合を防ぎ、諸民族を分離させておくために、二つの手段、つまり言語と宗教の相違を用いている。言語および宗教の相違は互いに憎しみあう性癖と戦争への口実をともなうものであるが……平和についての同意へと導くのである。この平和は、あの専制政治のように……あらゆる力の弱体化によってもたらされるのではなく、非常に活発な競争による力の均衡によってもたらされ、そして保証されるのである」（カント「永遠平和のために」（遠山義孝訳）『カント全集14　歴史哲学論集』岩波書店、二〇〇〇年、二八七―二八八頁）。もっとも、カントは人間性に巣くう「敵意ある傾向性」を解消できるなら国際連盟を超えた「世界共和国」が形成される可能性を否定しない。ただ、この想定は彼にとっては反実仮想である（同書二七三頁参照）。本文での私の議論は民主的連邦体制をとった世界政府にも妥当する構造的問題に関わっており、「非社交的社交性」のような予定調和的人間性論に依拠したカントの議論とは異なる。

（8）「超国民国家的市民権（transnational citizenship）」論に対する批判の文脈でこの問題点を指摘するものとして、W. Kymlicka, *Politics in the Vernacular: Nationalism, Multiculturalism, and Citizenship*, Oxford U. P., 2001, pp. 323-326.

（9）Cf. *ibid.*, pp. 203-241. もっともキムリッカのこの議論は、移民規制問題に関して、批判的留保も必要である。本書第4章「国民国家の生成と変容」一九五―二〇一頁参照。

（10）S・ハンチントン『文明の衝突』（鈴木主税訳）集英社、一九九八年参照。ハンチントンは文明の本質的差異ないしその意識の先鋭化を文明の衝突の淵源とみなしているふしもあるが、地域統合体間の相互依存性の希薄化による地域間利害対立の熾烈化と対外攻撃性の抑止の困難化がかかる衝突の規定的要因であり、このような地域統合による世界分割の実態的進行がなければ、「文明の差異」の言説がいかに繁茂しようと文明の衝突は現実化しないだろう。

(11) EUの統合が他地域より突出している間は、その巨大統合市場の吸引力と内部競争の活性化によって得られた生産性の相対的優位を背景に、EUは自らが外部にも開かれたシステムであることを標榜する余裕があるだろう。しかし、他地域が同様に強力な政治経済圏を形成したとき、かかる開放性の大義を保持しうるかは別問題である。

(12) アル・カーイダがアフガニスタンの親ソ連政権打倒のため米国の支援で作られた組織を母体にしていることは周知の事実である。それほど知られてはいないが、チョムスキーによれば、IRAへの資金援助のかなりの部分は、米国におけるアイリッシュ・カトリック系住民の政治的牙城でもあるボストンを源泉にしている。Cf. Chomsky, *supra* note 1, p. 24.

(13) A・セン『貧困の克服』(大石りら訳)集英社、二〇〇二年、一四八頁参照。

(14) アジア的価値論自体に潜む欧米中心主義の批判として、本書第2章「アジア的価値論とリベラル・デモクラシー」参照。

(15) これをめぐる論争を集めたものとして、J. Cohen, M. Howard and M. C. Nussbaum (eds.), *Is Multiculturalism Bad for Women?*, Princeton U. P., 1999.

(16) この問題点の敷衍として、井上達夫「自由の秩序」、同編「新・哲学講義7」『自由・権力・ユートピア』岩波書店、一九九八年、六九—七二頁(『自由の秩序——リベラリズムの法哲学講義』岩波現代文庫、二〇一七年、一二三—一二八頁)参照。

(17) 主権と人権の内在的結合関係については、本書八六—九一頁参照。

(18) 諸国家のムラとその基礎にある共同体的アナキズムの秩序構想について、井上・前掲論文

（注16）三八—四〇、六六—六八頁（岩波現代文庫、六一—六四、一〇七—一一〇頁）参照。

第5章　多文化主義の政治哲学——多文化共生への三つの思想戦略

（1）近年、米国政治史の「共和主義的再解釈（the republican reinterpretation）」も有力であるが、この立場に立つ者も、自治的共同体における公民的徳性の陶冶を根本に据える共和主義から、個人の自律と国家の「中立性」を核にしたリベラル・パラダイムの支配への米国の政治伝統の変遷——彼らにとっては「頽落」——を認めている（M. Sandel, *Democracy's Discontent: America in Search of a Public Philosophy*, Harvard U. P., 1996, pp. 3-54, 274-315）。

（2）Cf. W. Kymlicka, *Liberalism, Community, and Culture*, Oxford U. P., 1989, pp. 136-138.

（3）Cf. W. Kymlicka, *Multicultural Citizenship*, Oxford U. P., 1995, pp. 58-69, 107-130〔角田猛之・石山文彦・山崎康仕監訳『多文化時代の市民権——マイノリティの権利と自由主義』晃洋書房、一九九八年、八四—一〇二、一六一—一九五頁〕.

（4）共同体論の代表的論客のうち、国民的共同文化への統合を重視する者としてはマイケル・ウォルツァー、多文化主義に共鳴的な者としてはチャールズ・テイラーの名を挙げることができよう。Cf. M. Walzer, *Spheres of Justice: A Defence of Pluralism and Equality*, Blackwell, 1983, pp. 31-63; *do.*, *What It Means To Be an American*, Marsilio, 1992, pp. 53-77; C. Taylor, "The Politics of Recognition," in A. Gutmann (ed.), *Multiculturalism: Examining the Politics of Recognition*, expanded edition, Princeton U. P., 1994, pp. 25-73〔佐々木毅・辻康夫・向山恭一訳『マルチカルチュラリズム』岩波書店、一九九六年、三七—一一〇頁〕.

(5) Kymlicka, *supra* notes 2 and 3.

(6) そのパラダイム的事例はハーバーマスらの言う「憲法パトリオティズム」、すなわち、立憲民主主義的原理への忠誠を政治的アイデンティティの基盤にするナショナリズムである(cf. J. Habermas, "Citizenship and National Identity: Some Reflections on the Future of Europe," in *Praxis International*, Vol. 12, 1992-93, pp. 1-19; M. Ignatieff, *Blood and Belonging: Journeys into the New Nationalism*, Vintage, 1994. 批判的論評として、D. Miller, *On Nationality*, Oxford U. P., 1995, pp. 162-163, 188-189)。

(7) 「リベラル・ナショナリズムは自集団の成員と外部者に対して寛容と多様性の尊重を要求する。……ド・ゴールとサルトルの間にはアルジェリア独立問題について激しい対立があったが、ド・ゴールはサルトルがフランス国民の尊敬された成員であることを決して疑わなかった。……国民共同体における統一性の根元は規範的領域の外にあるがゆえに、かかる共同体は規範的多様性を包容でき、この意味で、共有された価値によって結び付けられた集団よりも多元主義的である。」(Y. Tamir, *LiberalNationalism*, Princeton U. P., 1993, p. 90)

(8) この観点からリベラリズムの自我論を再構成する試みとして、井上達夫『他者への自由——公共性の哲学としてのリベラリズム』創文社、一九九九年、第五章参照。

(9) もっとも、ナショナリズムが民主主義の基盤になりうることは、ナショナリズムの「明るい面」であると同時に、民主主義の「暗い面」——異質な少数者を不可視化する多数の専制の危険性——でもある。ナショナリズムと民主主義とのこの両義的な関係を日本の戦後民主主義と天皇制との関係に即して考察するものとして、井上達夫「天皇制を問う視角——民主主義の限界とリベラリズム」『現代の貧困』(前掲・第1章追記注1)参照。

(10)　訳書では"polyethnic rights"は「エスニック文化権」と訳されているが、本稿ではこの権利の内容・性格に即して「多習俗権」という訳語を充ててみた。本書第4章第4節でふれたキムリッカの新著における「受容権(accommodation rights)」の概念は、この多習俗権の内容をさらに拡充したものである。なお、一九九八年一二月一三日に東京大学で、また同月一九日に同志社大学で行われたキムリッカの連続講演「国民国家の未来を考える(The Future of Nation-State)」(第五回神戸レクチャー、日本法哲学会・法哲学社会哲学国際学会連合(IVR)日本支部主催、日本カナダ学会共催)の第一講演「多文化主義――多様性の包摂における多様性(Multiculturalism: Diversity in the Accommodation of Diversity)」では、民族的マイノリティとエスニック集団という従来の分類に加えて、「外国人居住者(metics)」という範疇が挙げられている。しかし、不法入国や不法残留のため外国人居住者は通常の移民と異なって市民となる機会を与えられず排除の圧力を受けているが、長期滞在者については移民として認知することが望ましいとされているので、規範的観点からはこれは独立範疇ではなく、エスニック集団の予備軍と見るべきだろう。主催団体により配布された講演資料一五―二二頁(邦訳)、五七―六二頁(原文)を参照。(ちなみに、第二講演は「マイノリティの権利における個人主義と集団主義(Individualism and Collectivism in the Minority Rights Debate)」である。東京大学の講演では第一講演と第二講演とを総括する報告がなされた。)

(11)　B. Anderson, *Imagined Communities: Reflections on the Origin and Spread of Nationalism*, New Left Book, 1983〔白石隆・白石さや訳『想像の共同体――ナショナリズムの起源と流

行』リブロポート、一九八七年〕.

(12) Cf. J. Tully, *Strange Multiplicity: Constitutionalism in an age of Diversity*, Cambridge U. P., 1995, pp. 9–15, 53–56.

(13) ここで言う相互変容的ナショナリズムは特定の論者の見解というより、私が構成した理論モデルだが、国民的アイデンティティの基盤となる共通文化を固定した歴史的与件とせず、多様な下位文化集団が対等な資格で参加する持続的な集合的討議過程の産物とみなすミラーやタミールのナショナリズム論は、このようなモデルへの発展可能性を孕む(Cf. Miller *supra* note 6, pp. 119–154; Tamir *supra* note 7, pp. 78–94)。

(14) Cf. Tully, *supra* note 12, pp. 103–116, 120.

(15) Cf. *ibid*., pp. 8–9.

(16) もっとも、かかる差別立法に対する司法的統制が常に迅速かつ実効的になされてきたわけではなく、司法的救済を勝ちとるためには被差別集団による根気強い闘争が必要であった。また差別撤廃のためには法廷闘争だけでなく、それと連動して立法改革運動も必要であった。例えば、Cf. C. J. McClain, Jr., "The Chinese Struggle for Civil Rights in Nineteenth Century America: The First Phase, 1850–1870," in *California Law Review*, Vol. 72, 1984, pp. 529–568.

(17) Cf. Kymlicka, *Multicultural Citizenship*, *supra* note 3, pp. 3–5, 107–108〔角田ほか監訳・前掲『多文化時代の市民権』(注3)四―七、一六一―一六三、一六五―一七三頁〕.

(18) 森孝一『宗教からよむ「アメリカ」』講談社、一九九六年、五―九九頁参照。ただし、森は米国の「見えざる国教」がしばしば不寛容な形で噴出することを指摘する一方で、「多様性を認めた上での統合」という建国以来の米国の理念に忠実な形でそれを再編する可能性をも示唆している。鍵となるのは、「多数派で支配的である特定の人々の理念や価値観によって、少数派の人々を統合するのではなく、「絶対的なもの」（神）の前では、人種的差異や経済的・政治的階層はもはや関係なく、一人一人は回復されることを求め、癒されることを求めている「人間」なのだという、この一点における一致である」（同書二六四頁）。

(19) 井上・前掲『他者への自由』(注8)二二一―二二二頁参照。

(20) Cf. Kymlicka *Multicultural Citizenship, supra* note 3, pp. 35–44, 152–163〔邦訳五〇―六三、二二六―二四四頁〕. ただし、キムリッカは反リベラルなマイノリティ集団の対内的制約の是正の方法については自制を要請する。当該マイノリティ集団自らの手による内部改革の方が持続的な効果をもつため、リベラルな国家はかかる内部改革を支援するインセンティヴを提供し、強制的干渉は奴隷制・集団虐殺・集団拷問など著しい組織的な人権侵害の場合を除いて避けるべきであるとする(Kymlicka *ibid.*, pp. 163–172〔二四四―二五八頁〕)。

(21) Kymlicka, *ibid.*, pp. 28–29, 61–69〔邦訳四一―四二、八八―一〇二頁〕.

(22) A. Lijphart, *Democracies: Patterns of Majoritarian and Consensus Government in Twenty-One Countries*, Yale U.P., 1984, pp. 28–29.

(23) Kymlicka, *Liberalism, Community, and Culture, supra* note 2 pp. 9–19, 162–181; Kymlicka, *Multicultural Citizenship supra* note 3, pp. 75–106〔邦訳一一一―一六〇頁〕.

(24) State of Wisconsin, Petitioner v. Jonas Yoder et al, 406 U.S. 205(1972).

(25) 米国宗教史におけるアーミッシュの位置について、参照、森・前掲書(注18)一一三―一一四四頁。

(26) Cf. State of Wisconsin, Petitioner, v. Jonas Yoder et al., 406 U. S. 210–211.
(27) Cf. *ibid.*, 225–226.
(28) Cf. *ibid.*, 245–246.
(29) Cf. W. Galston, "Two Concepts of Liberalism," in *Ethics*, Vol. 105, 1995, pp. 516–534.
(30) 本章第3節「対立連携の錯綜」に加え、前掲拙著『他者への自由』(注8)第三、七章参照。
(31) Cf. Galston, *op, cit.*, pp. 533–534.
(32) Cf. State of Wisconsin, Petitioner v. Jonas Yoder et al. 406 U. S. 240 fn. 3.

第6章　フェミニズムとリベラリズム――公私二元論批判をめぐって

(1) ウルストンクラフトの思想については、「法の下の権利の平等」の思想として理解されたリベラリズムを超えた共和主義的な徳の観念の影響を重視する再解釈が近年提示されているが、かかる解釈を示す論者もその後の婦人参政権運動等におけるウルストンクラフト受容がリベラルな視点からなされたことを否定していない。岩瀬民可子「『女性の権利の擁護』を読み直す」、江原由美子編『フェミニズムとリベラリズム』勁草書房、二〇〇一年、六九―一〇四頁参照。

ここで詳述する余裕はないが、リベラリズムと共和主義を対立的に捉えるのは、共和主義的な「公民的徳性(civic virtue)」の観念を卓越主義的に理解する共同体論など現代の思想傾向の偏見の反映である。個人の権利の法的・立憲主義的保障と公的自治能力の陶冶の要請とが古典的リベラリズムの思想家において結合されていたことは、トクヴィルやミルを見れば明らかである。理論的にも、公民的徳性は人間の倫理的完成の条件というような卓越主義的観点からではなく、善き生の構想の自律的探求と政治的自由を保障するリベラルな社会体制の恩恵のただ乗り的享受を排する普遍主義的公平性の責務や、人格完成理想と区別された人格構成価値としてリベラルな観点から解釈し擁護することが可能かつ必要である。井上達夫『他者への自由——公共性の哲学としてのリベラリズム』創文社、一九九九年、一一五—一一七頁、一三九—一四〇頁参照。

たしかに、公民的徳性のリベラルな解釈と対立する卓越主義的解釈もウルストンクラフトに見られるが、これは子どもの養育を女性の社会に対する義務とみなし、この義務の遂行によって女性が公的世界にも男性と対等に参与する市民的権利を承認されるという、ジェンダー・ステロタイプを引きずった発想と結合しており(岩瀬・前掲書七七—八二頁参照)、現代のフェミニストにとっては受け入れがたいものだろう。法によって権利を保障されるだけでなく、法そのものを改革していく政治的プロセスに参与する能力と責任を女性においても陶冶するというモチーフは、公民的徳性のリベラルな解釈によって十分に擁護できるし、かつ、卓越主義的な「あるべき女性像」のステロタイプと切り離されたリベラルな解釈によってこそ、より的確に擁護しうるものである。

(2)　第二波フェミニズムのリベラリズム批判を展望し検討する最近の注目すべき邦語文献として、江原編・前掲『フェミニズムとリベラリズム』(注1)および、野崎綾子「正義論における家族の位置——リベラル・フェミニズムの再定位に向けて」『国家学会雑誌』一一三巻一一—一二号、二〇〇〇年、六七—一三二頁参照。第二波フェミニズムに関する文献の蓄積はすでに汗牛充棟の域に達しているが、一九八〇年代以降の法理論におけるこの立場の展開を示す包括性の高い論文集成として、cf. Frances E. Olsen (ed.), *Feminist Legal Theory I: Foundations and Outlooks*, New York U.P., 1995; *Feminist Legal Theory II: Positioning Feminist Theory Within the Law*, New York U.P., 1995.

（3） この命題は現代のフェミニストたちによって広く使用されており、著作権を主張しうる「コピーライター」が誰かは定かではないが、ジェラルド・コーエンによると、フェミニストたちの間で流通する以前に、キリスト教解放神学者たちによって使用されていたらしい。Cf. G. A. Cohen, *If You're an Egalitarian, How Come You're So Rich?* Harvard U.P., 2000, p. 206, n. 17.

（4） この議論の典型的提唱者としてはF・オルセンの名が先ず挙げられる（本章注12の文献参照）。他の主要な例を若干挙げれば、Cf. Carole Pateman, "Feminst Critiques of the Public/Private Dichotomy," in S. Benn & G. Gaus (eds.), *Private and Public in Social Life*, Croom Helm, 1983; Susan Okin, *Justice, Gender, and the Family*, Basic Books, 1989, pp. 124-133.

（5） J. S. Mill, "The Subjection of Women," in R. Wollheim (ed.), *Three Essays: On Liberty, Representative Government, The Subjection of Women*, Oxford U.P., p. 466〔大内兵衛・大内節子訳『女性の解放』岩波文庫、一九五七年、八七頁。訳文は変更した〕.

（6） 原文は次の通り。"Like a man when he chooses a profession, so, when a woman marries, it *may in general be understood* that she makes choice of the management of a household, and the upbringing of a family, as the first call upon her exertions, *during as many years of her life as may be required for the purpose*[.]" (Mill, *supra* note 4, p. 484. The italics are mine.) 大内兵衛・節子訳ではこの部分は次のように訳されている。「男性が職業を選ぶ場合とおなじく、女性が結婚する場合には、一生この目的に必要なかぎり、家政と育児とを自己の第一の任務として選んだものと解するのが当然である」(前掲『女性の解放』一一〇頁)。原文で私がイタリックにした部分に対する「一生この目的に必要なかぎり」と「解するのが当然である」という訳は誤訳、あるいは少なくとも不適訳と言わなければならない。特に後者は原文の"may"が推量ではなく許容を意味するとしても、断定調が強すぎる。この訳文は原文が示す以上に、ミルが女性の選択意思の推定において断定的(あるいは独断的)であり、かつ選択された「任務」の持続について無制約的である印象を与える。したがって本文のように改訳した。ミルの女性解放論のこの一節は批判対象になりやすい部分なので、あえて訳文の問題に立ち入ったが、留意すべきより重要な点は、本文で論じるように、この一文が示す一般的推定に対して後でミルが付している批判的留保にある。

(7) 例えば、野崎・前掲論文「正義論における家族の位置」(注2)七一頁下段参照。もっとも、野崎はミルなど従来のリベラルな思想家の限界は認めつつも、リベラリズムが第二波フェミニズムの問題提起に対し、より的確に応答しうるような思想資源をもつとし、その発展を図るリベラル・フェミニズムの立場に立脚している。私は従来の思想家の「限界」の宣告において、もう少し慎重でありたい。

(8) Mill, *supra* note 5, p. 484〔大内ほか訳一一〇頁。訳文は変更した〕.

(9) Cf. *ibid.*, pp. 463-470〔大内ほか訳八二―九二頁参照〕.

(10) *Ibid.*, p. 468〔大内ほか訳八九頁参照。訳文は変更した〕.

(11) 例えば、次のような鋭い指摘がある。「妻は夫の許しがなければ、少なくとも黙諾をえなければ、何事もなしえない。彼女は、夫のためにする場合のほかは、みずから財産を得ることはできないのであって、財産が彼女のものになる瞬間、たとえ相続による場合でも、それは、まさに彼女のものとなったというそのことによって(*ipso facto*)、夫のものとなってしまう。この点において英国コモン・ロー上の女性の地位は、他の諸国の法における奴隷の地位よりひどい。例えば、ローマ法では、奴隷も法が一定程度まで彼の専用として保障した固有財産をもちえたのである。」(Mill, *supra* note 5, p. 462. 大内ほか訳八一―八二頁。一部改訳)

さらに、無制限の再婚の自由(配偶者を何度でも変えられる自由)を伴う意味での離婚の自由の問題には立ち入らないとしつつも、婚姻解消の権利自体についてはその承認が妻の隷従状態からの自然の帰結(the natural sequel and corollary)であるとしたうえで、次のように述べている。「〔隷従からの離脱の自由の〕拒否は妻を奴隷と、それも最も温和な奴隷制が与える保護の下にすらない奴隷と、完全に同じものとしてしまうだろう。というのは、若干の奴隷法典では、一定の虐待事情があれば奴隷は自分の売却を主人に法的に強制できたからである。しかるに、英国においては、どれだけ妻が〔夫に〕虐待されようと、それに〔夫の〕姦通という要件がさらに付加されなければ、妻はこの拷問人から解放されないのである。」(Mill, *supra* note 5, 465. 大内ほか訳八五―八六頁。一部改訳。〔 〕内は井上)

(12) Cf. F. Olsen, "The Family and the Market: A Study of Ideology and Legal Reform," in *Harvard Law Review*, Vol. 96 (1983), pp. 1504-1507.

（13）前掲（注11）参照。

（14）彼らの立場をマニフェスト的に示す論文として、cf. C. A. MacKinnon, "Feminism, Marxism, Method, and the State: An Agenda for Theory," in *Signs: Journal of Women in Culture and Society*, Vol. 7 (1982), pp. 515-544; do., "Feminism, Marxism, Method, and the State: Toward Feminist Jurisprudence," in *Signs: Journal of Women in Culture and Society*, Vol. 8 (1983), pp. 635-658; A. Dworkin, "Against the Male Flood: Censorship, Pornography, and Equality," in *Harvard Women's Law Journal*, Vol. 8 (1985), pp. 1-29.

（15）Cf. J. Butler, *Gender Trouble: Feminism and the Subversion of Identity*, Routledge, 1990〔J・バトラー『ジェンダー・トラブル――フェミニズムとアイデンティティの攪乱』（竹村和子訳）青土社、一九九九年〕.

（16）女性の能力や性格における欠陥・弱点とされるものが偏見にすぎないか、幼児からの教育や夫への隷従状態への順応の産物であることをミルは女性解放論全編において強調している。

（17）Cf. R. Dworkin, *Freedom's Law: The Moral Reading of the American Constitution*, Harvard U. P., 1996, pp. 195-243〔石山文彦訳『自由の法――米国憲法の道徳的解釈』木鐸社、一九九九年、二五二―三一七頁参照〕. 平等を自由に優先させるマッキノンの立場に対するロナルド・ドゥオーキンのここでの批判は、米国憲法解釈論としてなされている限りでは説得力があるが、政治哲学的次元では、性的平等や人種的平等を否認する言説にも言論の自由を認めることが、言論の自由を含む基本的諸自由を平等な尊敬と配慮への権利という根幹的な平等主義的人格権からの派生物として捉える彼自身の平等基底的な立場といかにして整合するのか、アイザイア・バーリンの価値多元主義を援用しながら、消極的自由と積極的自由とを対比させる一方で言論の自由と平等との予定調和を説くのは整合性を欠かないかなど、いくつかの基本的な疑問を抱かせるものである。私は男女個人の表現の自由やプライヴァシーと(性的その他の)平等とが対立緊張しうることを率直に認めたうえで、平等のための改革実践の重層化により、その緊張の緩和を図ることが必要だと考えている。

(18) Cf. *ibid.*, pp. 242-243〔石山訳・前掲(注17)三一七頁参照〕. マッキノンやアンドレア・ドゥオーキンらが指導する反ポルノグラフィー法制定運動の影響を受けて成立したカナダの検閲法が保守派の道徳主義者たちに利用され、同性愛文学や黒人フェミニストによる人種主義批判の著作に加え、アンドレア・ドゥオーキン自身の著作も一時禁止される事態を招いた。本文で触れた「道徳警察国家」の危険が、このようにフェミニストが擁護しようとする立場をも迫害する皮肉な形で現実化し、これがフェミニストの間でのマッキノンらの運動に対する批判を高める一要因になったことが報告されている。

(19) Cf. N. Lacey, "Theory into Practice? Pornography and the Public/Private Dichotomy," in *Journal of Law and Society*, Vol. 20 (1993), pp. 93-113. なお、野崎綾子も家族など私的領域への国家・法の「関与」の不可避性は「介入」の正当性を必然的に含意しないとして、私的領域の問題の政治化というフェミニズムの立場を個人のプライヴァシーの尊重というリベラルな価値と結合させる可能性と必要性を強調する。野崎・前掲論文「正義論における家族の位置」(注2)七五―七七、八四―九二頁参照。

(20) Cf. M. C. Nussbaum, "The Professor of Parody," in *The New Republic*, February 22, 1999,

pp. 37-45.（この批判論文、および次注に示すこれへの反論と応答の文献情報は野崎綾子に負う。文献の利用についても協力を得た。ここに記して感謝したい。）

(21) Cf. M. C. Nussbaum *et al*, "Martha C. Nussbaum and Her Critics: An Exchange," in *The New Republic*, April 19, 1999, pp. 43-45.

(22) 例えば、岡野八代「リベラリズムの困難からフェミニズムへ」、江原編・前掲『フェミニズムとリベラリズム』(注1)二〇—二四頁参照。

(23) サンデルのリベラリズム批判に対する再批判として、井上・前掲『他者への自由』(注1)第五章参照。

(24) 自由よりも正義に立脚するこのような公共性概念がリベラリズムの基盤であることを示すものとして、井上・前掲『他者への自由』(注1)、同「他者に開かれた公共性」、佐々木毅・金泰昌編『公共哲学3　日本における公と私』東京大学出版会、二〇〇二年、一四三—一六八頁参照。

(25) 例えば、代理母となった女性が出産後、子の引渡しを拒否した「ベイビーM事件」では、依頼者側は妻も夫もともに医師であるのに対し、「子宮を貸した」女性は夫が失業し、年収八〇〇〇ドルのウェイトレスの仕事で複数の自分の子を養う状況にあった。

第7章　普遍の再生——歴史的文脈主義から内発的普遍主義へ

(1) Cf. J. C. Harsanyi, *Essays on Ethics, Social Behavior, and Scientific Method*, D. Reidel Publishing Company, 1976, pp. 37-63.

（2） J. Rowls, *Political Liberalism*, Columbia U.P., 1993.

（3） J. Gray, *Post-Liberalism: Studies in Political Thought*, Routledge, 1993.

（4） 批判の第一点については、井上達夫『他者への自由——公共性の哲学としてのリベラリズム』創文社、一九九九年を参照。第二点については本書第2章「アジア的価値論とリベラル・デモクラシー」を参照されたい。

（5） Cf. J. Habermas, *Faktizität und Geltung: Beiträge zur Diskurstheorie des Rechts und des demokratischen Rechtsstaats*, Suhrkamp, 1992; *Between Facts and Norms: Contributions to a Discourse Theory of Law and Democracy*, tr. by W. Rehg, 1996, MIT Press.

（6） Cf. M. Walzer, *Interpretation and Social Criticism*, Harvard U.P., 1987; *do.*, *Spberes of Justice: A Defense of Pluralism and Equality*, Basic Books, 1983.

（7） Cf. W. Quine, *Word and Object*, MIT Press, 1960; D. Davidson, *Inquiries into Truth and Interpretation*, Oxford U.P., 1984; R. Dworkin, *Law's Empire*, Harvard U.P., 1986〔小林公訳『法の帝国』未来社、一九九五年〕.

（8） Cf. J. Tully, *Strange Multiplicity: Constitutionalism in an Age of Diversity*, Cambridge U.P., 1995.

（9） Cf. Rawls, *Political Liberalism*, pp. 228-229.

（10） バワーズ判決に関する論評として、cf. R. Dworkin, "Liberal Community," in *California Law Review*, Vol. 77(1989), pp. 479-504; M. Sandel, "Moral Argument and Liberal Toleration," in *California Law Review*, Vol. 77(1989), pp. 521-538.

(11)　以上の点に関する議論の展開として、本書第2章「アジア的価値論とリベラル・デモクラシー」を参照されたい。

(12)　アリストテレス『ニコマコス倫理学』（アリストテレス全集第一三巻、加藤信朗訳）岩波書店、一九七三年、一一三七a―一一三八a。

(13)　正義と公共的正当化との関係については、井上達夫「〈正義への企て〉としての法」、岩波講座・現代の法15『現代法学の思想と方法』一九九七年所収参照。

(14)　Cf. S. A. Kripke, *Wittgenstein on Rules and Private Language*, Harvard U. P., 1984（黒崎宏訳『ウィトゲンシュタインのパラドックス――規則・私的言語・他人の心』産業図書、一九八三年）.

(15)　Cf. Quine, *supra* note 7.

(16)　この批判の標準的定式化として、cf. R. Unger, *The Critical Legal Studies Movement*, Harvard U. P., 1986.

(17)　この傾向の例として、cf. D. Kennedy, *A Critique of Adjudication*, Harvard U. P., 1997.

(18)　その紹介・検討として、参照、和田仁孝「モダン法思考の限界と法の再文脈化――法ディスコースとプラクティスをめぐって」、井上達夫・嶋津格・松浦好治編『法の臨界1　法的思考の再定位』東京大学出版会、一九九九年、二七―五二頁。

あとがき

本書は前著『現代の貧困』(岩波書店、二〇〇一年〔のち岩波現代文庫、二〇一一年〕)の姉妹篇である。現実を追認合理化する自己満足的思想ではなく、現実に対する批判的変革原理としてリベラリズムを再定位するという企てを、前著とともに遂行するものである。前著刊行後続けてすぐに世に問う予定であったが、諸事繁忙を極め、しみついた遅筆の性癖もたたって、二年以上の時間的間隔を置くことになってしまった。しかし、この時間は無駄ではなかったと思う。その間に書いたいくつかの論稿で当初収録を予定していなかったものを盛り込んで、本書の幅を広げることができた。また、「9月11日」のテロからアフガニスタン侵略を経て今般のイラク侵略に至る現代世界の動乱を目の当たりにして、本書のテーマの実践的・理論的意義を再認識するとともに再考し、本書で発信しようとする現代世界の問題状況に関する私の理解と提言を、一層明確にすることができたと思う。

前著は天皇制・会社主義・五五年体制の遺産という「戦後日本の三種の神器」を敵に回して、日本社会の倫理的構造改革のための的確な思想資源をリベラリズムが提供することを示そうと試みた。これはその「あとがき」で認めたように、「ドン・キホーテ的」蛮勇を振るう試みであった。本書の敵はさらに巨大であり多様である。日本だけでなくあらゆる国家・国民に巣くう自己中心的ナショナリズム。欧米中心主義という知的政治的覇権。それに対抗して「アジアの声」を捏造しようとするアジア的価値論。民主的答責性を掘り崩すさまざまな超国家的あるいは脱国家的な権力体。外部からの同化圧力に対して自己の文化的アイデンティティの保護を要求しながら、自己の内なる少数者・異端者を同化抑圧する文化集団・民族集団。そして現代思想を支配する諸々の反普遍主義的諸潮流。このような、普遍の謀殺ないし誅殺を図る一点で同床異夢的に連携する――しかしその「異夢」の源泉として「力への意志」という同じ欲動を共有する――現代世界の諸力・諸傾向に対して、リベラリズムの基底にある「普遍への企て」を擁護し、他者支配の合理化装置ではなく批判的自己変革原理として普遍を再生させること、これが本書の狙いである。

序文でも認めたように、これは「ドン・キホーテ的蛮勇」を通り越した「道化的企て」と、大方に笑殺されること間違いのない試みである。このような試みを笑殺してしまう現代の精神は深く病んでいると思う。しかし、病が深いだけにその治癒は簡単ではない。優れた道化は人を笑わせながら、笑う者に自らの驕りや過誤をも笑う心のしなやかさを回復させることができる。私にはそのような芸当はない。私は愚直に議論することしかできない。この愚直さは多くの人々を苛立たせ、その反発を買うだろう。しかし少数でも、愚直に議論する道化の言葉に心を動かし、あるいは心を開いてくれる人がいることを信じて、本書を世に送りたい。

「愚直に議論する道化」と言えば、どうしてもかの哲学者、ソクラテスを想起させてしまうだろうから、ここで蛇足を付するのを許して頂きたい。アテーナイの多数の市民を憤慨させて処刑されながら、その「知を愛する」議論の実践が少数の人々の精神の中に生き続けたこの古代の哲人に、自分を擬したいのではない。逆である。彼は他者の言説に対して執拗に批判的吟味を加えながら、自らは「無知の知」を気取って積極的な信念を提示せず、審問されることなき審問者の地位に自己を置こうとした。もっとも常に成功したわけではないが。私はこのソクラティック・アイロニーは不公正な言説戦略だと思っている。自分が無知であることを私は当然認めるが、他者による審問にさらされる言説を自ら提示することを回避するどころか、多くの人々を挑発するような多くの積極的主張を本書で提示したつもりである。もちろん、私の議論に共鳴してくれる人が少しでもいれば幸いである。しかし、共鳴者が一人もいないとしても、多くの人々の批判的な関心と反応を喚起することに成功すれば、ソクラテスよりはるかに愚直なこの道化は大いに満足するであろう。終わりなき相互批判的対話こそ、本書が擁護しようとする「普遍への企て」そのものなのだから。

本書は新たに書き下ろした序文と第1章の追記以外は旧稿を加筆修正して再編したものである。特に第Ⅲ部に収めた諸論稿には大幅な加筆がある。「平成元年」に書かれた第1章本文以外は過去四年間に発表されたものを集めている。第1章本文に収めた戦争責任問題に関する三〇代半ばの白分の思索は、そこで論じられていることに関しては現在も妥当すると考えている。もちろん現時点で付け加えるべき新たな論点はいろいろあるが、当時の問題状況と現在の問題状況を接合するために最低限必要であると思われる点についてだけ、追記で補足した。初出は以下の通り。

第1章　戦争責任という問題——「昭和末」の狂躁から(初出原題「言論、戦争、そして責任」)　『季刊アステイオン』No. 13(一九八九年夏号)所収。

第2章　アジア的価値論とリベラル・デモクラシー——欧米中心主義をいかに超えるのか(初出原題「リベラル・デモクラシーと「アジア的価値」」)　大沼保昭編『東亜の構想——21世紀東アジアの規範秩序を求めて』筑摩書房、二〇〇〇年所収。(なお、この論稿の英語版と最初の日本語版、さらに韓国語訳と中国語抄訳が一九九九年に刊行されており、ここに掲げた初出稿は、最初の日本語版の改訂版である。)

第3章　グローバル化の両価性　樺山紘一ほか編『20世紀の定義8』『〈マイナー〉の声』岩波書店、二〇〇二年所収。
第4章　国民国家の生成と変容――テクストからの展望(初出原題「国民国家の生成と変容」)　樺山紘一ほか編『20世紀の定義4』『越境と難民の世紀』岩波書店、二〇〇一年所収。
第5章　多文化主義の政治哲学――多文化共生への三つの思想戦略(初出原題「多文化主義の政治哲学――文化政治のトゥリアーデ」)　油井大三郎・遠藤泰生編『多文化主義のアメリカ――揺らぐナショナル・アイデンティティ』東京大学出版会、一九九九年所収。
第6章　フェミニズムとリベラリズム――公私二元論批判をめぐって　『ジュリスト』No. 1237(二〇〇三年一月一・一五日号)所収。
第7章　普遍の再生――歴史的文脈主義から内発的普遍主義へ(初出原題「普遍主義と文脈主義――哲学から歴史へ?」)　野家啓一ほか編『新・哲学講義別巻』『哲学に何ができるか』岩波書店、一九九九年所収。

本書をまとめるにあたって、収録した旧稿に対して多くの人々から頂いたコメント――最も辛辣な批判も含めて――から、激励と啓発を得た。残念ながら、それらすべてに本書で満足に応答することはできなかったが、少なくとも、それらのコメントが孕む誤解はできるだけ除くよう序文・追記の執筆や旧稿の加筆修正にあたって配慮したつもりである。貴重なコメントをいただいた方々は多いが、特に、東京大学法学部における同僚であり手強い評者として私の作品の多くを読んでいただいている渡辺浩、大沼保昭、塩川伸明、苅部直の各氏、第2章旧稿の英語版所収論集の編者にしてよき飲み友達として忌憚なき意見を述べていただいたダニエル・A・ベル氏、第1章の旧稿執筆過程で貴重な批判を下さった粕谷一希、田島正樹の各氏、第6章の旧稿執筆に私を動機付けるとともに草稿をチェックしていただいた、いまは亡き野崎綾子氏と、これに対してジェンダー・コロキアムの場で詳細な批判的コメントを提示し議論の機会を提供して下さった上野千鶴子氏、第7章旧稿に詳細な批判を寄せていただいた大屋雄裕氏、そして拙著・拙稿に対する私信でのコメントやキャンパスでの「立ち話」を通じて日々私が鞭撻を受け、意見は異にしつつも「批判的知性」の再生への志向を共有する石田雄氏にこの場を借りて謝意を表したい。

前著と同様、本書も岩波書店の中川和夫氏の忍耐と賢慮がなくては完成できなかったろう。二年近い出版の遅れを辛抱強く待つ一方、新しい仕事の着手に私を促し、それらを統合することで最後に一気に本書を完成に導く手法は、電話の応対などを通じてことの推移を見守ってきた妻をして、「魚を十分泳がせながら、網をだんだん狭めていくプロの漁師の技」と感嘆せしめた。泳がぬ魚は生きが悪い。泳ぎすぎると方向を見失う。網を狭める絶妙のタイミングを心得たこのよき漁師に感謝したい。

最後に、献辞を述べて筆を擱くことにする。前著は私の実父母と継父に献呈した。本書は私の岳父山城祐尊と義母山城ヨネに献呈したい。山城祐尊は日韓併合の前年に韓国で生まれ、幼くして仏道の修行を志し、弱冠一五歳にして、宗派を同じくする日本の仏寺に宛てた韓国の恩師の紹介状のみを頼りに、日本語も十分解さぬまま単身で渡日し、爾来ほぼ八〇年にわたって、日本の地で真言仏教の発展と社会福祉事業の振興に献身してきた。山城ヨネ(旧姓奥平)は奥多摩の地主の娘として生まれ、植民地出身者と宗主国地主階層一族の間の決してなかったとは言えない社会的断層をあえて超えて祐尊と結婚し、現在に至るまでほぼ六〇年にわたって、進取の気象に富み民族的偏見をものともせず突き進む彼の精力的な宗教的・社会的活動を支えてきた。寺のやりくりと家事育児、そして祐尊が先駆的に始めた農繁託児所の運営などに追われて休む暇のなかった若き日々を振り返って、「生活は大変だったけど、楽しかった」と、義母が以前述懐するのを聞いたことがある。

この二人から私は「年長者からの教訓」以上の多くを学んだ。さらに、この二人の人生に陰影を与えている植民地主義・アジア侵略・戦争、そして「大日本帝国」に代わる「単一民族国家日本」の神話の戦後的形成へと進む日本の近現代史の歩みは、本書が扱っている戦争責任・国民国家の生成と変容・多文化主義などの諸問題と直結している。しかし、何よりも、仏道の探求の普遍性を信じて海峡を超える「生の跳躍」をし、民族的偏見を克服してきた祐尊と、一個の人間としての彼への愛と信頼という個人的なるがゆえに普遍的である感情によって民族的・社会的な垣根を超えたヨネ、この二人の男女の生き方は「普遍の再生」という本書の主題に確かな人間的例証を与えてくれるものである。いま九四歳の岳父と米寿を過ぎた義母、この二人に、その長寿を祝い健康を祈りつつ、そして言い尽くせぬ感謝の気持ちをこめて、本書を献呈する。

二〇〇三年六月　紫陽花が濡れ輝く頃に

井上達夫

岩波人文書セレクションに寄せて

二〇〇三年に初版が刊行された拙著『普遍の再生』が、岩波人文書セレクションの一巻としてこの度復刊されることになった。著者として光栄の至りである。本年はたまたま、私が還暦を迎えた年でもあるので、本書の復刊は天が出版社を介して恵与してくれた贈り物だと、勝手に解釈して喜んでもいる。出版市場において本書が「再生」の機会を得たからには、これが本書への読書界の関心の「再生」にもつながることを祈っている。

還暦に因んで話せば、「歳をとると、人はまるくなる」と世間ではよく言う。しかし、どうやら私は逆らしい。加齢とともに言動が過激化しているようだ。他の人から、肯定的または否定的な意味で、そう言われることがままあるし、自分でもそう感じる。といっても、自分の思想信条が根本的に変わったわけではない。正義理念を基軸にリベラリズムを再定義し、その視点から法と政治の問題を考えるという立場を、私は二〇代の終わり頃から現在にいたるまで三〇年余の間、一貫してとってきたつもりである。

本書でもこの立場を貫徹している。本書で言う「普遍」の規範的基礎は、何よりも、

「普遍化不可能な差別の排除」を核心的要請とする正義理念にある。誤解のないように強調するが、この普遍主義的正義理念は、そこから自動的に結論が演繹できるような公理ではなく、様々な問題について、それが生起する具体的文脈を踏まえて提示される具体的な議論の真摯性・公正性をテストする制約条件である。カント＝ポパー的表現を借りれば、それは実践的討議の「規制理念(the regulative idea)」だと言ってもよい。様々な対立競合する議論をこのテストの篩にかけることにより、戦争責任、アジア的価値論、人権と主権、脱覇権的世界統治構造、ナショナリズム、多文化主義、ジェンダー差別と公共性、現代思想の脱哲学的文脈主義化などの諸問題に関する一定のリベラルな見解を発展させ擁護することが本書の目的である。

では、私の言動が「過激化」してきたのが、私の思想のラディカルな変化によるのではないとしたら、何が原因なのか。原因は私たちを囲む時代状況の変動にあると思う。冷戦構造が崩壊した直後、「人類の思想闘争の歴史におけるリベラリズムの最終的勝利」を宣言するフランシス・フクヤマの「歴史の終焉」論のような、自己陶酔的御託宣が「西側世界」に一時台頭したことがあった。かかる言説と現実とのズレはその時点で既に明白であったが、その後、日本を含む世界の趨勢は、私がコミットする正義基底的リベラリズムの理念から乖離する傾向をさらに強めている。それに比例して、かかる趨勢を批判しようとする私の言動のトーンも、ますます「角が立って」きたようだ。数年前、ある研究会の場で、私より少し若い世代のある優秀な政治思想史研究者から、「怒りの法哲学者」という称号を贈られたことがある。当たっていると思う。若い頃は低血圧気味であった私がいまは高血圧気味になりつつあるのは、加齢によるだけでなく、この「怒り」が鬱積してきたからではないかと、半分冗談に、しかし半分本気で、憶測している。

このように言うと、「ネオリベラリズムの跋扈は、リベラリズムが現実をいま支配していることを証示しているではないか」と、反論されるかもしれない。たしかに、「グローバル化時代の支配思想としてのネオリベラリズム」という言い回しは、特に、その批判者の間で広く流通している。しかし、「ネオリベラリズム(Neo-liberalism)」という言葉は倒錯した表現である。それは問題の核心から私たちの目をそらせてしまう。それが指し示しているものは、「ネオ」でも「リベラリズム」でもないからである。

「ネオリベラリズムの思想」は、市場原理主義と呼ばれることもあるが、「新思想」どころか、古臭いレッセ・フェール思想の亡霊の再現である。政治思想史において「新しきリベラリズム(New Liberalism)」という言葉は、むしろ、一九世紀末から二つの大戦の戦間期にかけて、T・H・グリーンやL・T・ホッブハウスなどの英国知識人たちによって唱道された、自由放任経済思想を斥ける立場を意味する。それは、自由を実質化する物的基盤を社会経済的弱者にも公平に保障するために必要な限りで、市場経済の分配帰結を調整・是正することを国家の正当な役割とみなしている。

もちろん、公正性と効率性を両立させるような望ましい弱者保護の在り方については、競争制限か市場外再分配措置か、事後的な資源移転か事前の制度的調整かなど、いまも論争はある。しかし、まともな研究者で、市場が自動的に問題の最適解を提供してくれるなどと本気で信じている者は、いまはほとんどいないだろう。ここでは詳述できないが、いわゆるリバタリアニズム(Libertarianism)は小さい政府と市場秩序を擁護するものの、この陣営においても、特殊利益保護と峻別された最低限所得保障措置を認める者は多く、市場的競争参入前の初期資源分配の不平等の是正を主張する者すらいる。「ネオリベ叩き」は、リベラリズムが一世紀前に既に祓除(ふつじょ)した思想的亡霊への妄想に根差す。

他方また、一層重要な点だが、「ネオリベラリズムの現実」は、それが掲げる市場原理主義という思想的看板とは裏腹な実態を示している。リーマン・ショックに際して、厖大な公的資金の注入により大手金融資本が国家により救済されただけでなく、その経営者たちは責任をとらされるどころか、巨額の報酬を貪り続けた。国家の保護に寄生するこんなビジネスエリートの連中が、「我らは九九パーセント」のスローガンの下にウォール街占拠運動に参加した失業者・生活困窮者たちを「甘えている」と揶揄して平然としていたのである。また、市場原理主義を推進したと言われるワシントン・コンセンサスの下で、ＩＭＦやＷＴＯは途上国に市場開放を強制しながら、先進諸国には自国産業を保護強化させる種々の補助金や規制を許した。

これらの事実が象徴的に示すように、国家の対内権力や、強大国が弱小国に押し付けたグローバルな政治経済体制が、不正な二重基準的差別により、「持たざるもの」ではなく「持てるもの」に特権的利益を付与し、経済的弱者に課される競争の規律から経済的強者を保護して無責任な自己利益追求に走らせているというのが、ネオリベラリズムの現実態である。不公正な特権や差別を排し、政治権力およびそれと癒着した経済権力の恣意的支配から人々を保護するというリベラリズムの権力批判・権力統制の思想はそこに微塵もない。

既に、「鬱積した怒り」の一部を漏出させてしまったようだ。しかし、ただ「怒り」とだけ言うと、誤解を招くおそれもある。しばしば正義の理念はシニカルな懐疑家によって、他者に対する攻撃衝動・ルサンチマン・支配欲等の合理化装置とみなされ、「怒り」という言葉の使用は、正義を真剣に受け止める者を彼らが茶化したり、その揚げ足を取ったりするのに好都合な機会を提供しうるからである。そこで、現実の不正に対する「怒り」の根底にある正義の意味について、もう少し敷衍しておこう。

私の現状批判の規制理念をなす正義は、懐疑家があげつらう上記のような自己中心的欲動の対極に位置する。普遍化不可能な差別の排除という正義理念の核心的要請は、反転不可能な差別の排除要請を含意するが、これは、自己の他者に対する要求や行動が自己が他者だとしても拒絶できない理由によって正当化可能か否かを批判的に吟味せよという要請である。「自己が他者だとしても」という反実仮想的条件は、自他の状況的・関係的な位置の反転だけでなく、自他の視点の反転も含む。また、この要請は自己と他者双方に対称的に課される。それは、換言すれば、対立競合する利害と価値関心を抱く人々が、自己中心性・独善性を超え、他者の視点に配慮した批判的自己吟味を相互に遂行することを要請する。すなわち、公共的理由により正当化可能な政治的決定を共同探究する実践的討議の発展を要請する。(正義の反転可能性要請のより立ち入った説明と、批判に対する擁護の試みとして、拙著『自由論』(双書哲学塾)岩波書店、二〇〇八年、一二五―一四八頁(のち『自由の秩序――リベラリズムの法哲学講義』岩波現代文庫、二〇一七年、一五〇―一七六頁)参照。)

正義が要請するこのような批判的自己吟味や他者に対する公正な配慮をかなぐりすて、自己中心的な利欲と権力欲を追求する専横な政治的経済的社会的諸力が、現代世界においてますます跋扈しつつある。かかる現実への「怒り」は自己中心的欲動ではなく、自分が不利益を被らない場合でも、不当に扱われた他者のために感じうる「義憤」である。それは多くの人々に共有されて然るべきだし、実際すでに共有されているだろう。大事なのは、この「義憤」としての「怒り」を暴力的破壊にではなく、正義が要請する公共的討議の促進によって政治の変革に結びつける実践である。本書がかかる実践の発展のために、何ほどかでも資することができればと祈っている。

なお、近著『世界正義論』(筑摩書房、二〇一二年)において、私は現代世界のかかる問題状況に対する批判的分析をさらに深め、それを変革する規範的指針を示し擁護する包括的な世界正義(Global Justice)の構想を提示した。本書はこの『世界正義論』の執筆に向けて私に跳躍力を与えたジャンプ台であると同時に、後者では引照するにとどまる関連問題の考察を多く含むので、復刊された本書を『世界正義論』の姉妹編としてお読みいただければ幸いである。

二〇一四年九月　酷暑去りし頃

井上達夫

岩波現代文庫版へのあとがき

本書初版は二〇〇三年に、四六判ハードカヴァーで刊行された。外見上はまさに「硬い学術書」の印象を与えたかもしれないが、専門研究者だけでなく、一般市民も名宛人にして、普遍的価値理念を蹂躙する現代世界の現実と思想の歪みについて、広く問題提起し、歪みを正す道を示そうとする試みであった。そのことが理解されたのか、少しずつ読み継がれて重刷され、二〇一四年には、岩波人文書セレクションの一巻として再刊された。これはソフトカヴァーであった。

人文書セレクション版の「柔らかな装丁」は気に入っていた。本書が提示しようとする「柔らかな思想」に適合していたからである。「柔らかな思想」と言ったが、これは、脊椎無き軟体動物的思想ではない。誤解を避けるために、「しなやかな思想」と言い換えよう。本書は普遍主義的正義理念をバックボーンにしている。しかし、「岩波人文書セレクションに寄せて」にも書いたように、この正義理念は自己の権力や利益を独善的に絶対化するイデオロギーではなく、逆に、絶えざる批判的自己吟味により「他者への公正さ」を追求し続けることを要請する理念である。本書は、この理念に立脚し、「普遍を騙る権力」と「普遍を笑殺する思想」との硬直した二項対立関係を超え、両者に通底した自己中心的な権力への意志を剔抉し克服する「しなやかな思想」の在り方を示す試みである。固陋な独断・独善を跳び超えるしなやかな思想的身体をもつためにこそ、強靱な思想的脊椎・思想的体幹を形成する普遍的理念が必要不可欠であること、これを示すことが本書の狙いである。

このたび、岩波現代文庫の一冊として、さらに入手しやすく接しやすい形で、本書が読書界に供されることになった。これは本書が、より多くの人々の手に取られる機会を与えられたことを意味し、著者としてはまことに喜ばしく光栄である。「岩波現代文庫版へのまえがき」で述べたように、本書初版が刊行された時以上に、現在の世界では、普遍を扼殺する諸力の暴走がひどくなっている。世界の先行きに不安を抱く人々もこれまで以上に増えているだろう。問題の核心を見極め、問題に対処するための思想的指針を見出そうと模索する人々も増えているはずである。いま書店の書棚に並ぶ本書に目をやり、パラパラと頁をめくって中身を確かめている〈あなた〉は、きっと、その一人だろう。本書がそういう人々の思索の一助になることを切に願う。

こういう願いをもつ私は、読書という行為を媒介として、主体的な思考力を培い、政治の現実を批判的に検討しようとする人々が、少なからず存在することを想定している。しかし、この想定がもはや成り立たないというシニカルな見方をする人もいるだろう。

実際、「インターネットの普及で、人々が本を読まなくなった」とよく言われる。

　情報技術の政治的・社会的影響は、本書第2章・第3章で触れた覇権の問題とも関わるので、このあとがきで付言しておこう。「覇権」を意味する英語 hegemony は、「指導者(leader)」を意味するギリシャ語の hegemon に由来し、裸の物理的な力ではなく、精神的な指導力(leadership)が原義である。ジョゼフ・ナイらが国際政治学で流通させた言葉で言い換えれば、覇権は、軍事的・経済的強制力としてのハード・パワーであるよりむしろ、現実に対する人々の意味付け・価値付けを左右する情報空間の支配力としてのソフト・パワーである。いまや、世界中の人々の生活にインターネットが浸透しているが、これは情報空間の在り方も大きく変容させている。

　この変容は両面的・両価的である。一方で、インターネットは個人の情報アクセス力・発信力を高めるとともに、情報空間を脱中心化させ、ソフト・パワーとしての覇権を掘り崩すポテンシャルをもつという、ポジティヴな面がある。他方で、ネガティヴな面として、人々が自分の欲する情報だけ求めて「不都合な真実」は無視し、独善的・独断的な意味世界に自閉して分裂対立するという、情報空間の「バルカン化」ないし「隔室化(compartmentalization)」をもたらす傾向がある。さらに、GAFA(グーグル、アマゾン、フェイスブック、アップル)のような巨大IT企業グループによる独占的・寡占的な情報管理が進行するとともに、政府が自己の都合のいいように情報空間を「隔室化」させるためにインターネットを利用・管理する統治技術を発展させ、経済権力・政治権力のソフト・パワーが再強化される危険性もある。

インターネットの普及で、人々が本を読まなくなったという先の見方は、いま見た情報空間の変容のネガティヴな側面に注目している。「本離れ」傾向は、出版界の書籍売上高の低落傾向などを見る限り事実だろうし、それが人々の主体的・批判的思考能力の陶冶に負の影響を与えていることには私も同意する。しかし、それをインターネットの普及に帰責することには疑問を抱く。

何よりもまず、人々の本離れ、特に若者のそれは、インターネットがいまほど普及する前から言われていた。米国人作家レイ・ブラッドベリの逆ユートピア小説『華氏四五一度』(Ray Bradbury. *Fahrenheit 451*)は、本を読むだけでなく所持すること自体が重罪とされ、人々が専制権力によって情報統制され洗脳される世界を描いている。この作品は人々がマスメディアに操作され、読書を通じて批判的思考能力を磨く習慣を失っていると著者が考えた大衆社会状況への警鐘を隠喩的に含意しているが、これが刊行されたのは一九五三年である。本作品執筆中に吹き荒れていたマッカーシズムの狂気が、マッカーシー上院議員に対する上院非難決議でやっと終焉したのが一九五四年一二月であることを考えれば、ブラッドベリの危機感が理解されるだろう。ただ、この時代は、インターネットどころか、テレビが米国の一般家庭にやっと普及し始めた頃である。小説の中で大衆を操作するメディア技術として描かれているのは、四方の壁がテレビスクリーン化可能なテレビ室と、イヤーホーンが四六時中耳に嵌め込まれた「海の貝」と呼ばれる小型トランジスタラジオである。本離れの傾向は、インターネットが普及するはるか前から感知され、民主社会に対するその政治的影響が憂慮されてきた。

逆に、インターネットは書籍のネット販売業を繁栄させ、一般の書店は経営を圧迫されているが、読者にとって書籍の検索と購入の利便性はむしろ高まっている。本をよく読む人々の間では、インターネット利用率やITリテラシーの高い人も多い。電子書籍も普及している。一般的傾向として本離れは、確かに進行しているが、インターネットにその原因を帰するのは的確ではない。インターネットが本離れの原因というより、逆に、本離れが、より正確に言えば、本離れに示される批判的思考能力陶冶実践の衰退が、インターネットの両面的・両価的な政治的影響のうち、負の側面を促進する原因になっていると見るべきだろう。

この負の側面を象徴するのが、「岩波現代文庫版へのまえがき」の冒頭で触れたトランプ現象である。政治を律する普遍的原理を公然と破棄して「アメリカ・ファースト」の旗を振るトランプ大統領の専横は、その為政の中身だけでなく、SNSを濫用する政治的発信の様態に現れている。重大な政治的意思表明を、政府の審議手続によるチェックを経た公式声明としてではなく、ツイッターによるわずか数行の私的発話で伝え、理由をまともに説明しないどころか、根拠となる事実の検証をまったく無視し、公然と虚偽に開き直ることすら多い。しかし、彼の「岩盤支持者」たちは、それを大統領から自分個人に直接向けられた親密な言葉として受け止め、熱狂的な支持を送っている。

ある米国の放送記者が三人の女性の岩盤支持者たち(その内二人は黒人女性)を相手に行ったインタヴューの中で、人種・女性・移民に関するトランプ大統領の差別的言動を紹介し、意見を求めたところ、「そんなことはどうでもよい。私たちが彼を支持するのは、彼には現状を変えるパワーがあるからだ。自分が彼を選んだのだから、自分の意見は変えない」と、なんと驚いたことに、黒人女性の支持者が言っていた。これが示すように、トランプの岩盤支持者たちは、「偉大なる米国」を再生させるパワーをもつと彼らが信じるトランプに自己を一体化させることによって、自らのパワーも再生できると信じているようだ。トランプを疑うことは自己を疑うことであり、自己を疑うことは自己を衰弱させることになるのである。米国をパワフルにするトランプのパワーへの無批判的盲従こそが、彼ら自身をパワフルな存在へと転化すると信じられている。

トランプと彼の岩盤支持者たちとのこの擬似対面的一体化は、SNSを通じて行われているが、かかる現象はネット社会特有のものではない。前述の『華氏四五一度』には、これを彷彿とさせる情景が描かれている。主人公は、本の所持者を検挙して没収した本をすべて焼却するのを任務とする焚書官だが、没収した本の一部を隠し持って読み、自分の仕事と政府の人民統制に疑問を抱きつつある。しかし、その妻は「海の貝」とテレビ室の世界に耽溺している。特に、テレビ管理者から郵送された台本に従って、テレビに映った人物たちと一緒に台詞を交わし、番組を共同制作する感覚を味わえるゲームに夢中になっている。このゲームでは、自分がいるテレビ室が「センター・ステージ」と呼ばれ、三方の壁のテレビスクリーンに映った人々から彼女が注視され、自分が主人公として扱われているような感覚をもたされながら、「このアイデアをどう思いますか」という問いが発せられるたびに、「すばらしいと思います」とか「大賛成です」という応答だけする役割を演じることになっている。妻はこのゲームが面白くてたまらず、四つ目の壁もテレビスクリーン化する出費を夫にせがんでいる。

要するに、インターネットか、テレビ・ラジオという旧式のマスメディアかは問題ではない。それらがお手軽に提供してくれる単純化された「情報」を鵜呑みにせず、このような「情報」を超えた世界の奥深さと複雑性に目を向け、その意義を熟考し理解する「知恵」を、読書を通じて磨く習慣を捨ててしまうなら、人々は、政治的・経済的・社会的権力の情報操作によって簡単に支配されてしまうのである。インターネットの方が旧式マスメディアより情報操作力が強いと言われるかもしれないが、既述のように、インターネットには情報操作を強化する側面と掘り崩す側面との両面性がある。重要なのは、次の一点である。インターネットも高々、我々人間の道具に過ぎない。人間が発明した道具に人間が支配されてしまうという問題はもちろん常にあるが、道具を使うか、道具に使われるかは、究極的には、道具に対して我々がどう接するかという、我々の選択に依存する。インターネットが面白くて本を読まなくなる人もいるだろうが、それはその人の選択であって、インターネットに帰責するのはお門違いである。

もちろん、本も玉石混淆である。本書は、その主張に反対する人々も読むに値する本であると、著者である私は信じているが、「くだらない本」と一蹴する人もいるかもしれない。そういう人にこそ、本書をちゃんと読んでもらって、「どこが、なぜ、くだらないと思うのですか」と問いかけ、議論してみたいと私は思っている。それはともかく、「くだらない本」も多いことは事実である。ネット上の「情報」をコピペ・切り貼りしただけの本を出版する恥知らずな著作家もいる。しかし、一記事あたり数分、長くて数十分でブラウズされるネットの情報や、数十秒や数分で終わるテレビのコメント――長時間の討論番組でも個々の発言はこの域を出ない――に比して、一冊の本は、本の名に値する本なら、数日から数ヵ月かけて読まれるだけの内実をもつ。コピペ本のごときは別として、本の創作には著者が多大の知的資源と知的エネルギー、そして時間を投入し、まともな出版社の本なら事実記述の校訂も経ている。また、時間をかけて読まれるだけに、読者の批判的吟味にさらされる可能性も高くなる。本は読者に思考の糧を豊富に与えるだけでなく、著者と読者との、さらに同じ本を読んで意見を交換しあう読者同士の、深く沈潜し、長く持続する対話の場を提供する。

「インターネットが世界を変える」と言われてきたが、バラ色の夢も暗澹たる悲観も誤っているだけでなく、そもそもインターネットをこの言明の主語にしているのが誤りである。インターネットでどのように世界が変わるかは、我々がこれをどう使うかに依存している。世界を変える主体はあくまで我々人間である。情報技術の進歩に加えて、人工知能の進歩が、人間の主体性を掘り崩すという言説も最近流行しているが、これも同様な誤謬を犯している。例えば、ロボット兵士が戦争する時代が来るかもしれないが、戦争をすべきかすべきでないか、人工知能を使った軍事システムが誤認により他国を攻撃してしまった場合に、これを戦争に発展させないために他国といかに交渉すべきか、戦争になってしまった場合、これをいつ、どう終わらせるべきか、こういったことは人間が熟慮し決定するしかない。世界の在り方を決める主体としての責任を、人間は科学技術に転嫁できない。現代世界にうずまく狂気を象徴するトランプ現象も、それを生んでいるのはSNSではなく、SNSを使う人間たちである。二〇一〇年末のチュニジアの「ジャスミン革命」に始まった「アラブの春」の変革と動乱は、SNSが独裁者を倒す道具にもなることを示すと同時に、安定した民主体制を確立できるか否かは、SNSではなく人間の政治的賢慮に依存していることも示した。

現在の情報技術に使われるのではなく、それを使いつつ、現代世界の狂気を批判的に克服する知恵を磨くには、読書は必要である。もちろん、必要条件は十分条件ではない。読書が世界を救う魔法だなどと言っているわけではない。しかし、読書する人間がまったく存在しなくなるなら、世界の狂気は、『華氏四五一度』における専制権力よりもさらに容易に人心に浸透できるだろう。本を隠し持って読む人々、本を記憶して自己の脳を書庫にする人々など、ブラッドベリがこの逆ユートピア世界の最後の望みとして描いた異端の少数者たちすら消滅してしまうわけだから。

読書へのこんなこだわりは「老いぼれのノスタルジア」にすぎないと思われるかもしれない。しかし、昨年(二〇一八年)二月にハーヴァード大学イエンチン研究所の公開シンポジウムに招かれて渡米した際、米国の旧友たちから聞いたことだが、いま米国では、数人の仲間で定期的に集まり、一緒に本を読んで議論しあう読書グループの実践が広まっているとのことである。スマホ漬けの生活に飽き足りなくなり、SNSでの底の浅いやりとりを超えた他者との深い対話を求める人々が増えてきたことが一般的な背景だが、絶大な人気をもつ黒人女性司会者で俳優のオプラ・ウィンフリー——民主党支持者で、世論への強い影響力をもち、民主党大統領候補になるとのうわさも広がった人物である——が、この運動を呼びかけたことも、それが広まる契機になったらしい。こういう日常的な実践により米国民主主義の自己治癒力が賦活されることを期待している。

岩波現代文庫という普及版による本書再刊の意義の説明が、情報社会論の大きな問題にまで広がってしまった。あとがき(Postscript)は「追記」の意味もあるので、本文の補足として御理解いただければ幸いである。本書再刊の意義に戻って、最後に一点付記したい。岩波現代文庫からの拙著の復刊はこれで三冊目である。『現代の貧困――リベラリズムの日本社会論』(二〇一一年)、『自由の秩序――リベラリズムの法哲学講義』(二〇一七年)、そして本書『普遍の再生――リベラリズムの現代世界論』(二〇一九年)である。副題が示すように、三冊ともリベラリズムの原理とその実践的含意を、それぞれの問題群に即して解明している。いわば、私の「リベラリズム三部作」である。保守とラディカルの「反リベラル連合」も「自称リベラル」も私は批判してきたが、この三部作により、擁護されるべきリベラリズムとはいかなるものかについて、私のメッセージが、アカデミズムや論壇を超えて多くの人々に届けられれば、幸甚である。

本書で論じた戦争責任、アジア的価値論などの問題に関して長年議論し、啓発を受け続けてきた国際法学者、大沼保昭氏が、昨年一〇月、惜しくも七二歳で逝去された。私と視角は異なるが、欧米中心主義を超えた真の普遍を追求する点で、彼は我が先達であり、同志であった。本書、『普遍の再生』岩波現代文庫版を大沼氏の霊に捧げる。

二〇一九年六月　梅雨の晴れ間に、まだ咲き残る薔薇を眺めつつ

井上達夫

本書は二〇〇三年七月、単行本として、さらに二〇一四年一〇月、新装版〈岩波人文書セレクション〉として岩波書店より刊行された。底本には岩波人文書セレクション版を使用した。

普遍の再生――リベラリズムの現代世界論

2019年8月20日　第1刷発行

著　者　井上達夫（いのうえたつお）

発行者　岡本　厚

発行所　株式会社　岩波書店
〒101-8002 東京都千代田区一ツ橋2-5-5

案内 03-5210-4000　営業部 03-5210-4111
https://www.iwanami.co.jp/

印刷・精興社　製本・中永製本

ISBN 978-4-00-600409-5　Printed in Japan

岩波現代文庫の発足に際して

新しい世紀が目前に迫っている。しかし二〇世紀は、戦争、貧困、差別と抑圧、民族間の憎悪等に対して本質的な解決策を見いだすことができなかったばかりか、文明の名による自然破壊は人類の存続を脅かすまでに拡大した。一方、第二次大戦後より半世紀余の間、ひたすら追い求めてきた物質的豊かさが必ずしも真の幸福に直結せず、むしろ社会のありかたを歪め、人間精神の荒廃をもたらすという逆説を、われわれは人類史上はじめて痛切に体験した。

それゆえ先人たちが第二次世界大戦後の諸問題といかに取り組み、思考し、解決を模索したかの軌跡を読みとくことは、今日の緊急の課題であるにとどまらず、将来にわたって必須の知的営為となるはずである。幸いわれわれの前には、この時代の様ざまな葛藤から生まれた、人文、社会、自然諸科学をはじめ、文学作品、ヒューマン・ドキュメントにいたる広範な分野のすぐれた成果の蓄積が存在する。

岩波現代文庫は、これらの学問的、文芸的な達成を、日本人の思索に切実な影響を与えた諸外国の著作とともに、厳選して収録し、次代に手渡していこうという目的をもって発刊される。いまや、次々に生起する大小の悲喜劇に対してわれわれは傍観者であることは許されない。一人ひとりが生活と思想を再構築すべき時である。

岩波現代文庫は、戦後日本人の知的自叙伝ともいうべき書物群であり、現状に甘んずることなく困難な事態に正対して、持続的に思考し、未来を拓こうとする同時代人の糧となるであろう。

(二〇〇〇年一月)

G382
思想家 河合隼雄
中沢新一
河合俊雄 編

心理学の枠をこえ、神話・昔話研究から日本文化論まで広がりを見せた河合隼雄の著作。多彩な分野の識者たちがその思想を分析する。

G383
河合隼雄語録
カウンセリングの現場から
河合隼雄
河合俊雄 編

京大の臨床心理学教室での河合隼雄のコメント集。臨床家はもちろん、教育者、保護者などにも役立つヒント満載の「こころの処方箋」。〈解説〉岩宮恵子

G384
新版 占領の記憶 記憶の占領
―戦後沖縄・日本とアメリカ―
マイク・モラスキー
鈴木直子 訳

日本にとって、敗戦後のアメリカ占領は何だったのだろうか。日本本土と沖縄、男性と女性の視点の差異を手掛かりに、占領文学の時空間を読み解く。

G385
沖縄の戦後思想を考える
鹿野政直

苦難の歩みの中で培われてきた曲折に満ちた沖縄の思想像を、深い共感をもって描き出し、沖縄の「いま」と向き合う視座を提示する。

G386
沖縄の淵
―伊波普猷とその時代―
鹿野政直

「沖縄学」の父・伊波普猷。民族文化の自立と従属のはざまで苦闘し続けたその生涯と思索を軸に描き出す、沖縄近代の精神史。

岩波現代文庫［学術］

G387
『碧巌録』を読む
末木文美士

「宗門第一の書」と称され、日本の禅に多大な影響をあたえた禅教本の最高峰を平易に読み解く。「文字禅」の魅力を伝える入門書。

G388
永遠のファシズム
ウンベルト・エーコ
和田忠彦訳

ネオナチの台頭、難民問題など現代のアクチュアルな問題を取り上げつつファジーなファシズムの危険性を説く、思想的問題提起の書。

G389
自由という牢獄
―責任・公共性・資本主義―
大澤真幸

大澤自由論が最もクリアに提示される主著が文庫に。自由の困難の源泉を探り当て、その新しい概念を提起。河合隼雄学芸賞受賞作。

G390
確率論と私
伊藤清

日本の確率論研究の基礎を築き、多くの俊秀を育てた伊藤清。本書は数学者になった経緯や数学への深い思いを綴ったエッセイ集。

G391-392
幕末維新変革史（上・下）
宮地正人

世界史的一大変革期の複雑な歴史過程の全容を、維新期史料に通暁する著者が筋道立てて描き出す、幕末維新通史の決定版。下巻に略年表・人名索引を収録。

2019. 8

G393
不平等の再検討
—潜在能力と自由—
アマルティア・セン
池本幸生
野上裕生
佐藤仁 訳

不平等はいかにして生じるか。所得格差の面からだけでは測れない不平等問題を、人間の多様性に着目した新たな視点から再考察。

G394-395
墓標なき草原(上・下)
—内モンゴルにおける文化大革命・虐殺の記録—
楊海英

文革時期の内モンゴルで何があったのか。体験者の証言、同時代資料、国内外の研究から、隠蔽された過去を解き明かす。司馬遼太郎賞受賞作。〈解説〉藤原作弥

G396
過労死・過労自殺の現代史
—働きすぎに斃れる人たち—
熊沢誠

ふつうの労働者が死にいたるまで働くことによって支えられてきた日本社会。そのいびつな構造を凝視した、変革のための鎮魂の物語。

G397
小林秀雄のこと
二宮正之

自己の知の限界を見極めつつも、つねに新たな知を希求し続けた批評家の全体像を伝える本格的評論。芸術選奨文部科学大臣賞受賞作。

G398
反転する福祉国家
—オランダモデルの光と影—
水島治郎

「寛容」な国オランダにおける雇用・福祉改革と移民排除。この対極的に見えるような現実の背後にある論理を探る。

2019.8

G399
テレビ的教養
―一億総博知化への系譜―
佐藤卓己

「一億総白痴化」が危惧された時代から約半世紀。放送教育運動の軌跡を通して、〈教養のメディア〉としてのテレビ史を活写する。〈解説〉藤竹 暁

G400
ベンヤミン
―破壊・収集・記憶―
三島憲一

二〇世紀前半の激動の時代に生き、現代思想に大きな足跡を残したベンヤミン。その思想と生涯に、破壊と追憶という視点から迫る。

G401
新版 天使の記号学
―小さな中世哲学入門―
山内志朗

世界は〈存在〉という最普遍者から成る生地の上に性的欲望という図柄を織り込む。〈存在〉のエロティシズムに迫る中世哲学入門。〈解説〉北野圭介

G402
落語の種あかし
中込重明

博覧強記の著者は膨大な資料を読み解き、落語成立の過程を探り当てる。落語を愛した著者面目躍如の種あかし。〈解説〉延広真治

G403
はじめての政治哲学
デイヴィッド・ミラー
山岡龍一
森 達也 訳

哲人の言葉でなく、普通の人々の意見・情報を手掛かりに政治哲学を論じる。最新のものまでカバーした充実の文献リストを付す。〈解説〉山岡龍一

G404
象徴天皇という物語
赤坂憲雄

この曖昧な制度は、どう思想化されてきたのか。天皇制論の新たな地平を切り拓いた論考が、新稿を加えて、平成の終わりに蘇る。

G405
5分でたのしむ数学50話
エアハルト・ベーレンツ
鈴木　直訳

5分間だけちょっと数学について考えてみませんか。新聞に連載された好評コラムの中から選りすぐりの50話を収録。〈解説〉円城　塔

G406
デモクラシーか　資本主義か
―危機のなかのヨーロッパ―
J・ハーバーマス
三島憲一編訳

現代屈指の知識人であるハーバーマスが、最近十年のヨーロッパの危機的状況について発表した政治的エッセイやインタビューを集成。現代文庫オリジナル版。

G407
中国戦線従軍記
―歴史家の体験した戦場―
藤原　彰

一九歳で少尉に任官し、敗戦までの四年間、最前線で指揮をとった経験をベースに戦後の戦争史研究を牽引した著者が生涯の最後に残した「従軍記」。〈解説〉吉田　裕

G408
ボンヘッファー
―反ナチ抵抗者の生涯と思想―
宮田光雄

反ナチ抵抗運動の一員としてヒトラー暗殺計画に加わり、ドイツ敗戦直前に処刑された若きキリスト教神学者の生と思想を現代に問う。

2019. 8

岩波現代文庫[学術]

G409
普遍の再生
―リベラリズムの現代世界論―
井上達夫

平和・人権などの普遍的原理は、米国の自国中心主義や欧州の排他的ナショナリズムにより、いまや危機に瀕している。ラディカルなリベラリズムの立場から普遍再生の道を説く。

G410
人権としての教育
堀尾輝久

『人権としての教育』(一九九一年)に「「国民の教育権と教育の自由」論再考」と「憲法と新・旧教育基本法」を追補。その理論の新しさを提示する。〈解説〉世取山洋介